여자는 존재하지 않는다

La femme

여자는 존재하지 않는다

라캉 정신분석과 여성성 | 박영진

위고

여성성에 말을 건네는 최선의 방식

많은 정신분석가의 이론적 성찰 및 임상적 기여에도 불구하고 여성성은 하나의 기이한 수수께끼이자 당혹스러운 스캔들로 남아 있다. 이 책은 라캉 정신분석을 통해 여성성의 수수께끼를 짚어본다. 라캉은 "여자는 존재하지 않는다"는 공식을 통해 여성성이 본질을 갖고 있지 않음을 역설했다. 결국 우리가 의거해야 할 곳은 여성적 주체들의 경험이다. 그것은 너무나 흔한 동시에 예외적이기에 결코 환원 불가능한 경험, 보편성과 특수성을 절묘하게 배합하고 있는 독특한 경험, 치열한 분석 과정을 통해 접근되지만 끝내 분석 불가능한 것의 가장자리에 닿아 있는 경험이다. 이 책은 제각기 다양한 삶의 여정 속에 놓인 여성적 주체가 각자의 무의식적 진실에 다가가는 경험을 미시적으로 또 국소적으로 그려내고자 한다.

여성성이 거대 담론이나 광범위한 틀에 포착되지 않는 한, 단상의 형식이야말로 포착하기 어려운 여성성에 말을 건네는 최선의 방식이라 본다. 또한 역사적으로 실존한 인물(「자매」, 「분석가」)이나 문학 텍스트 안의 인물(「라비스망」, 「거절에서 절멸로」)의 이야기를 다루는 경우를 제외하면, 이 책에서 '그녀들'의 이야기는 상당수가 팩션(faction)으로 남는다. 라캉의 표현을 빌리자면 그것은 "허구의 구조를 갖는 진실"로 남는다. 여성성은 냉혹한 진실이나 진정성이 있는 본질이라기보다는 오히려 사라지는 실재에 가깝다. 그리고 사라지는 실재에 대해서는 어떤 확정된 팩트도 있을 수 없다. 팩트 체크가 좌절되는 한계 지점, 팩트와 픽션이 식별 불가능해지는 지점에 대한 예민한 감각을 잃어버린다면, 여성성이라는 수수께끼에 대해 모종의 해답을 손에 넣었다는 착각의 환상에 빠지지 않을까? 이런 점에서 팩션의 형식은 단상의 형식과 마찬가지로 여성성에 대한 라캉적 접근을 수행적으로 보여줄 수 있는 효과적인 도구일 것이다.

여성성에 할애된 라캉의 핵심 텍스트로 종종 「여성 섹슈얼리티 학회를 위한 지침들(Propos directifs pour un congrès sur la sexualité féminine)」, 「레투르디(L'étourdit)」, 『세미나 20권(Le séminaire livre ᵡˣ⁾』이 언급된다. 그러나 우리는 이 텍스트에만 집중하기보다 그 밖의 다양한 자료 및 연구자들의 논문을 참고하면서 일관된 이론화가 아닌 일종의 퍼즐 맞추기를 시도할 것이다. 다른 테마에서도 그렇듯 여성성에 대해 라캉이 남긴 고찰 역시 소재 파악의 어려움이 있다. 그것은 『세미나』, 『에크리』, 발표, 강연 곳곳에 파편적으로 분산되어 있다. 이를테면 그것은 일상적인 대상들과 다른, 부재의 상징으로서의 기표와 같다. 이 기표에 대한 우리의 탐색이 얼마나 날카로운지는 독자들이 판단할 몫이다.

각각의 장章은 때로는 라캉이 제기한 새로운 개념을 통해, 때로는 임상적 진단 범주를 통해, 때로는 사회정치적 맥락 및 문학 텍스트를 통해 제각기 독특한 '그녀들'에게 접근하고 있다. 구체적으로 말해 「여성성의 수수께끼」, 「비전체」, 「여성적 주이상스」, 「증상」, 「참화」는 개념적 파트, 「히스테리」, 「강박증」, 「조현병자의 비서」, 「성형 중독」, 「조울증」, 「거식증」은 **임상적 파트**, 「폴리아모리스트」, 「자본주의 기계」, 「권력 안에서 권력에 맞서」는 **사회정치적 파트**, 「라비스망」, 「거절에서 절멸로」는 **문학적 파트**에 해당된다. 소수의 장은 순수하게 이론적이고 사변적인 성찰을 담고 있지만, 대다수의 장은 개별 사례와 이론적 개념을 철저히 교차시키고 있다. 라캉 정신분석에 익숙한 독자라면 순차적으로 읽을 수 있겠지만, 그렇지 않은 독자의 경우 상대적으로 쉬운 장(「어머니」, 「성형 중독」, 「오르가슴」, 「행위」, 「폴리아모리스트」, 「권력 안에서 권력에 맞서」, 「상담사」)부터 읽어도 무방할 것이다. 특히 최초의 두 장(「여성성의 수수께끼」와 「비전체」)은 여성성에 대한 라캉적 관점에서 핵심적인 메시지를 담고 있지만, 일반 독자들은 나머지 장을 읽은 뒤에 두 장으로 돌아와도 무방할 것이다. 또한 주이상스(jouissance)*의 개념에 익숙하지 않은 독자의 경우 주이상스에 대한 일의적인 정의에 매달리기보다는 오히려 어떻게 주이상스가 다양한 문맥에서 서로 다른 뉘앙스로 사용되는지에 주목함으로써 보다 능동적인 독서를 할 수 있을 것이다. 그렇다면 라캉 정신분석을 통해 여성성을 조명하려는 우리의 접근은 어떤 형식을, 나아가 어떤 시의성을 지닐까? 페미니즘을 하나의 키워드로 삼아 이 점을 간략히 살펴보자.

＊ ＊ ＊

우선 페미니즘의 역사적 흐름 속에서 페미니즘과 라캉 정신분석의 관계를 설정해보자.[1] 라캉 정신분석은 여성 해방이 사회 변혁의 시금석으로 부상하던 1970년대 2세대

---

[*] 쾌락원칙을 넘어선 차원에 있는 충동 만족이자, 모든 병리적 증상에 깃든 쾌락과 고통의 결합체.

페미니즘에 의해 받아들여졌다. 라캉 정신분석은 페미니즘 이론가들에게 비판과 논란의 대상이 된 동시에, 주체성, 섹슈얼리티, 여성성, 이데올로기, 심리적 권력에 대한 유용한 분석 도구로 여겨졌다. 뤼스 이리가레(Luce Irigaray)와 줄리아 크리스테바(Julia Kristeva)는 모두 라캉학파의 멤버였지만, 전자는 라캉의 남근중심주의를 비판하는 방향으로, 후자는 기호학적 물질성과 기표적 상징성을 구분하는 방향으로 나아가면서 라캉과 거리를 둔다. 그런가 하면 줄리엣 미첼(Juliet Mitchell)과 자클린 로즈(Jacqueline Rose)의 경우 가부장제, 오이디푸스적 가족 구조, 여성성에 부과되는 팔루스적 규범에 대한 분석에 있어서 라캉 정신분석이 유의미한 통찰을 제공한다고 지적한다.

2세대 페미니즘과 라캉 정신분석의 양가적 관계에서 가장 논란이 되었던 것은 팔루스 및 상징적 질서이다. 비록 라캉의 팔루스가 결여의 기표로서 프로이트의 생물학적, 해부학적 페니스 개념을 상징적, 언어적으로 전치시킨 것이라 하더라도, 일부 페미니스트에게 그것은 여전히 의혹의 대상이 되었다. 그들에게 팔루스란 언어, 문화, 사회, 철학이 여성적인 것 그 자체의 고유성을 조명하기보다는 여성적인 것을 남성적인 것과의 연관성 속에서만 환원적으로 바라본다는 점을 드러내는 개념으로 여겨졌다. 그리고 이러한 의혹에는 근거가 있다. 가령 「여성 섹슈얼리티 학

여자는 존재하지 않는다

회를 위한 지침들」의 다음 구절을 보자.

> [···] 여성이 **지닌** 이미지들과 상징들이 여성**에 대한**
> 이미지들과 상징들로부터 별도로 분리될 수 없음을 말
> 이다.
> 여성 섹슈얼리티에 대한 표상은 [···] 억압되었건 아
> 니건 여성 섹슈얼리티의 실천을 조건 짓는다.[2]

여기서 여성은 남성적, 담론적, 규범적 외부가 여성을
바라본 시선을 내면화하고 수용하는 존재로 설정된다. 여
성에 대해 형성된 이미지와 상징이 곧 여성 자신의 이미지
와 상징이다. 더구나 상상적 이미지와 상징적 질서 너머
실재적 차원에 속한 여성성을 조명하는 데에까지 나아가
지 못했던 이 시기의 라캉은, 자신이 후기에 제기한 관점
에서 볼 때 표상 불가능한 여성 섹슈얼리티를 '표상'에 연
결시키는가 하면, 그러한 표상이 여성 섹슈얼리티의 실천
을 조건 짓는다고까지 말한다. 나아가 「여성 섹슈얼리티
학회를 위한 지침들」에서는 후기 라캉이 팔루스를 넘어선
여성성을 세공하는 데에 자산이 될 재료가 등장함에도 불
구하고[*], 팔루스적 매개는 여전히 중추적인 역할을 담당
하는 것으로 상정된다. 가령 『세미나 20권』을 예비하면서
여자가 타자성과 독특한 관계를 맺고 있다고 말하는 다음
구절을 보자.

남자는 여자가 스스로에 대해 대타자가 될 수 있도록 중계자 역할을 한다. 그녀가 그에 대해서도 대타자인 것처럼 말이다. […] 남근 중심적 변증법에서 여성이 절대적 타자를 표상하는 한에서 모든 것은 여성에게 전 가될 수 있다는 것이다.[3]

여자는 단순히 남자의 타자라는 뜻에서의 상대적 대타자가 아니다. 여자는 남자의 타자인 동시에 여자 자신에게도 타자가 된다는 점에서 절대적 대타자이다. 「레투르디」에서 라캉은 여자의 절대적 타자성을 기표의 모호성의 차원에서 지적한다. 여자는 헤테로스(Heteros, 다른)의 논리를 따른다.

헤테로스는 헤테라(hetera)로 굴절되고, 에테르가 되고(s'éthérise), 심지어 헤타이라가 되는데(s'hétaïrise) […].[4]

진정한 타자는 타자성에 매몰되는 것이 아니라 타자성 자체를 변주한다. 헤테로스(heteros)는 도이테로스(deuteros, 두 번째)로 이중화된다. 여자는 자기 자신으로부터, 자기 자

[*] 가령 남자를 '욕망의 담지자'로, 여자를 '성의 호명자'로 간주하는 구절, 그리고 이와 유사한 맥락에서, 여성 섹슈얼리티에서 거세와 시니피앙 너머에 대한 주이상스를 읽어내는 구절을 보라.

여자는 존재하지 않는다

신과 쉼 없이 달라진다. 때로는 에테르처럼 공중으로 사라지기도 하고, 때로는 헤타이라*가 되면서 말이다. 여자는 남자와 여자 간의 기표적 차이에서 한 발 더 나아간 절대적 차이를 체현한다. 그럼에도 불구하고 여자가 절대적 대타자가 될 수 있는 데에는 남자의 중계적인 역할이 작용한다. 달리 말해 여성성이 팔루스 너머에 있다고는 하지만, 팔루스 너머에 있는 것은 여전히 팔루스라는 척도와의 연관성 속에서만 성립 가능하다. 또 비록 팔루스 함수**가 모든 말하는 존재에게 생물학적 성별과 무관하게 결여를 도입하는 기능을 한다 하더라도, 비록 팔루스 함수가 겉으로만 필연적으로 보일 뿐 그 근본에 있어서는 우연적인 것이라 하더라도, 비록 방점이 '팔루스'가 아니라 '함수[기능](fonction)'에 있다 하더라도, 후기 라캉 역시 팔루스와 상징적 거세를 결코 완전히 떠나지 않는다. 후기 라캉은 무의식이 실재임을 인정하는 만큼이나 무의식에는 안티-팔루스적인 것이 존재하지 않음을 인정한다. 여기서 라캉 정신분석과 페미니즘의 첨예한 논쟁이 벌어진다. 전자는 팔루스적인 것과 팔루스 너머의 것을 각기 다른 맥락에서 작용

[*] 고대 그리스의 고급 매춘부.
[**] 프로이트는 생물학적 기관으로서의 남근의 유무를 기준으로 해부학적 관점에서 성적 입장을 나눈다. 반면 라캉은 인간을 상징적 질서로 편입시키는 팔루스 함수를 도입하고, 이 팔루스 함수에 대한 관계를 기준으로 논리적 관점에서 성적 입장을 나눈다.

하고 있는 것으로 기술하는 한편, 후자는 팔루스 너머의 것으로 향하기 위해 팔루스적인 것을 해체하고자 한다. 이런 점에서 「레투르디」의 다음 구절을 그 모든 미묘함 속에서 읽어내는 것은 필수 불가결하다. 라캉은 팔루스와 상징적 거세를 통해 프로이트적 대의에 충실한 만큼이나 여성성에 대한 접근에서 자신과 프로이트의 변별점을 강조한다.

> 그[프로이트]와 달리 저는 여자들에게 그들이 기표로 격상시키지 않는 저 매력적인 거들(gaine)을 거세라는 구둣주걱으로 측정하기를 강요하지 않을 것입니다. 설령 그 구둣주걱이 기표뿐만 아니라 성적 쾌락[발](pied)에 도움이 될지라도 말입니다.[5]

다섯 가지를 지적하자. 첫째, 상징적 거세는 기표뿐만 아니라 성적 쾌락에 도움이 된다. 달리 말해, 말하는 동물의 성적 쾌락은 자연적인 욕구가 아니라 탈자연화된 심연이다. 둘째, 라캉은 프로이트처럼 여성성을 상징적 거세를 통해 환원적으로 측정하지 않는다. 셋째, 구둣주걱과 거들의 차이는 전자가 기표의 차원에 있다면 후자는 기표의 차원 너머에 있다는 점에 있다. 넷째, '거들(gaine)'이라는 기표로부터 모든 가능한 해석을 끌어내는 것이 중요하다. 이 구절에 대한 영역英譯이 '거들(gaine)'을 '칼집(sheath)' 혹은 '코르셋(corset)'으로 잘못 번역한다는 점에 주목하자. 만

여자는 존재하지 않는다

약 관건이 여자의 칼집이라면, 여자는 칼집이 칼에 끼워지듯 남자라는 틀에 끼워질 뿐이다. 남자를 보호하고 장식하고 에워쌈으로써 말이다. 만약 관건이 코르셋이라면, 라캉의 발언은 탈-코르셋 운동이 저항하는 여성 억압적 문화에 가담하지 않는가라는 의혹에 노출된다. 거들과 코르셋에는 명백한 차이가 있다. 코르셋은, 거들과 달리, 뼈가 들어가 있고 압박감이 심하며 신체의 움직임을 구속한다. 과거 공장 여성 노동자의 경우 임신한 사실이 드러나면 해고를 당했기 때문에 배를 감추기 위해 코르셋을 입었고, 상류층 여성의 경우 임신한 사실이 드러나면 사교계 활동에 제약이 있기 때문에 코르셋을 입었다면, 현대의 임산부들이 착용하는 거들은 배를 감추기 위해서가 아니라 배를 받쳐주고 활동성을 확보하려는 목적을 갖는다. 이런 점에서 두 오역 모두 남성적 규범을 넘어선 여성성을 강조하는 라캉의 본의를 놓치고 만다. 그렇지만 '거들'로 옳게 새긴다 하더라도 문제는 남아 있다. 거들과 코르셋의 차이에도 불구하고 거들 역시 아랫배와 허리의 체형을 보정하는 목적으로 사용된다는 점에서 오늘날 쟁점이 되는 '꾸밈 노동'으로부터 완전히 자유롭지는 않다. 특히나 '매력적인(charmant)'이라는 형용사로 수식되는 거들이라면 더욱더 그렇다. 아니나 다를까 'gaine'의 또 다른 뜻은 '속박'이다. 따라서 거들 역시 꾸미지 않을 자유를 완전히 확보할 수 있는 장치가 되지는 못한다. 마지막으로 위 구절과 관련하여 다음과 같은 사변적인 질문을 제기할 수 있다. 남성적 기만 (imposture)과 여성적 가면(masquerade) 모두 그 자체로 문제적인 것은 아니지만(오히려 그것은 흥미진진한 게임 수단일 수도 있다!) 그 효과가 종종 억압적일 수 있다는 점을 고려할 때, 구둣주걱이 없어도 되는 동시에 거들이 없어도 되는 상태란 어떤 상태일까? 우리는 기만과 가면을 걷어낸 상태로부터 어떤 성적 질서를 조직할 수 있을까? 이러한 다섯 가지 고찰로부터 2세대 페미니즘과 라캉 정신분석의 관계에 대해 다음과 같은 결론을 도출할 수 있다. '매력적인 거들'을 측정하지 않음으로써 여성적 주이상스의 자유를 있는 그대로 내버려두는 라캉과 '매력적인 거들'에도 스며들 수 있는 여성 억압적 문화에 기민한 페미니스트 입장 간에는 명백한 긴장 관계가 존재한다.

* * *

1990년대 3세대 페미니즘의 경우 "개인적인 것이 정치적이다"라는 정치적 감수성, 소수자 정체성, 다양한 성적 취향, 섹스와 소비의 자유가 있었기 때문에, 담론에 대한 이론적 분석, 텅 빈 주체성, 성적 이원성, "성관계는 없다"에 초점을 맞춘 라캉 정신분석에 들어맞지 않는 측면이 있었다. 한편 글로벌 자본주의의 팽창, 소셜 미디어의 확산, 성적·문화적 다양성의 확대, 부성적 권위의 실추, 신新

가부장적(neopatriarchal) 경향, 형제애적 남성 담론(fraternal discourse)에서 드러나는 여성에 대한 대상적 교환, 가정과 일터에서의 젠더 평등 및 젠더 감수성, 미투 운동 등을 배경으로 2000년대 후반부터 시작된 4세대 페미니즘의 경우는 새로운 정치적 형식을 창안하기 위해 어떻게 라캉 정신분석을 생산적으로 전유할 것인가를 고민하기 시작한다. 여기서는 페미니즘과 라캉 정신분석 간의 개별적 특수성이 인정되는 동시에 양자 간의 논쟁적인 상호작용이 심화된다. 즉 페미니즘이 정치적 쟁점에 관여함으로써 사회적 변혁을 추구하는 한편 라캉 정신분석이 임상적 문제를 다룸으로써 주체적 변혁을 추구하면서 서로의 차이점을 존중하는 동시에, 둘은 "개인 분석이 곧 집단 분석"이라는 프로이트의 테제와 "모든 개인은 주인 담론에 종속되어 있다"는 라캉의 테제에 입각해서 개인과 사회, 심리와 담론을 나란히 바라볼 수 있는 문제의식을 정립하기 위해 협력한다.

지금까지 그 역사적 흐름과 맥락 속에서 라캉 정신분석과 페미니즘이 분절되는 지점을 살펴보았다. 그렇지만 이상의 내용은 어디까지나 서구의 문맥에서 재구성된 내용이다. 우리의 상황은 어떠한가? 전근대, 근대, 초근대가 공존하는 한국 사회의 경우 라캉 정신분석과 페미니즘 간에 좀 더 복잡한 뒤얽힘과 좀 더 첨예한 분규가 설정될 수 있다. 여기서는 다음과 같은 지점을 지적하는 데에 그치도록 하자. 라캉 정신분석과 페미니즘의 연관성을 우리 현실에 비추어 판단하는 것은 오직 페미니스트적 사유와 실천이 근거하는 다양하고 구체적인 페미니스트적 상황에 대한 기탄없는 물음이 제기되는 한에서만 가능하다. 한 명한 명의 여자가 있을 뿐인 것과 마찬가지로, 제각기 독특한 페미니스트적 상황이 있을 뿐이다. 이와 관련하여 그녀는 묻는다.

* * *

미모가 고시 3관왕과 등가적으로 거래되는 법칙이 형성된 험난한 연애 시장에서 드물게 훈훈한 연애를 이어가는 그녀의 단짝 친구가 있다. 그런데 그녀의 친구는 남자친구를 수년째 만났지만 화장을 하지 않고서는 도저히 데이트에 나갈 수 없다. 그녀의 친구의 '노 메이크업, 노 데이트' 증상에 대해 어떻게 접근해야 할까?

얼마 전 기업의 서류심사를 통과하고 면접을 보게 된 또 다른 친구에게 면접관들은 이런 질문을 던졌다고 한다. "남자친구 있어요?", "남자친구랑 결혼할 건가요, 결혼한다면 언제 할 건가요?", "결혼하면 아기는 낳을 건가요?" 육아와 경력 단절이 동일시되지 않을 가능성을 확보하기 위해서는 어떤 사회정치적 변화가 있어야 할까?

　몇 년 전 대기업 부장까지 지낸 그녀의 이모가 자의 반 타의 반으로 사표를 냈다. 미혼에 워커홀릭으로 회사에 몸 바쳐 수많은 프로젝트를 성공적으로 수행했지만 수년째 승진에서 탈락한 이모에게 회사가 도저히 이해 불가능한 이유로 사직을 권고했다. 이모의 유일한 가설은 유리 천장 때문이었다는 것이다.

　간호사로 일하고 있는 지인 언니에게는 두 살, 네 살 된 아들과 딸이 있다. 그런데 언니의 남편은 육아에 무신경하다. 그는 아이가 빨리 성장해서 친구 같은 아빠-자식 관계로 지내기를 기다릴 뿐, 육아에 전혀 참여하지 않는다. 쓰지 않은 약, 카페인 뺀 커피, 위험 없는 사랑에 비견될 만한 육아, 즉 즐거운 육아가 가능할까? 만약 가능하지 않다면 언니는 어떻게 한 남자를 '다 큰 아들'이 아니라 육아에 공동 책임을 지는 아버지가 되게 할 수 있을까?

　얼마 전 어머니와 동행하다가 우연히 참석하게 되었던 어머니 계모임에서 그녀는 아주 흥미로운 사실을 관찰할 수 있었다. 어머님들이 모인 자리에서 여성성에 관한 얘기는 거의 화두가 되지 않았다. 대부분의 화제는 철저히 팔루스적인 타이틀에 관련되었다. 누구 아들이 무슨 고시에 합격했다더라, 누구 딸이 성형해서 예뻐졌다더라, 어느 지역 땅값이 그렇게 올랐다더라, 누구 남편 사업이 망했다더라 등등. 그 순간 그녀의 머리에 여자의 적은 여자라는 경구가 새로운 의미에서 스쳐 지나갔다. 페미니스트적 시선이 너무나도 낯선 여인들에게 어떻게 팔루스적인 틀 바깥의 가능성에 관한 화두를 던질 것인가?

일부 페미니스트는 소수자 남성 역시 자신의 소수자적 정체성을 뒤로하고 남성이라는 타이틀을 앞세워 여성 비하 및 여성 혐오에 자연스럽게 가담한다는 점에 문제를 제기하면서 성소수자에 대한 비하 발언을 통한 대항 폭력의 필요성을 제기한다. 대항 폭력을 통해 젠더 갈등이 심화될 것에 대한 우려를 표명하는 지인에게 그녀는 치마만다 응고지 아디치에의 발언—"가난한 남자들은 부자의 특권은 누리지 못할지라도 남자의 특권은 여전히 누린다"—을 전해주기는 했지만, 동시에 이렇게 묻는다. 멀고도 험한 교차성의 길을 어디에서 어떻게 모색할 것인가?

얼마 전 그녀는 우연히 중고책방에서 아리스토파네스의 희극 『리시스트라타(Lysistrata)』*를 훑어본 적이 있다. 여주인공 리시스트라타는 펠로폰네소스 동맹국과 델로스

---

[*] '군대를 해체하는 이'라는 뜻.

동맹국 간의 기나긴 전쟁을 종식시키기 위해 그리스 전 지역의 여성들이 남성들과의 섹스 파업에 돌입할 것을 촉구함으로써 그리스 지역에 평화를 정착시킨 입지전적인 정치적 주체이다. 그녀는 묻는다. 리시스트라타가 체현하고 있는 메시지, 즉 남성적이고 호전적인 현실 정치의 한계에 대한 희화화, 섹스를 쾌락, 사랑받기, 권력, 부를 위해서가 아니라 공동체의 평화를 위해 활용할 가능성에 대한 암시, 사랑이 전쟁보다 더욱 흥미롭다는 진리에 대한 옹호는 페미니즘의 대안 정치에 대한 모색과 어떤 접점을 가질 수 있을까?

* * *

정신분석가 마리 엘렌 브루스(Marie-Hélène Brousse)는 페미니즘의 진리는 타자성에서 동일성으로의 회귀에 있으며 정신분석은 이러한 페미니즘의 진리를 제공한다고 말한다.[6] 브루스는 라캉적인 의미의 신화가 "구조를 통해 작용하는 것에 서사적 형식을 부여하려는 시도"[7]로 정의되는 한에서 페미니즘은 일종의 신화로서 양성 전쟁을 권력 역동의 측면에서 서사화하고 타자 안의 실재적 공백에 이상적인 타자성을 부여하려는 다수의 시도 중 하나라고 말한다. 그러나 그러한 신화가 가장 극적으로 구현된 곳이 바로 라캉 본인의 학파에서가 아니었던가? 즉 정신분석 담론의 실재적 지점에 대한 충실성이 상상적이고 분파적인 그룹 논리로 환원된 것은 '아름다운 라캉(la belle Lacan)'이 '라캉 레이블(label Lacan)'로 맹목적으로 추종된 데에서 정확히 입증되지 않는가? 라캉학파와 페미니즘 모두 이러한 딜레마에서 벗어날 수 없다면 우리는 대체 어떻게 그 딜레마를 풀어나갈 수 있을까?

  끝으로 그녀는 필자에게 묻는다. 라캉 정신분석과 페미니즘이 상호 독립된 영역을 갖고 있다는 점을 감안할 때 페미니즘은 라캉 정신분석에 대해 페미니즘적인 관점이 아니라 내재적인 관점에서, 즉 라캉의 텍스트에 대한 추적을 통해 문제를 제기할 수 있다. 가령 필자가 클로델의 『인질』의 여주인공 시뉴를 자신의 존재 그 자체를 희생하는 거절의 주체로 다뤘다면*, 『세미나 11권』의 라캉은 시뉴를 주인도 자유를 얻기 위해서는 죽음을 선택할 수밖에 없으며 따라서 주인에게 자유가 그토록 소외되어 있다는 사실을 체현하는 인물로 규정하고 있음을 지적한다.[8] 시뉴에게 있어서 비극적 거절의 형상과 소외된 주인의 형상이 뒤얽히는 지점을 필자는 정밀하게 다룰 수 없었던가? 이 책에서 반복되는 문체상의 특징, 즉 '주어 생략'의 특징은 필자의 '여자 되기'의 불가능성이 드러나는 증상적인 지점

[*] 「거절에서 절멸로」 참조.

일진대, 필자는 얼마만큼 여자 한 명 한 명의 무의식적 진실과 주체적 실재에 충실하고 있는가?

　이상이 페미니즘이라는 키워드를 통해 바라본 라캉 정신분석과 여성성의 접점이며, 앞으로 우리는 다양한 키워드를 통해 또 다른 접점들을 탐사해나갈 것이다. 아무쪼록 이 책이 라캉 정신분석 일반 및 여성성 문제에 실존적, 이론적, 임상적으로 관심 있는 독자들에게 자그마한 사유의 영감 및 실천의 단초를 제시할 수 있기를 바란다.

차례

여성성의 수수께끼

　"여자는 존재하지 않는다(La Femme n'existe pas)". 혹은 "보편성으로서의 여자는 빗금 쳐져 있다(La Femme)". 라캉의 이 공식은 여러 가지 방식으로 해명될 수 있다. 첫째, 여자는 기표적, 리비도적 본질을 갖지 않는다. 하나의 기표로서의 여자는 남자라는 기표에 상관적일 뿐이며, 여자의 주이상스는 분열되고 이중화된다. 둘째, 여자는 닫힌 집합이 아니라 열린 계열에 가깝다. 여자는 전체성과 보편성에 저항하면서 하나하나의 개별성과 단독성에 집중할 것을 요구한다. 셋째, 여자는 상징적 질서와 담론의 논리 안에 있는 동시에 바깥에 있다. 어떤 경계에 걸쳐져 있으면서 그 경계의 내부와 외부를 넘나드는 위상학적 성격으로 인해 그녀는 유령처럼 출몰한다. 넷째, 여자는 존재(exister)하기보다는 오히려 탈존(ek-sister)한다. 여자는 상상적으로 일관되고 완벽한 존재가 아니라 논리적으로 재현 불가능하고 중심 바깥으로 사라지는 실재를 체현한다. 마지막으로 여자는 무의식이 일자一者의 존재성이 아니라 타자성의 역설을 따른다는 것을 알고 있다. 그녀는 우리 안에 있는 타자의 장소로서의 무의식이 일자의 논리에 이질적임을, 나아가 무의식마저도 결코 모든 것을 말할 수 없다(S($\cancel{A}$))는 점을 간파하고 있으며, 그래서 무의식을 다루는 데에 능숙하다.

* * *

라캉은 "사람들은 그녀를 여자라고 말하면서 그녀를 모욕한다(on la dit-femme, on la diffâme)"[9]고 말한다. 존재하지 않는 여자를 마치 존재하는 것처럼 말하면서 우리는 그녀를 욕보인다. 존재하지 않는 여자에 실체성을 부여하면서 그녀의 명예를 훼손하는 것이다. 주목할 점은 여기서 통상적인 논리가 역전된다는 것이다. 가령 노동자들이 우리도 존재한다고 말하면서 파업하는 것은 그들이 존재하지 않는다는 모욕과 착취에 저항하기 위해서이다. 여자의 경우는 정반대이다. 존재하는 것을 존재하지 않는다고 말하는 것이 모욕이 아니라 존재하지 않는 것을 존재한다고 말하는 것이 모욕이 된다. 이러한 역전은 왜 일어나는 걸까? 단순히 무無가 존재보다 더 근원적이기 때문일까? '모욕당한

여자는 존재하지 않는다

[명예가 훼손된](diffamé)'이라는 기표를 살펴보자. 그것은 어떤 상징적 문장紋章에서 명예를 나타내는 부분이 없는 것을 가리킨다. 여전히 하나의 문장임에도 불구하고, 그 문장에는 위세와 권능이 빠져 있다. 하나의 변칙적인 문장, 가계나 족보가 결여된 문장, 온전하지 않은 문장, 세속의 논리로 결정 불가능한 문장, 상징적 권력의 안팎에 있는 실재적 문장이 곧 여자의 문장이다. 달리 말해 여자는 '중심과 부재 사이에(entre centre et absence)' 위치해 있다. 여자는 하나의 중심으로 존재하지도 않지만, 그렇다고 부재하지도 않는다. 여자는 중심과 주변, 존재와 비존재의 구분 자체를 교란하고 무력화한다. 따라서 애시당초 존재와 다른 것을 존재한다고 말하는 것, 실재를 실체로 상상화하는 것이 여자가 겪는 모욕이다.

가령 이미 탈진된 어머니를 슈퍼맘으로 만들 때 우리는 한 여자를 아버지의 이름에 걸맞은 존재로 격상시키면서 그녀가 원하지도 않는 명예를 새겨 넣는 폭력을 저지르는 것 아닌가? 그리고 그녀 역시 불필요한 힘을 뺀 문장이 요란하게 장식된 문장보다 덜 억압적이고 괴롭다는 진실을 스스로 망각하게 되지 않는가? 아이러니하게도 출산율 저하란 모성성의 기피가 아니라 더 이상 슈퍼맘이란 상징적인 타이틀로 여성성의 실재적인 위상을 훼손하지 않으려는 사회적 증상이 아닌가? '모욕당한(diffamé)'의 또 다른 뜻에 주목하라. 그 기표는 꼬리가 없는 사자를 가리킨다. 결국 분석 담화를 경유하지 않고서는 그녀의 불가해한 진실에 말을 건넬 방법이 없다. 그녀가 실제로 어떤 문장을 원하는지, 자신의 문장에 기뻐하는지 괴로워하는지, 스스로에게 괴로운 문장을 계속 붙들고 살기를 선택하는지 알 길이 없다. 분석 담화 바깥에서 여성성은 날것의 수수께끼로 남는다. 꼬리를 자르고 자취를 감춘 사자에 대해 말할 수는 없다.

그렇다면 우리는 여성성의 모호한 흔적에 대해 무조건 침묵해야 할까? 존재하지 않는 여자에 대해 그녀의 명예를 훼손하지 않으면서 말할 수 있는 방법은 없을까? "여자는 무엇을 원하는가?(Was will das Weib?)"라고 물었던 프로이트의 경우는 어떨까? 한편으로 그는 여성성이라는 검은 대륙을 탐험하는 계몽주의자의 입장을 취하고, 다른 한편으로는 여성성의 근본적인 모호성을 겸허히 인정한다. 요컨대 프로이트는 여성성의 비합리적인 측면을 합리적으로 해명하면서도 합리화되지 않는 잔여를 존중하는 태도를 보인다. 그러나 라캉이 보기에 이러한 프로이트의 태도는 여전히 불만족스럽다. 왜냐하면 여자가 무엇인지에 대해 '질문을 제기하는 것(s'interroger)'과 여자가 '되는 것(devenir)'은 완전히 다르기 때문이다.[10] 프로이트는 여성성에 대해 질문을 던지고 생물학적, 사회학적 관점과 구분되는 정신분석적 통찰을 남겼지만 '여자가 되는 데'에 이르지는 못했다. 그 자신이 정신분석은 여자가 무엇인지 기술하려 하지 않으며 오히려 어떻게 여자아이가 여자가 되는지를 추적할 뿐이라고 말했음에도 불구하고 그런 추적 과정 자체가 '여자 되기'의 비일관성을 팔루스적 일관성으로 고정시켰다. 그 역시 팔루스 중심적 논리를 통해—가령 여성성을 남근 선망(Penisneid)으로 규정하거나 여성성을 모성성으로 환원하면서—존재하지 않는 여자에 특정한 존재성을 부과하면서 그녀를 욕보였던 것이다.

** * *

하나의 수수께끼이자 스캔들로서, 존재하지 않을 뿐만 아니라 자기 자신에 대해 아무런 말도 하지 않는 여자에게 목소리를 돌려줌으로써 '여자 되기'를 실험할 수 있을까? 관건은 여성성에 대해 일목요연한 정의를 내리는 것도, 발굴되지 않은 여성성을 조명하는 것도, 하물며 억압당한 여성성을 해방하거나 상처받은 여성성을 위로하는 것도 아니다. 관건은 생물학적인 것(female sexuality)*으로도, 규범적인 것(femaleness)**으로도, 구성된 것 혹은 해체되어야

[*] 생식기, 월경, 임신, 출산.
[**] 가부장적, 남성 중심적 관점의 여성스러움.

할 것(femininity)으로도 환원되지 않고 하나의 문제적인 공백으로 남아 있는 여성성(femmelité)을 정신분석적으로 윤리적인 말하기에 결부시키는 것이다. 즉, 한 명 한 명의 여자가 스스로의 독특한 진실에 대해 '잘 말하는(bien dire)' 공간을 열어주는 것이다. 물론 정신분석 담화에서의 '잘 말하기'란 다소 역설적이다. 그것은 "실재가 진실에 명령을 내리는 곳에서 유래하는 말하기"[11]이다. 그것은 억압된 무의식에 대면하는 용기 있는 말하기인 동시에 말할 수 없는 실재 곁에서 모든 진실을 말하기가 불가능함을 인정하는 '반쯤 말하기(mi dire)'이다. 그래서 여기서 등장하는 여자들의 단상은 일상적인 관점에서 보기에 기이할 수 있다. 그러나 그것은 분석 담화에서는 낯설지 않은 말하기, 즉 고독한 중얼거림, 어설픈 더듬거림, 비인칭적 웅성거림, 무성의한 얼버무림, 격한 울부짖음, 맥락 없는 횡설수설, 내밀한 속삭임, 갑작스러운 침묵으로 점철된 말하기이다. 이런 말하기는 사회적으로 용인되고 공유되기 어려운 까닭에 우리는 상담실(cabinet)을 마치 화장실(cabinet)처럼 사용하면서 실재에 가닿는 동시에 무의식적 지식을 세공하는 말하기를 시도한다. '여자 되기'와 분석 담화를 결합한 말하기란 가능할까? 여성성과 관련하여 분석적인 말하기에 어느 정도를 기대할 수 있을까? 분석 담화는 과연 여자의 명예훼손을 최소화하면서 여성성의 환원 불가능한 수수께끼를 있는 그대로 내버려둘 수 있을까?

여자는 존재하지 않는다

비전체

여자는 비전체입니다. 즉, 그녀들은 일반화, 심지어
남근 중심적인 일반화의 대상이 되지 않습니다.[12]

비전체로서의 여자는 어떻게 남근적 보편성에서 빠져
나가는 것일까? 라캉은 남녀의 성적 입장을 생물학적 소
여나 문화적 구성이 아니라 상징적 거세를 유발하는 팔루
스 함수에 관여하는 방식을 기준으로 분배한다. 남성적 입
장은 전체로서의 보편성과 예외로서의 일자로 구성된다.
모든 남자는 거세에 종속되어 있다. 그런데 이러한 거세의
보편성은 거세로부터 예외를 이루는 특별한 하나, 즉 상징
적 법으로서의 아버지에 의거하고 있다. 예외가 규칙을 정
립하는 것이다. 이렇게 보편성은 암암리에 특권적인 일자
에 호소한다.

> 보편성이란 어떤 영역을 일자의 차원에 속한 것으로 감싸는 데에서 유래합니다.[13]

여성적 입장은 예외 없음과 비전체로 구성된다. 모든 여자는 예외 없이 거세된다. 거세에 종속되지 않은 여자는 없다. 그녀가 천사나 요정이 아닌 한에서 말이다. 따라서 비전체는 거세에 종속되지 않은 어떤 특권적인 여자가 있음을 말하는 것이 아니라 여자의 입장이 보편적 전체의 논리에 입각한 팔루스 함수를 빗겨간다는 것을 의미한다. 여자는 거세에 완전히 종속되지 않는다. 거세는 여자를 전체적으로 규정하지 못하고, 거세의 효과는 여자에게 부분적인 것으로 남는다. 여자는 팔루스 함수에 의해 결정 불가능하다.

> [여자는] 팔루스 함수의 부정이 아니면서도 팔루스 함수에 포함되지 않는다.[14]

여자는 '중심과 부재 사이'에 있다. 그녀는 중심과 주변의 위계를 무화한다. 따라서 비전체는 단순히 반反팔루스적 저항이 아니다. 비전체는 주변에 대한 중심의 지배 논리에도, 주변이 재차 중심화되는 아이러니에도 빠지지 않는다. 중심만 고수하면서 주변에 무지한 것이 주인 담론이라면, 언어, 담론, 규범, 코드, 법에 대한 저항만을 부르짖

여자는 존재하지 않는다

는 것은 히스테리 담론이다. 비전체는 눈 먼 지배나 일방적인 저항이 아니라 정원 외적인 보충이다.

> 그녀가 팔루스 함수에서 비전체이기 때문에 그녀가 팔루스 함수에 존재하지 않는 것이 아닙니다. 그녀는 거기에 전적으로 존재합니다. 그런데 무언가가 더 존재합니다.[15]

이로부터 다음이 귀결된다. 여자의 주이상스는 현존하는 주이상스(jouisse-présence)와 부재하는 주이상스(jouis-absence)로 이중화된다. 여자는 중심에 참여하면서 현존하는 주이상스(팔루스적 주이상스)를 누리고, 주변을 배회하면서 부재하는 주이상스(다른 주이상스)를 경험한다. 요컨대 비전체란 팔루스 함수에 대해 긍정도 부정도, 현존도 부재도 아닌 제3의 길을 여는 가능성이다.

* * *

좀 더 나아가보자. 『레투르디』의 핵심적인 구절에서 라캉은 비전체에 대해 이렇게 논평한다.

> 여자가 비전체라고 말하는 것, 이것이 테이레시아스 신화가 지적하는 것입니다. […] 그녀의 주이상스가 성

교로부터 만들어지는 주이상스를 넘어선다는 점에서 말입니다. […] 비록 우리가 사랑의 요구를 만족시킨다 하더라도 우리가 여자에 대해 갖는 주이상스는, [성적] 결합이 문턱에 남아 있는 한편, 그녀를 분열시키고 그녀를 그녀의 고독의 파트너로 만듭니다. 남자가 그가 향유하고 싶은 여자에게 봉사하는 데에 있어서 그녀를 완전히 그의 것으로 만들지 않는 그녀 고유의 주이상스를 그녀에게 돌려주는 것보다 더 나은 방법으로 인정할 수 있는 것이 어디 있겠습니까? 즉 그녀 안에서 그녀 고유의 주이상스의 일부를 부활시키는 것 말입니다.[16]

아래 성별화 공식의 여자 쪽의 아래 칸을 살펴보자.

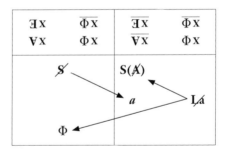

정관사에 빗금이 쳐진 여자(La Femme), 즉 보편성으로 포착되지 않는 여자는 상징적 팔루스와 관계하는 한편 S(Ⱥ)에도 관계한다. 『세미나 19권』에서 라캉은 S(Ⱥ)을 성적 주이상스의 부재에 연결시킨다.

여자는 존재하지 않는다

S($\bar{A}$)는 우리가 대타자로부터 정신적으로 주이상스를 끌어낸다는 것을 뜻합니다.[17]

주이상스는 성적이지 않고 정신적이다. 달리 말해 성관계는 환상에 덧씌워진다. A는 B와 관계를 가지면서 C와 관계를 갖는다고 생각하고, B는 A와 관계를 갖는 자기 자신을 C라고 생각한다. 성관계가 없다면, 그것은 환상에 의한 관계만 있기 때문이다. 성관계에서는 환상이 주이상스보다 일차적이다. 우리는 환상을 통해, 환상과 함께 즐긴다. 아니 환상이 우리를 농락하고 즐긴다. 그리고 환상은 상실된 대상을 헛되이 겨냥하고, 대상의 상실이 거세에 기인하는 한, 환상은 결국 거세에 맞닿아 있다. 그러나 여자는 거세에 부분적으로만 규정되고, 따라서 거세에 기인한 환상에 덜 젖어 있다. 이런 점에서 여자는 "성교로부터 만들어지는 주이상스"가 늘 환상에 얽매여 있다는 점을 간파한다. 여자는 성관계에서 타자란 존재하지 않는다는 점, 타자란 나의 환상으로부터 구성된다는 점을 간파한다.

성관계가 관건이 되는 순간부터 타자는 부재합니다.[18]

성교로부터 만들어지는 주이상스의 한계와 타자의 비실존에 대해 알기 때문에 그녀는 성적 결합이 문턱에 남아 있음에, 즉 성적 결합의 불가능성에 익숙하다. 여자는 성관계란 존재하지 않는다는 공리를 체현하는 입장에 위치한다. 또 여자는 사랑과 고독의 내밀한 연관성을 직감한다. 아무리 사랑의 요구를 만족시키고 커다란 성적 주이상스를 제공한다 하더라도 성교에서 파생하는 주이상스는 여자를 분열시킨다. 어떤 분열일까?

한나 아렌트의 외로움(loneliness)과 고독(solitude)의 구분을 원용해보자. 성교에서 여자는 남자와 함께하기 때문에 외롭지는 않지만, 여전히 자기 안에서 고독하다. 그녀는 함께 있는 동시에 홀로 있는 느낌, 즉 '홀로움'을 느낀다. 여자의 숨겨진 파트너는 남자가 아니라 그녀 자신의 고독이다. 여기에서 남자가 여자에게 바칠 수 있는 최선의 오마주(hommage), 즉 어원적으로 "성관계를 갖기 위해 바치는 존경의 방식"을 뜻하는 오마주가 나온다. 여자를 가장 많이 존경하는 동시에 여자를 가장 잘 향유할 수 있고 또 향유할 자격이 있는 남자는 누구일까? 그는 여자로 하여금 외롭지는 않지만 고독함을 간직할 수 있게 해주는 남자, 여자 고유의 쾌락을 되돌려주는 남자, 환상, 소유, 융합 너머에서 홀로운 주이상스에 직면하게 해주는 남자다. 그는 여자가 환상-성교-성적 주이상스와는 다른 차원에 관계한다는 점을 용인하는 남자다. 우리의 현실이 환상으로서의 팔루스적 주이상스 및 자본주의적 잉여 주이상스의

여자는 존재하지 않는다

논리로 구성되는 이상 여자 스스로가 여성적 주이상스를 망각할 가능성이 높은 상황에서, 이 남자는 자신의 주이상스에 이질적이라는 이유로 여자 고유의 주이상스를 배척하거나 도외시하지 않고 그것을 지지하고 격려한다. 따라서 여자를 가장 잘 향유하는 남자는 또한 여자를 전혀 향유하지 못하는 남자이기도 하다. 그는 대상으로서의 여자가 아닌 독특하게 분열된 입장으로서의 여자에 관계하기 때문이다. 그는 환원 불가능한 여성적 주이상스, 현존이 아니라 부재에 각인되어 있는 고독한 주이상스를 엄밀히 존중하는 남자다. 여기서 생물학적, 젠더적 정체성의 덫에 빠져드는 것을 경계하자. 생물학적인 의미의 여성이 자기 사랑의 모서리가 잘려나가는 것을 감수하면서도 연인의 고독한 창작 활동을 지지할 때, 연인 안에 있는 알려지지 않은 열락의 가능성을 가리킬 때, 그녀는 연인에게 여성적 주이상스의 공간을 열어주고 있고 연인에게 최선의 오마주를 행하고 있는 셈이다.

* * *

그렇다면 왜 하필 테이레시아스일까? 테이레시아스와 비전체에는 어떤 연관성이 있을까? 여느 때처럼 라캉은 이 점을 상세히 논구하지 않지만 그럼에도 이 점을 정교화하는 것이 중요하다.

우선 여러 버전의 신화를 종합해서 테이레시아스의 삶을 살펴보자. 테이레시아스(Teiresias)는 목자 아버지 에베레스(Everes)와 님프 어머니 카리클로(Chariclo) 사이에서 아들로 태어났다. 어느 날 그는 펠로폰네소스의 킬레네산을 지나가다가 뱀 한 쌍이 교미하는 것을 보고 암컷을 죽인다. 이에 격분한 헤라 여신은 테이레시아스의 육체와 정신을 여자로 바꾸는 형벌을 내린다(따라서 테이레시아스를 그/녀로 지칭하자). 테이레시아스는 여자의 삶에 그럭저럭 잘 적응하고 세 명의 딸도 낳는다. 몇 년 후 그/녀는 교미하는 뱀 한 쌍을 다시 마주친다. 그/녀는 뱀을 죽이면 성별이 전환된다는 점에 착안해 한 번 더 뱀을 죽이고 태어날 때 가졌던 성별을 회복하게 된다. 그런데 어느 날 제우스와 헤라는 남성의 쾌락과 여성의 쾌락 중에 어느 것이 더 큰지에 관해 논쟁을 벌인다. 제우스는 여자가 사랑에서 더 많은 쾌락을 얻는다고 생각했지만 헤라는 여기에 반대했고, 그들은 테이레시아스에게 물어보기로 한다. 그/녀는 양쪽의 사랑을 모두 경험해보았기 때문이다. 테이레시아스는 남녀의 쾌락을 합친 것이 10이라면 남자의 쾌락은 1밖에 안 될 정도로 여자의 쾌락이 훨씬 크다고 말해준다. 이에 재차 격분한 헤라 여신은 테이레시아스의 눈을 멀게 만들고, 이를 불쌍히 여긴 제우스는 그/녀에게 예언 능력, 새들의 말을 알아듣는 능력, 3백여 년의 수명이라는 보상을 내린다.

이렇게 해서 테이레시아스는 테베의 주요 비극을 예언하게 된다. 그/녀는 오이디푸스가 아버지 라이오스 왕을 죽이고 어머니 이오카스테와 결혼할 거라고 오이디푸스에게 말해주지만 오이디푸스는 이를 받아들이지 않고 오히려 그/녀가 왕을 해칠 음모를 꾸미고 있다고 힐난한다. 그러나 결국 오이디푸스는 예언을 그대로 실현하는 스스로를 마주하게 된다. 또 그/녀는 폴리네이케스의 장례 문제로 폴리네이케스의 누이 안티고네를 산 채로 매장한 크레온에게 죽은 자에게 장례를 치러주고 산 자를 지상으로 데려오지 않으면 큰 화가 미칠 것이라고 예언한다. 그러나 크레온은 테이레시아스가 금전을 노리며 외설스러운 기만을 퍼뜨린다고 하면서 예언을 거부한다. 결국 크레온 역시 아들과 부인을 모두 잃는 비극에 마주하게 되고 "아무것도 아닌 자"로 전락하게 된다.

테이레시아스는 종종 예언가로서의 고뇌를 상징한다. 예언가의 삶은 고되다. 사람들이 좋아하지 않는 방식으로 사물을 해석해야 하고, 당사자에게 뼈아픈 고통이 될 뿐인 진리를 일상적으로 발설해야 한다. 자칫 사람들의 고통을 덜어주기 위해 거짓을 발설할 경우 신들의 분노를 산다.[*]

[*]   나중에 수명이 다한 테이레시아스는 죽어서 하계로 내려가서도 예언을 할 수 있었는데, 오디세우스는 고향으로 돌아갈 방도에 대한 조언을 구하기 위해 하계에 있는 테이레시아스를 방문하기도 했다.

* * *

　『세미나 10권』에서 라캉은 테이레시아스를 "정신분석의 수호성인"[19]으로 지칭한다. 테이레시아스가 새들의 말을 알아듣는 것처럼 분석가는 분석자의 일상적인 담화를 통해 담화 너머에서 흘러나오는 것, 즉 욕망의 담화를 듣는다. 또 분석가는 사주팔자, 신의 뜻, 전생의 업보가 아니라 욕망과 환상이 우리의 운명을 결정짓는다는 점에 착안한다는 점에서 예언가적인 입장에 놓인다. 또 분석가는 분석자의 말을 통해 드러나는 무의식적 지식과 온전히 말해지지 않는 진리 간의 환원 불가능한 틈새에서 증상이라는 변형된 형태로 표출되는 진리와 빈번히 마주친다. 따라서 분석가가 증상적인 주이상스를 상징화하고 욕망의 주체의 도래를 견인하기 위해 순수하게 기능적인 역할을 한다 하더라도 진리를 움직이는 자신의 행위에 대해 자족감을 느끼기는커녕 혐오감을 느끼는 것은 불가피하다.

　　분석가는 자신의 행위에 질색을 합니다.[20]

　그런데 분석가와 테이레시아스의 유사성보다 흥미로운 것은 테이레시아스가 여러 가지 차원에서 경계, 사이, 횡단의 이념을 체현한다는 점이다. 테이레시아스는 남자와 여자 사이에 있는 순수한 빗금(그/녀)이고, 필멸성과 불멸성의 경계에 위치해 있으며, 시력을 박탈당한 동시에 예지력을 행사한다는 점에서 보지 못함과 볼 수 있음을 횡단한다. 여기서 테이레시아스의 양성 횡단성에 주목함으로써 테이레시아스와 비전체의 연관성으로 되돌아가보자.

테이레시아스와 비전체의 연관성은 라캉이 『세미나 26권』에서 말하는 '세 번째 성'에 있다는 가설을 제기해보자. 앞서 살펴봤듯 여성적 비전체는 팔루스 함수에 대해 제3의 길을 열어준다. 테이레시아스와 함께 이러한 비전체 고유의 기능, 즉 기존에 알려지지 않은 제3의 가능성을 개방하는 기능은 확장된다. 여성적 비전체가 팔루스 함수에 대해 작용한다면, 테이레시아스적 비전체는 양성 자체에 작용하기 때문이다. 그것은 보편성과 예외의 결합인 남성적 입장과 예외 없음과 비전체의 결합인 여성적 입장 바깥으로 정신분석을 이끈다.

프로이트는 인간의 심리성적 발달에 결정적인 작용을 하는 정신분석의 핵심 서사로 오이디푸스 콤플렉스를 거론했다. 라캉은 성별화 공식을 성관계의 불가능성을 역설하는 논리적 장치로서 창안했다. 여기서 테이레시아스적 비전체는 정신분석을 오이디푸스 드라마 너머로, 비전체의 논리적 증폭으로 데리고 간다. 그리고 여기에서 정신분석은 트랜스젠더, 비수술 트랜스젠더, 동성애, 양성애, 무성애, 간성(intersex), 퀘스쳐너(questioner)에 마주하게 된다. 즉 정신분석은 남성과 여성의 관계만을 규범화하는 이성애성(heterosexuality)뿐만 아니라 육체와 정신 사이의 성적 정향의 일치만을 자연화하는 시스젠더성(cisgenderity) 모두를 초과하도록 추동된다. 이러한 초과는 역설적이게도 프로이트가 제기한 입장, 즉 충동에는 정형화된 대상이 없으며 충동은 다형도착적이라는 고전적인 입장에 합류하는 것으로 귀결된다. 그런데 정신분석이 애시당초 확정된 규범이 없는 성애의 영역, 축소되지도 확장되지도 않으며 결코 길들여지지 않는 에로스를 다루는 한에서 비전체의 이러한 확장력에 강세를 두는 것 자체가 새삼스러운 일이 아닐까? 오늘날 분석가들은 정신분석이 다루는 성애의 본령이 정상성과 이상성의 구분 불가능성에 있다는 점에 얼마나 충실하고 있는가?

✳ ✳ ✳

세 번째 성에 관한 라캉의 짤막한 언급에 주목하면서 결론을 내자. 라캉이 비전체를 공식화하는 데에 있어서 핵심적이었던 영감 중 하나는 집합론에서의 "전체란 없다"*는

[*] 늘 새로운 집합이 무한히 생산될 수 있고
하나의 단일한 전체로 그 모든 집합을 묶기란
불가능하다.

수학적 통찰이었다. 『세미나 26권』에서 라캉은 "세 번째 성은 두 성의 현존 하에서 존속할 수 없다"[21*]고 말한다. 그리고 그다음 수업에서 라캉은 세 번째 성을 "일반화된 보로메오 매듭(nœud borroméen généralisé)"이라는 새로운 위상학적 대상에 연결시킨다. 그것은 보로메오 매듭의 기본 속성, 즉 세 개의 고리 중 어느 하나만 풀려도 전체의 구조가 무너지는 속성을 무한 개의 고리로 확장시킨 매듭이다.

여기서 보로메오 매듭의 핵심적인 메시지가 성적 비관계에 있음에 주목하자. 하나의 고리(남자)와 다른 하나의 고리(여자)는 서로 묶여 있지 않고 관계 맺지 않는다. 두 개의 고리가 하나의 구조에 속할 수 있는 것은 오직 세 번째 고리가 있기 때문이다. 이런 점에서 세 번째 고리는 성관계의 불가능성을 성관계의 가능성 및 필연성으로 메우는 팔루스 함수의 매개 작용을 닮았다. 반면 세 번째 성이 지칭하는 일반화된 보로메오 매듭에서는 이러한 세 번째 고리의 매개 기능이 생략된다. 어떤 고리도 다른 하나의 고리와 일대일로 묶여 있지 않다는 특징은 통상적인 보로메오 매듭에서와 똑같이 유지되지만, 무한한 수의 고리 가운데 어떤 고리가 다른 두 개의 고리를 하나의 구조에 속

[*] 여기서 우리는 비수술 트랜스젠더가 공중 화장실에서 남녀 그 어느 칸에도 가지 못하고 소변을 무조건 참는 상황을 떠올려야 할까?

하게 하는지 특정하거나 식별할 수 없기 때문이다. 모든 고리는 다른 모든 고리와 직접 묶이지 않지만 또 다른 아무개 고리 때문에 하나의 매듭을 이룬다. 어떤 성도 다른 성과 관계가 없지만 또 다른 어떤 식별 불가능한 성 덕분에 구조에 참여한다.

따라서 세 번째 성은 성적 입장을 분배하는 데에 있어서 팔루스 함수의 기능을 불필요한 것으로 만든다. 세 번째 성은 비전체를 보다 넓은 광장으로 데려갈 것이며, 거기에서는 알려지지 않은 다양한 성적 입장이 다른 모든 입장과 더불어 자리매김할 것이다. 비전체를 밀고나간 세 번째 성은 "경계의 단독자(le singulier d'un confin)"로서 "우주[보편] 바깥의 어떤 전체(un tout d'hors univers)"[22]를 견인할 것이다. 기존의 전체와 다른 전체가 편성되도록 열린 경계를 지키는 파수꾼의 역할을 하면서 말이다. 여성적 입장이 예외 없음과 비전체의 결합으로 이루어진다면, 세 번째 성은 비관계와 관계의 결합으로 이루어진다. 세 번째 성은 어떤 성적 정체성을 다른 정체성과 연결시키면서도 분리시킬 것이며, 여기서 정체성은 그 단독성을 유지하면서도 공백의 세례를 받을 것이다. 이렇게 테이레시아스와 비전체의 연결 고리에 세 번째 성이 있다는 점과 세 번째 성이 성적 입장의 횡단성의 초석이라는 점이 위상학적 실재를 통해 증명된다.

　　　　　　　　　　　　여자는 존재하지 않는다

여성적 주이상스

『세미나 10권』에서 라캉은 여자가 대타자의 욕망과 씨름하는 한편 욕망의 매듭에 남자보다 느슨하게 매여 있다고, 그래서 주이상스의 영역에서 남자보다 우월하다고 지적한다.[23] 나아가『세미나 16권』에서 라캉은 "여자가 무엇을 원하는가"에 관한 프로이트적 수수께끼의 핵심이 어떤 한계 바깥에 놓인 주이상스에 있다고 지적한다.[24] 그리고 같은 세미나의 마지막 수업에서는 프로이트가 여자의 주이상스가 완벽하게 자기 충족적임을 이해하지 못했다고 지적한다.[25] 프로이트는 언어, 팔루스, 쾌락원칙의 법, 상징적 질서에 의해 대변되는 한계 안에 머물렀으며, 여성적 주이상스는 이러한 한계 너머에서 여여히 흘러간다. 기표에 의해 걸러진 팔루스적 주이상스가 기표처럼 불연속적이고 제한적이라면, 여성적 주이상스는 연속적이고 비제

한적이다. 육체에서의 작용 범위와 관련하여 팔루스적 주이상스가 국소적이라면, 여성적 주이상스는 광역적이다. 언어에 붙잡힌 팔루스적 주이상스가 말할 수 있는 것이라면, 여성적 주이상스는 말할 수 없는 것이다. 남자의 환상으로 변형될 수 있는 팔루스적 주이상스가 주체를 구성한다면, 여성적 주이상스는 주체를 해리시킨다. 양상적인 관점에서 볼 때 팔루스적 주이상스가 필연적이라면, 여성적 주이상스는 우연적이다. 그렇다면 예측 불가능하게 주체를 해리시키는 말할 수 없는 수수께끼에 대해 분석은 어떻게 그 단서를 찾고 또 그 실마리를 풀어갈 수 있을까?

* * *

학교를 마치고 집으로 돌아온 그녀를 위해 그녀의 어머니는 점심을 준비했고, 그녀는 식탁에 앉아 점심을 먹기 시작한다. 그녀의 어머니는 그녀 곁에 앉아 있다. 그녀의 어머니는 이미 그녀의 아버지와 밥을 먹었지만 그녀 옆에서 그녀의 얘기를 듣고 싶어 하는 눈치다. 오늘 학교는 어땠는지, 친구들과 사이는 어땠는지에 관해서 말이다. 하지만 그녀는 피곤하고 혼자만의 조용한 식사 시간을 갖고 싶다. 그렇게 모녀 사이에 침묵이 내려앉고, 아무 말 없이 밥을 먹다가 잠시 고개를 든 순간, 그녀는 어머니의 무시무시한 시선과 마주한다. 아니 그건 어머니의 시선이라기보

여자는 존재하지 않는다

다는 모든 인간적인 것이 비워진 괴물의 시선 같다. 어머니가 사라진 자리에 '나를 보지 않으면서 보고 있는(looks at me without seeing me)' 응시가 남아 있다. 어머니의 눈(eye)은 없어지고 마치 나를 잡아먹을 것 같은 하나의 응시(gaze)만 남아 있다. 그녀의 어머니는 어디로 간 걸까?

시간이 오래 지나도 이 질문은 그녀의 뇌리에서 떠나지 않았다. 마치 모든 유아가 아기가 어떻게 태어나는지에 관한 수수께끼를 풀려고 노력하면서 수많은 가설을 세우고 검증하는 것처럼 그녀는 그 질문을 묻고 또 물었다. 그때 대체 무슨 일이 일어난 걸까? 그녀는 어머니가 사라진 자리에 소름 끼치는 응시가 남았던 외상적인 사건을 어떻게든 풀어내고 그것에 의미를 부여할 방법을 찾았다. 그리고 분석 작업은 그녀에게 두 가지를 알려주었다.

그녀가 만난 것은 바로 어머니가 체현한 여성적 주이상스다. 그녀는 아이를 돌보기 위해 따뜻한 밥상을 준비하는 어머니가 아니라 모성성으로 환원되지 않는 한 여자를 만났던 것이다. 그 여자는 외부 세계로부터 차단된 채 철저히 자기 안에 매몰되어 있는 동시에 괴물 같은 응시를 통해 자기 바깥으로 나아갔다. 그 여자는 존재도 아니고 비존재도 아닌 탈존(ek-sistence)의 차원에 있었다. 그녀가 생기발랄한 딸처럼 학교에서 일어난 일을 어머니에게 말했다면 어머니는 기표에 거주하는 주체의 차원으로 내려올 수 있었을까? 당시에 그녀가 경험한 어머니는 기표의 주체가 아니라 기표 너머에서 탈주체화된 여자였다. 『세미나 20권』의 표지를 장식한, 바로크 조각가 잔 로렌초 베르니니(Gian Lorenzo Bernini)의 작품 〈성녀 테레사(L'Estasi di Santa Teresa)〉에서 탈주체적 엑스터시가 성녀의 벌어진 입으로 가까스로 재현되었듯, 그녀의 어머니의 탈주체적 엑스터시는 텅 빈 눈으로 가까스로 재현되었다.

  나아가 분석은 그녀가 자신의 환상을 구축하게 해주었다. 그녀는 어머니가 젊었을 때 아우슈비츠를 경험한 적이 있다는 것을 알고 있었다. 그래서 그녀는 어머니가 사라진 그날의 사건에 대해 어머니가 아우슈비츠로 돌아간 것이라고 해석했다. 그런 괴물 같은 상태에 견줄 만한 것은 아우슈비츠밖에 없었으니 말이다. 그러나 이것은 의식적인 차원의 해석이었다. 그녀의 무의식은 좀 더 정교한 전략을 세운다. 그녀는 어머니가 '잘생긴 독일 남자'에 대해 말하는 것을 들은 기억이 있다. 아무런 논리적 연관성 없이, 그러나 또한 창조적인 논리를 따라, 그녀의 무의식은 어머니가 잘생긴 나치 장교를 욕망한다는 환상을 고안해냈다. 불가해하고 외상적인 여성적 주이상스를 중화하기 위해 그녀의 무의식은 특정한 환상을 동원했다. 무의식은 전쟁과 인종 학살보다 잘생긴 남성과 성적 매력이라는 기표를 우선시했고, 그 기표의 연결은 실재를 드러내면서도 은폐하는 환상을 구성했다. 그녀는 무의미한 여성적 주이상스를 '잘생긴 남자'라는 팔루스적 의미를 통해 나름대로 봉합해냈다. 그렇게 그녀는 어머니의 사라짐이라는 수수께끼에 나름의 답변을 갖고 살아왔다.

학교를 졸업하고, 다른 많은 이스라엘 여성들처럼 군복무를 마치고, 그녀는 좋은 직장에 자리를 잡았다. 어느 날 그녀는 동료들과 함께 클럽에 갔다. 한 남자가 그녀에게 같이 춤을 추자고 권했다. 그녀는 썩 내키지 않았지만 자리에서 일어나서 그와 함께 스테이지로 나갔다. 남자는 조금씩 음악에 몸을 맡기면서 움직였다. 그는 마치 어머니의 품에 안긴 아기 같은 표정으로 물속을 자유롭게 유영하는 물고기처럼 움직였다. 그의 춤은 매력적이었다. 단순히 매력적인 걸 넘어서서 자기만이 거주하는 공간을 만들어냈다. 마치 클럽 안에 누구도 존재하지 않는 듯, 그 자신이 사라지는 동시에 곁에 있는 그녀마저 사라지게 하면서, 그는 춤과 물아일체가 되었다. 그녀는 그와 사랑에 빠졌고 결혼했다.

얼마 후 그녀는 그때 클럽에 같이 갔던 남자 동료를 우연히 마주쳤다. 그다음 번의 분석 세션에서 그녀는 왜 많은 남자들 중에 하필 남편에게 끌렸는지 문득 궁금했다.

그녀는 분석가에게 남편의 춤추는 모습에 매력을 느꼈으며 남편이 어머니를 상기시킨다고 말했다. 다만 그녀는 어떤 방식으로 남편이 어머니를 상기시키는지, 어머니와 남편의 정확한 연관성이 어디에 있는지 설명할 수 없었다. 그녀는 침묵했다. 그러나 이내 분석가와 그녀는 동시에 외쳤다. "그날 어머니의 응시!"

✳ ✳ ✳

라캉에게 성구분(sexuation)은 생물학적이거나 사회학적인 문제가 아니다. 그것은 팔루스 함수에 대한 주체의 포지션과 그로 인한 주이상스의 유형의 문제다. 그래서 생물학적 여자만 여성적 주이상스를 누리는 것이 아니다. 생물학적 남자도 여성적 주이상스를 누릴 수 있다. 식탁에 마주 앉은 어머니의 응시 속으로의 사라짐과, 클럽에서 만난 남편의 춤으로의 사라짐에서 그녀는 공통적으로 여성적 주이상스와 만났다. 분석이 아니었다면 그녀는 이 점을 알지 못했을 것이다. 그녀는 그저 춤을 멋있게 추는 잘생긴 남자와 사랑에 빠지고 결혼했다고 생각했을 것이다. 억압된 것은 되돌아오지만, 여성적 주이상스는 되돌아올 뿐만 아니라 우리의 대상 선택을 절묘하게 결정짓는다. 분석은 한 걸음 더 나아가 우리가 여성적 주이상스를 결코 날것 그대로 대면하지 않는다는 점을 알려준다. 그녀의 무의식은 어머니의 사라짐이라는 수수께끼에 대해 잘생긴 독일 장교에 대한 환상으로 대응했고, 그다음에는 매력적으로 춤추는 사람으로 재현되는 팔루스적 외피를 통해 그 수수께끼를 변형시켰다. 그녀의 무의식이 남편의 무아지경의 춤에서 여성적 주이상스를 목격한 순간 그것을 팔루스적 외투로 중화시키고 완화시킨 것이다. 아우슈비츠보다는 잘생긴 독일 장교가, 또 장교보다는 매력적인 춤꾼이 낫다고 말하면서 말이다. 공포를 매력으로 치환하는 것, 이것이 팔루스의 마법이다. 이렇게 여성적 주이상스는 꼬리를 자르고 사라졌지만 외양을 달리한 채로 어머니와 그녀, 그녀의 남편 사이를 누비고 다녔다.

어쩌면 그날 어머니의 사라짐을 아우슈비츠에 연결시킨 것 역시 그녀의 환상이 아닐까? 그녀의 어머니는 그녀의 아버지와 점심을 먹으면서 나눈 대화를 생각하느라 텅 빈 표정을 한 것이 아닐까? 정작 그녀의 어머니는 그때 일을 전혀 기억하지 못한다. 그러나 중요한 것은 그녀의 환상이 맞았느냐 틀렸느냐가 아니다. 환상이든 아니든 그녀가 그날 만난 여성적 주이상스는 그녀의 삶이 현재에 이르는 데에 핵심적인 역할을 했다. 그 주이상스는 그녀 자신이 가담함으로써 완성되는 그녀의 운명이 될까? 그녀는 여전히 그 주이상스의 퍼즐을 맞추고 있다. 분석은 전혀 연결되지 않는 것들을 연결해주는 퍼즐 맞추기이다. 다만 여성적 주이상스의 퍼즐은 처음부터 몇 조각이 누락되어 있기에 그것을 전부 맞추는 것은 불가능하다. 그것은 영원히 미완성일 수밖에 없는 퍼즐, 영원성의 관념 자체를 무너뜨리는 퍼즐, 다 맞추어지지 않기를 그치지 않는 실재의 퍼즐이다.[26]

여자는 존재하지 않는다

증상

˚ 여자는 팔루스이다. 여기서 남자는 말하는 존재로
서의 자신의 구조적 결핍을 여자를 통해 메우려 한다.

˚ 여자는 대상이다. 여기서 남자는 환상의 필터를 통
해 자신의 욕망을 유발하는 원인-대상을 여자 안에서
찾는다.

˚ 여자는 증상이다. 여기서 남자는 여자를 매개로 삼
아 자기 자신의 일자적인 무의식과 관계를 맺는다.

혹자는 이 공식들이 모두 남자의 관점으로부터 여자를
인식하고, 구성하고, 강제하는 것은 아닌지 의문을 제기할
수 있다. 여기서 단순히 현상적인 차원에서 어떤 여자들은
남자의 팔루스가 되기에 저항하거나, 남자의 여자에 대한
대상화를 비판하거나, 남자의 증상으로의 환원을 회피한

다는 점을 지적하기보다 오히려 이 공식들에 대항하는 또 다른 공식들과 그 공식들을 구현하는 라캉적 여자가 있음에 유의하자.

  ° 여자가 누리는 보충적인 주이상스는 팔루스 너머에 있다.
  ° 여자가 구현하는 비전체는 대상 *a*에 의해 유발되지 않는 어떤 불가해한 좋음에 관련된다.
  ° 여자는 절대적인 대타자로서 일자적인 무의식 안의 구멍을 드러낸다.

이러한 복합성에 유의하면서 여자-증상을 자세히 살펴보자.

✱ ✱ ✱

여자-증상에 대한 최초의 발언은 『세미나 22권』에 나온다.

    팔루스에 불편한 모든 이에게 여자란 무엇입니까? 여자란 증상입니다.[27]

신화적인 바이브레이터를 상정하지 않는 한, 구조적 결

핍을 상상적 마개로 가리지 않는 한, 남자와 여자 모두 팔루스에 불편하다. 전자는 팔루스를 완전히 조절할 수 없고 후자는 팔루스를 갖고 있지 않기 때문이다. 따라서 말하는 존재 모두에게 여자는 증상으로 출현한다. 이 공식은 새로운 것이지만『세미나 20권』의 다음과 같은 발언에 연결될 수 있다.

> 남자는 그가 창조한다고 믿습니다. 그는 믿고, 믿고, 또 믿으며, 창조하고, 창조하고, 또 창조합니다. 그는 여자를 창조하고, 창조하고, 창조합니다. 사실 그는 그녀를 일자의 작업에 참여시킵니다.[28]

여자는 일자로서의 남자가 창조하고 믿는 어떤 것이다. 남자는 자신이 존재하지 않는 여자를 존재하게 만든다고 믿는 것이다. 그리고 라캉은 남자가 여자를 믿는 것처럼 분석자는 증상을 믿는다고 지적한다.

> 증상, 즉 무의식과 입을 맞추는 그 무엇에서 인상적인 것은 우리가 그것을 믿는다는 것입니다.[29]

『세미나 22권』의 맥락에서 증상은 프로이트적 의미의 증상처럼 단순히 무의식적(상징적) 형성물이 아니다. 증상은 실재 안에 위치해 있는 동시에 상징계의 가장자리를 향해 뻗어 있다. 증상은 상징계로서의 무의식 바깥에 있기 때문에 무의식에 입을 맞출 수 있다. 그리고 분석 작업에서 분석자는 증상이 무언가 말할 수 있음을, 즉 증상이 전적으로 무의미한 것이 아니라 어떤 의미를 갖고 있음을 믿는다. 분석자는 설령 증상 그 자체가 의미 바깥에 있다 하더라도 증상이 무의식 안의 어떤 기표로 번역될 수 있음을 믿는다. 분석자가 분석에의 요구를 표명할 때 거기에는 다음과 같은 믿음이 있기 때문이다. "내가 이런 증상이 있는 건 아버지의 말투 때문이야", "그 남자와 헤어지기 전에 나는 이런 증상이 전혀 없었어."

✱ ✱ ✱

한편 이러한 임상적 맥락 이외에, 여자-증상의 논제를 뒷받침하는 또 다른 맥락이 있다. 같은 수업에서 라캉은 프리드리히 드 라 모테 푸케(Friedrich de la Motte Fouque)의 『운디네(Undine)』(1811)에 대한 일독을 권하며 이렇게 말한다.

『운디네』는 다음과 같은 중요한 사실을 보여줍니다. 남자의 삶에서 한 여자란 그가 믿는 어떤 것입니다. […] 그는 공기의 요정 혹은 물의 요정 유類에 속한 어떤 종種이 있음을 믿습니다. 공기의 요정 혹은 물의 요정을 믿는 것이란 무엇일까요?[30]

스위스의 의사 파라셀수스(Paracelsus)는 공기, 불, 물, 흙의 4원소설에 입각해 서로 다른 특징을 갖는 정령을 형상화했다. 그중 물의 요정의 이름이 운디네(Undine)*이다. 그녀는 인간처럼 사고하고 행동하지만 영혼이 없다. 그녀가 영혼을 갖기 위해서는 인간 남성과 결혼을 해야 한다. 그런데 만약 그녀의 인간 남편이 물 근처에서 그녀를 모욕하면 그는 합당한 벌을 받아야 한다. 푸케는 파라셀수스를 원용하여 물의 요정 운디네와 기사 훌트브란트 간의 사랑, 배반, 복수, 이별을 서술한다.

작품의 줄거리를 대략적으로 살펴보자. 숲에서 노부부의 딸로 살아가고 있던 운디네는 어느 날 길을 잃고 숲에 들어온 기사 훌트브란트와 사랑에 빠진다. 사랑에 빠졌지만 그녀는 물과 같은 변덕스러운 본성은 숨길 수 없었다. 그녀는 거칠었다가 잠잠해지기를 반복하는 물처럼 한때는 예의바른 소녀로, 다른 때는 짓궂은 말괄량이로 행동한다. 그렇지만 훌트브란트와의 결혼을 통해 영혼을 갖게 된 운디네는 모든 팔루스적 가치를 구현하게 된다. 즉 한없이 상냥하고, 아름답고, 경건하고, 헌신적인 아내가 된다. 그런데 훌트브란트에게는 본래 서로 호감이 있었던 베르탈다라는 여인이 있었다. 훌트브란트와 운디네가 도시에서

[*] 파도를 뜻하는 라틴어 'unda'에서 유래.

의 생활을 시작하면서부터 베르탈다와 운디네는 연적관계에 처하게 되지만 결국 베르탈다 역시 운디네의 성품과 매력에 감화되어 좋은 친구가 된다. 어느 날 세 사람은 도나우강을 여행하게 되는데, 여기서 운디네의 삼촌이자 파괴적인 물의 정령인 퀼레보른이 베르탈다를 괴롭힌다. 그녀의 장신구를 빼앗는 것을 도저히 참을 수 없었던 홀트브란트는 물 근처에서는 운디네를 모욕하지 말라는 금기를 어기고 그녀를 마녀이자 요술쟁이라고 모욕한다. 그러자 운디네는 슬퍼하며 인간으로서의 죽음을 맞이하고 홀트브란트는 절망에 빠진다. 얼마 뒤 아내를 잃은 고통으로부터 회복된 홀트브란트는 베르탈다와 재혼한다. 정령 세계의 규칙에 따르자면 운디네는 두 아내를 가진 홀트브란트를 마땅히 죽여야 했지만 운디네가 성의 샘물을 막아 놓았기 때문에 자신을 포함한 그 어떤 물의 정령도 홀트브란트를 해칠 수 없었다. 그렇지만 샘물을 막아놓은 돌을 절대 치워서는 안 된다는 금기를 베르탈다가 어기게 되자 운디네는 홀트브란트의 목숨을 빼앗는다. 운디네는 홀트브란트를 에워싸고 홀트브란트 역시 죽음을 받아들인다. "내가 그대의 키스만으로 죽을 수 있다면!"

* * *

남자의 삶에서 여자란 그가 믿는 것이다. 그리고 믿음에는 두 가지 종류가 있다. 첫 번째는 믿기는 믿되 마음 한구석에 잠재적인 의심을 지닌 채로 믿는 것이다. 이런 믿음은 "그럴 수 있겠군" 정도로 표현된다. 라캉은 이를 "그녀가 말하는 것을 믿는 것(y croire)"이라고 부른다. 임상적으로 이는 신경증에 해당한다. 두 번째는 절대적이고 맹목적인 믿음이다. 이러한 믿음은 "믿나이다!"로 표현될 수 있다. 라캉은 이를 "그녀를 믿는 것(la croire)"이라고 부른다. 임상적으로 이는 정신병에 해당한다. 그것은 정신병자가 환청이 본인을 겨냥하고 박해하는 것이 확실하다고 믿는 것과 같다. 만약 남자가 여자가 말하는 것을 믿는 데에 그치지 않고 여자를 믿는 데에까지 나아간다면, 달리 말해 "그럴 수 있겠군"에서 "믿나이다!"로 이동한다면, 거기에는 정신병의 희극으로서의 사랑이 있다. 이 남자는 파트너에게 다른 어떤 이에게도 없는 신비로운 아우라가 있음을 확신한다. 그는 자신의 대상 선택이 대상의 특별함이 아니라 본인의 무의식적 구조에 따라 이루어짐을 망각하고, 자신의 선택에 필연적인 의미가 있음을 확신한다. 이렇게 어떤 한계를 넘어서 출현하는 여자-증상은 남자를 정신병자 배우로 만든다. 그리고 이 배우는 그가 등장하는 희비극에서 줄곧 이렇게 외친다. "여자는 존재한다!" 라캉이 말하듯, "한 여자가 있음을 믿는 것은 여러분을 여자(La)가 있다는 완전히 그릇된 믿음으로 이끌기 때문이다."[31]

『운디네』에서 홀트브란트는 이런 수준의 믿음에 빠지지는 않는 것으로 보인다. 그는 운디네와 결혼한 직후 '땅의 정령'이니 '퀼레보른'이니 하는 게 도대체 무슨 말인지 운디네에게 묻고는 자신이 요정이나 도깨비와 결혼한 것은 아닌가라고 생각한다. 물론 그다음 날 아침에 사랑스러운 아내의 모습을 보고 그녀에 대한 모든 의심을 접기는 했지만 말이다. 또 피부에 좋은 샘물을 길어오려다가 운디네에 의해 제지당한 베르탈다가 홀트브란트에게 눈물을 흘리며 한탄했을 때 그는 운디네에게 무엇 때문에 그런 이상한 행동을 했는지 근엄한 눈길로 묻기도 한다. 퀼레보른이 베르탈다를 해치는 것을 막기 위해서였다는 자초지종을 듣고 나서 이내 운디네의 결정을 지지하기는 했지만 말이다. 이런 점에서 홀트브란트는 운디네를 덮어놓고 믿은 것이 아니라 그녀가 말하는 것을 따져보고 믿었다고 할 수 있다. 그러나 그가 그녀를 믿은 것은 틀림없다. 그리스의 조각가 피그말리온은 성적으로 문란한 키프로스의 여인들에게 환멸을 느끼고 여인들을 멀리한 채 조각에 몰두했다. 그는 자신이 만든 한 조각상과 사랑에 빠졌으며 이 조각상은 사랑의 여신 아프로디테에 의해 살아 있는 여인이 되었고 피그말리온은 그녀와 결혼했다. 운디네를 아내로 맞이하게 된 홀트브란트는 자기가 그리스의 조각가 피그말리온보다 더 행복하다고 장담했다.[32] 결국 남자가 여자를 창조한다고 믿는 정도에 있어서 홀트브란트는 피그

여자는 존재하지 않는다

말리온보다 더 강한 믿음이 있었다. 운디네는 홀트브란트의 증상, 즉 여자-신경증이었다.

* * *

독일 시인 하인리히 하이네는 푸케의 작품 자체가 하나의 입맞춤이라고 말한 바 있다. 라캉은 푸케의 작품이 성관계가 없다는 점에 대한 아름다운 묘사라고 말한다. 여자-증상은 성적 비관계의 표식이다.

증상이라는 말줄임표는 말하자면 비관계 안의 물음표입니다.[33]

어떤 정형화된 해답도 없는 당혹스러운 성적 비관계는 증상을 통해 암시적이고 부분적으로 드러난다. 여자가 증상으로 출현하는 곳에서 성관계는 존재하지 않는다. 증상이란 남자가 여자의 육체가 아니라 자신의 무의식을 향유하는 방식이다. 남자는 여자-증상과의 관계 속에서 여자가 아니라 자신의 무의식을 향유한다. 그가 어떤 방식으로 여자와 함께하더라도 그는 자신의 무의식을 통해서만 또 자신의 무의식과만 사랑을 나눈다. 여자의 파트너가 다른 주이상스라면, 남자의 파트너는 무의식이다. 그래서 여자와 남자는 성관계에서 홀로 있다. 인간 남성과 요정 여성이 홀로 있듯이 말이다.

홀트브란트는 물의 요정을 어느 정도 믿었다. 그러나 그
녀와 늘 조화롭게 공존할 수는 없었다. 명예와 고귀함을
중시했던 그에게 물의 정령들의 변덕스러움과 파괴성과
악동스러움은 견딜 수 없는 것이었다. 도나우강 여행 도
중 퀼레보른의 괴롭힘에 짜증이 나고 우울해진 홀트브란
트는 결국 이렇게 말한다. "이런 일은 끼리끼리 어울리지
않았기 때문이야. 인간이 물의 정령과 이상한 인연을 맺고
있기 때문이야!"[34] 그러나 그 어떤 인연에도 완벽한 유유
상종이란 없다. 오히려 모든 인연은 유유상종에의 집착으
로부터 유유히 떠나는 과정을 통해서만 이루어진다.

사랑의 인연이란 그 어떤 유형, 종류, 부류, 타입에 따른
상상적인 이미지에 사로잡힌 것만큼이나 실재적이고 구
조적인 불가능성에 대면하는 것이 아닐까. 같은 세미나에
서 라캉은 이렇게 말한다.

그녀를 믿는 것은 만연해 있습니다. 왜냐하면 그녀
를 믿는 것은 동행을 제공하기 때문입니다. 사람들은
더 이상 완전히 홀로가 아닌 것이지요. 그리고 이런 점
에서 사랑은 소중합니다! 사랑은 드물게 실현되고, 우
리 모두가 아는 것처럼, 잠시 동안만 지속되지만, 그럼

여자는 존재하지 않는다

에도 사랑은 본질적으로 벽의 파열로 이루어집니다. 그 벽에 부딪혀 이마에 혹이 생길 수밖에 없지만 말입니다.[35]

여자-증상은 도처에 있다. 여자-증상은 남자의 소중한 동행이다. 이 동행에서 그들은 홀로가 아니라고까지 말할 수 있으며, 여기에 사랑의 중요성이 있다. 그렇지만 이 동행은 자못 치열하다. 사랑이 필연적으로 상처를 남기는 벽의 파열인 한에서 말이다. 이전 시기에 라캉이 '사랑의 벽((a)mur)'*을 말했다면, 여기서 등장하는 것은 성관계의 불가능성의 벽이다. 사랑은 성관계의 불가능성이라는 벽에 부딪힘과 동시에 일시적으로나마 그 벽을 쓰러뜨리는 것이다. 바로 여기에 『운디네』의 미학적 감동의 핵심이 있다. 금기를 어겨버린 훌트브란트를 껴안고 죽음의 키스를 건넨 운디네는 흰 옷을 입은 낯선 여인의 형상으로 훌트브란트의 장례식에 참석한다. 하지만 그녀는 이내 사라져 작은 샘물이 되고, 그 샘물은 훌트브란트의 봉분 주위를 흐른다. 이렇게 사랑하는 여인은 자신의 본래 모습으로 되돌아가서 죽은 연인을 감싸 안는다. 사랑에는 벽이 세워져 있는 동시에 물이 흐를 수 있음을 보여주면서. 따라서 『운디네』에 비춰본 여자-증상은 양가적이다. 한편으로 그것

[*] '사랑(amour)'과 '벽(mur)'을 합성한 신조어.

은 남자의 일자적인 무의식에 끼워 맞춰지지만, 다른 한편으로 성관계의 불가능성과 대타자의 실재적인 비존재를 환기한다. 증상에 관한 강연에서 라캉은 이렇게 말한다.

> 저는 여자가 남자에게 하나의 대상이라고 말하지 않았습니다. 반대로 저는 남자가 결코 어떻게 대처해야 할지 알지 못하는 무언가가 있다고 말했습니다.[36]

여자가 남자의 증상인 것은 남자가 자신의 어리석은 실수 때문이든 그녀가 그에게 꼭 필요한 여자이기 때문이든 그녀로 인해 그가 손을 데는 한에서이다. 여자는 일자의 손을 잡으면서 일자의 불완전성을 드러내는 이질적인 증상이다.

여자는 존재하지 않는다

참화

그에게 전화한다. 그와 공식적으로 헤어진 지는 6개월째다. 비공식적으로는 가끔 만나고 있다. 더 정확히 말해 그가 그녀와 만나주고 있다. 그의 마음이 완전히 떠난 것을 알았다. 그렇지만 그녀는 그를 놓을 수 없었다. 그녀는 그에게 마음을 정리할 시간을 달라고 했다. 그녀가 견딜 수 없이 힘든 밤에 연락을 하면 그녀의 집으로 와서 같이 있어달라고 했다. 그는 매몰차게 거절했다. 그녀는 매달렸다. 결국 그는 그녀의 뜻대로 하기로 했다. 연민이었을까. 그간에 쌓인 정이었을까. 아마 그는 연민이나 정을 느낀 것이 아니라 다만 어떤 애도 방식에 동의한 것이었으리라. 사랑이 아름다움의 상상계로만 뒤덮여 있지도 않고 주이상스의 실재에만 물들어 있지도 않은 한에서 사랑은 모종의 규칙을 필요로 한다. 그리고 그 규칙에는 보다 통상적인 관습은 있을지언정 결코 절대적인 법은 없다. 결혼, 동거, 불륜, 주 2회 데이트, 아플 때 함께 있어주기, 어느 선까지의 이성 친구 허용, 아이, 이혼이 불가능한 집안 분위기, 돈과 성의 거래, 사랑의 무한성에 대한 충실성 등 그 어떠한 규칙도 가능하다. 사랑의 규칙은 원래 존재하는 것이 아니라 둘이 창안하고 동의한 바가 곧 규칙이 된다. 이런 점에서 '힘들 때 같이 있어주기'는 그에게는 마지못해 동의한 규칙이었지만, 그녀에게는 사랑의 끝을 겨냥한 애도와 결코 끝나지 않는 사랑이 식별 불가능하게 묶여 있는 규칙이었다.

같이 있을 때 그는 예전처럼 상냥하지도, 따뜻하지도 않다. 그는 말이 없다. 만약 사랑이 진실을 말하는 것이 아니라 속임수를 연기하는 것이라면 그의 침묵은 온당하다. 함께 있기 거북하지만 그 거북함을 티내지 않기 위해 노력하고 있는 그에게 말까지 요구하는 것은 무리일 것이다. 그는 그 나름대로 여전히 최소한의 사랑을 건네고 있다. 그렇지만 그의 침묵은 그녀에게 고통스럽다. 남자는 많이 사랑하든 적게 사랑하든 말을 많이 하지 않는다.

남자에게 사랑이 말이 필요 없는 일이라면, 이는 그에게는 주이상스만으로 충분하기 때문입니다. […] 그렇지만 여자의 주이상스는 말이 필요 없는 일, 진리를

여자는 존재하지 않는다

말할 필요가 없는 일이 아닙니다.[37]

어떤 남자가 사랑을 전혀 이해하지 못한다면 그것은 그가 사랑의 모든 영역을 주이상스로 환원하기 때문이다. 그에게는 즐길 시간도 늘 부족하기 때문에 말이 필요가 없다. 여자에 대한 주이상스(la jouissance de la femme)를 통해 그가 향유하는 것이 여자가 아니라 자신의 무의식 자체일지라도 말이다. 그렇지만 여자에게는 주이상스만으로 해결되지 않는 말의 영역이 있다. 여자의 주이상스(la jouissance de la femme)는 진리에 대한 말하기를 필요로 한다. 여기서 주의하도록 하자. 라캉은 여자의 주이상스를 말한 것이지, 여자의 사랑을 말한 것이 아니다. 여자의 사랑은 여자의 주이상스로도 끝내 밝혀지지 않는 어떤 너머(au-delà)일 것이다. 그녀의 주이상스, 그녀가 그를 놓지 못하면서 누리고 있고 또 당하고 있는 주이상스는 어떤 진리를 말하는가?

그 진리란 여자가 남자의 증상이라면, 남자는 여자의 참화(ravage)라는 것이다. 여기서 재차 주의하도록 하자. 여자의 참화는 남자의 불충분한 사랑, 싸늘한 무관심, 빈번한 배신 때문에 일어나는 것이 아니다. 여자가 빠져 있는 사랑은 남자에게 한없이 불투명하고 모호한 절대성으로 남고, 이 절대성으로 인해 남자가 하나의 참화로 출현한다.

남자가 팔루스적 주이상스의 구조에 빠져 있기 때문에 여자가 마치 하나의 증상으로 출현하듯이 말이다. 여자의 표면적인 문제가 남자라면, 본원적인 문제는 사랑의 절대성이다. 따라서 여자의 사랑 방식이 남자의 방식보다 좀 더 소통, 관계, 정서를 중시한다고, 모성적이거나 헌신적이라고, 혹은 정반대로 더 자기애적이고 믿을 것이 못 된다고 말하는 세간의 통념과는 달리 여자의 사랑 방식은 결코 정형화되지 않는다. 오히려 이렇게 사랑을 그 결론 없는 절대적인 공백의 영토로 밀고 나가는 모든 이는 여자로서 사랑한다. 그리고 거기에서는 그 어떤 재난보다 기이한 참화가 일어난다. 그녀에게는 어떤 참화가 일어났던가?

* * *

얼마 전 그녀를 사랑에 지게 만든 밤이 또 찾아왔다. 그녀는 그를 불렀다. 그에게 안아달라고 했다. 안고 있다 보니 예전처럼 사랑을 나누고 싶었다. 그는 쓸데없는 말 하지 말라고, 안고 있는 것 이상은 싫다고 했다. 그녀는 계속 요구했다. 그는 그녀가 하자는 대로 했지만, 몸과 마음이 움직이지 않고 억지로 하는 것이었던 이상 파괴적인 아이러니를 발휘했다. 그는 매우 거칠게 그녀와 사랑을 나눴다. 그녀는 며칠 뒤 질 내벽이 찢어졌다는 사실을 알았다. 아무리 격렬하게 사랑을 나눠도 질 내벽이 찢어진 것은 처

여자는 존재하지 않는다

음이었다. 이것은 악명 높은 테제인 여성적 마조히즘, 즉 그녀에게 본원적으로 마조히스트적 성향이 있음을 뜻할까? 전혀 그렇지 않다. 그녀와 마조히스트 간에는 크나큰 격차가 있다. 마조히스트는 자신의 육체를 대상으로 내어주면서 결국 타자를 불안하게 만드는 것을 목표로 한다. 마조히스트는 육체적으로는 당하고 있지만 심리적으로는 군림하고 있다. 반면 그녀는 육체 너머의 차원인 사랑을 통해 사랑만이 가져다 줄 수 있는 또 다른 너머를 갈망한다. 그녀는 육체적으로 고통을 당했지만 그녀에게 중요한 것은 고통을 주는 대상 혹은 사랑을 주는 대상이 아니라 초超대상적이기에 결코 놓을 수 없는 사랑이었다. "안고 있고 싶고 사랑을 나누고 싶다"는 그녀의 말에서 그는 육체적 요구만 읽어냈을 뿐 그 너머를 헤아릴 수 없었다. 라캉은 이렇게 말한 바 있다.

> 저는 사람들이 "나는 그녀를 때려"라고 말하듯이 "나는 그녀를 사랑해"라고 말하는 언어를 사용하는 것이 유감스럽습니다.[38]

남자가 "너를 사랑해"라고 말한다면, 여자는 "너에게 사랑을 느껴" 혹은 심지어 "너에게로 사랑해(j'aime à toi)"라고 말한다. 여자의 사랑은 직접 목적어를 설정하지 않는 사랑, 대상을 고정시키지 않는 사랑, 대상과 함께하더라도 대상 너머에서만 생존할 수 있는 사랑, 대상을 초과해서 흘러나오는 사랑이다. 라캉이 접한 최초의 정신병자 마르그리트 앙지외(Marguerite Anzieu)는 그녀의 소설에서 이렇게 쓴 바 있다.

> 사랑은 일종의 급류이기에, 그 흐름을 도중에 중단시키거나 없애버리거나 가로막으려 시도하지 말라. 당신이 그것을 정복할 것이라고 믿을 때 그것은 당신을 익사시킬 것이다. 급류의 원천은 급류가 사람의 마음(cœur)에서 흘러나올 때만큼이나 지구의 중심(cœur)에서 흘러나올 때에도 변함이 없다.[39]

마르그리트 앙지외의 가명이 에메(Aimée)*인 것은 우연이 아니다.

✻ ✻ ✻

그렇게 독특한 애도 과정이 1년 정도 이어졌고 그녀는 그와 마침내 헤어졌다. 돌이켜보면 당시 그의 과격한 섹스는 그렇게 해서라도 자기에 대한 그녀의 마음을 정리하게 하려던 것이었다는 생각이 든다. 몇몇 지점이 투명해졌지

---

[*] 프랑스어로 '사랑받는 이'라는 뜻.

만 여전히 그녀에게는 끝나지 않은 것들, 풀리지 않은 것들이 많다. 왜 하필 다른 남자가 아니라 그가 참화로 작용했던 걸까? 그리고 그러한 작용에 다른 요인은 없었을까?

『텔레비지옹』에서 라캉은 여자는 남자를 정신병에서만 만날 수 있다고 말한다. 사랑의 저 너머를 겨냥하면서 여자가 치러야 할 대가는 파괴적으로 출현하는 '다른 주이상스'이다. 대타자로서의 남자는 주체로서의 여자를 무화시킬 수 있고, 종국에는 대타자의 일관성을 보증해줄 대타자의 대타자의 부재(S($\cancel{A}$))가 실재적 구멍으로 드러나면서 여자에게 상징계 안에 그녀의 자리가 없음을 각인시킬 것이다. 이 때문에 때로 여자는 어떤 남자와의 만남을 자기 스스로 차단하기도 한다. 그녀는 어떤 남자와의 인연이 돌이킬 수 없는 참화를 불러올 수 있음을 알기 때문이다. 여기서 프로이트의 "여자는 무엇을 원하는가?"에 대한 라캉적 답변이 나온다.

여자들이 욕망하는 것의 보편성은 순전한 광기입니다. […] 한 남자에게 어떤 여자가 그녀의 육체, 영혼, 소유물과 관련하여 할 수 있는 양보에는 한계가 없습니다.[40]

정신병적 주이상스는 여자를 사랑의 희생자로 만든다.

이때 여자는 부유한 동시에 빈곤하다. 여자는 압도적으로 풍요로운 주이상스를 소유하고 있지만, 그 모든 구체적인 대상을 남자에게 내어주기 때문이다. 라캉은 이러한 광기를 환상에 연결시킨다. 육체, 영혼, 소유물을 내어주는 광기는 어떤 환상에 근거해 있고, 모든 것을 내어주는 것이 손쉬운 한편 환상에 있어서 그녀는 철저히 무력하다. 왜 그럴까? 『텔레비지옹』과 『세미나 20권』을 연결시켜 추론해보자. 사랑에서 여자는 남자를 그녀가 실제로 향유하는 것, 즉 신과 혼동한다.[41] 그녀는 어떤 점에서 그와 신을 혼동했을까? 그녀가 욕망한 것이 정신병적 주이상스였고, 그 주이상스를 통해 그녀가 겨냥한 것이 사랑에 담긴 어떤 순수한 너머였다면, 그녀는 그에게서 무엇을 보았던 걸까? 그녀가 그에게서 본 신의 형상은 그녀를 지켜줄 힘, 그녀를 책임질 경제력, 그녀를 깨우쳐줄 통찰력, 상징적으로 부재했던 아버지의 대체물 중 하나였을까?

프로이트에 따르면 여자가 남편과의 관계에서 반복적으로 상연하는 것은 아버지와의 관계가 아니다. 그것은 어머니와의 관계다. 이에 상응하여 라캉은 여자와 그녀의 어머니와의 관계와 여자와 남자와의 관계 모두에서 참화가 일어날 수 있다고 말한다.

[참화란] 대부분의 여자의 경우 그녀의 어머니와의

여자는 존재하지 않는다

관계이며, 그녀는 이 관계로부터 아버지에게서보다 더 많은 것을 기대하는 것으로 보인다. 참화에서 그녀가 아버지와 갖는 어려움은 이차적이다.[42]

관건은 단순히 프로이트가 지적한 것처럼 여자아이가 어머니에게 표하는 "왜 나에게는 남근을 주지 않았어요?" 와 같은 불만이나 아버지의 사랑을 둘러싼 경쟁이 아니다. 관건은 상징적 거세와 오이디푸스적 상황이 아니라 실재적 박탈(privation)과 탈-오이디푸스적 난관이다. 즉 여자아이의 어려움은 자신의 여성적 실존을 상징적으로 기입할 기표가 부재하다는 데에 있다. 그녀는 어머니로부터 그러한 기표를 전수받기를 기대하지만, 그러한 기대는 어긋난다. 어머니가 그녀에게 주는 것은 오히려 불투명한 주이상스다. 어머니 역시 여성적 비전체의 구멍 뚫린 입장에 대해 궁극적인 해결책 같은 것은 갖고 있지 않다. 여자의 난관에 대해 어머니는 딸만큼이나 어안이 벙벙하다. 어쩌면 어머니는 자신의 여성적 주이상스를 해소하기 위한 미봉책으로 아이를 도구화할지도 모른다. 그녀의 어머니는 그녀에게 무엇이었던가?

* * *

중학교 시절 그녀는 공부를 꽤 잘했다. 그런데 공부를

하면 할수록 그녀의 어머니는 더 나은 결과만을 요구했고 그녀의 노력과 어려움은 전혀 인정해주지 않았다. 공부를 하면 할수록 그녀는 지쳐갔고, 고등학교에 들어가면서부터는 완전히 공부를 놓았다. 그럭저럭 성적에 맞춰 대학에 진학했지만 이십대 초반에 그녀와 어머니의 갈등은 절정에 달했다. 같이 집에 있을 때면 소통은커녕 서로 잡아먹을 듯 싸우지 않는 것을 목표로 삼았다. 한 집에 살아도 밥도 따로 먹고 빨래도 따로 했다. 가족 행사나 명절 모임은 갖은 핑계를 대서 함께하기를 피했다. 그즈음에 그녀는 남자친구를 만났다. 그는 그녀의 어머니가 결코 딸에게서 읽어내지 못했던 그녀만의 근성과 의지력을 인정해주었다. 처음으로 누군가에게 진정으로 인정받는 느낌, 존재의 결여가 메워지는 듯 보였다. 그의 사랑이 그녀의 존재를 겨냥하는 한에서 말이다. 그리고 사랑의 상실과 더불어 존재의 결여는 이제 주이상스의 과잉으로 역전되어 돌아왔다. 그리고 주체는 자신을 난처하게는 하지만 그럭저럭 함께 살아갈 수 있는 결여가 아니라 자신의 기반을 붕괴시키는 참화에 빠져들었다. 그와 완전히 헤어진 후 그녀에게는 종종 이런 생각이 충동적으로 떠오른다. 한번 막 살아볼까.

사랑의 절대성과 남자라는 참화가 그녀의 삶을 휩쓸고 지나갔다. 남자-참화는 그녀에게 사랑에 관한 다음과 같은 역설을 제기한다. 결코 놓지 못해 매달렸던 사랑이 곧

여자는 존재하지 않는다

치명적인 결과로 이어지는 사랑이며, 순수한 사랑이 곧 환상에 걸려 있는 사랑이다. 이제 그녀에게 남은 것은 사랑에 지고 만 밤이 아니라 재난보다 깊은 참화가 남긴 폐허의 밤이다. 그리고 오늘 밤 그녀의 방랑은 사랑보다 더욱 깊고 짙다.

둘-사이

내 이름은 에스메랄다. 열네 살이다. 부모님과 남동생, 언니, 오빠와 살고 있다. 나는 앞으로 경찰관이 되고 싶다. 사람들이 하도 경찰관을 욕하니까 말이다. 좋은 경찰관도 한 명 정도는 있어야 하지 않을까. 아니면 래퍼가 되고 싶다. 나는 래퍼 메딘(Médine)의 팬이다. 나는 먹는 거, 자는 거, 친구들과 동네(tiéquar) 놀러 다니는 걸 좋아한다.

그녀의 글쓰기 발표가 끝나자마자 선생님은 짧게 덧붙인다. "마지막에 그 단어 말고." 그녀는 바로 "동네(quartier)"라고 정정한다. 선생님의 사전에 베를랑(verlan)*은 없

[*] 단어의 음절을 거꾸로 말하는 은어.

다. 하지만 어차피 세계는 뒤집혀 있다. 그러니 뒤집힌 단어 몇 개 정도는 있어도 괜찮지 않을까. 베를랑 만세! 세만랑베르!

* * *

에스메랄다의 이야기에 접근하기 위해 라캉 정신분석과 끝없이 대화를 시도하는 철학자 바디우를 참고해보자. 바디우는 예외 없음과 비전체를 통해 여성적 입장에 접근했던 라캉의 관점을 뒤로하고 여성성에 대한 새로운 개념화를 시도한다. 라캉의 방점이 비전체 개념의 세공에 있었던 데에 비해, 바디우는 여성성의 핵심은 전체에 대한 부정이 아니라 일자에 대한 부정, 즉 모든 초월적이고 예외적인 일자에 대한 부정에 있다고 지적한다. 여자는 모든 하나를 초과하고 전복시키는 '둘-사이(entre-deux)'이다. 여자는 장소나 입장이 아니라 행위이며 과정이다. 여자는 두 장소 사이를 오가는 행위, 둘 사이로 지나가는 과정이다. 어떤 둘 사이를 말하는 걸까?

'둘-사이'에 대한 개념 정립 이전에 약간의 역사적 우회를 거치자. 근대 이전의 세계에서 소녀 혹은 젊은 여인의 문제는 비교적 단순했다. 소녀에게는 남자라는 실재 혹은 결혼이라는 상징을 통해 처녀에서 어머니로 이행하는 것이 실존적인 과제이자 중차대한 통과의례였다. 이 때문에 전통 세계에서 미혼모나 노처녀의 형상은 늘 스캔들로 간주되었다. 미혼모는 한편으로는 자녀가 있기 때문에 더 이상 소녀가 아니라 어머니이지만, 또 다른 한편으로 결혼하지 않았기 때문에 어머니가 아니었고 따라서 여전히 소녀였다. 노처녀의 경우 결혼하지 않은 여인은 명목상으로는 어려야 하는데 실질적으로는 나이가 들었기 때문에 처녀에서 어머니로의 이행에 들어맞지 않는 예외적인 사례였다. 그렇다면 소녀가 인생의 별 굴곡 없이 무난히 어머니가 되었다고 해보자. 어머니가 된 이후에 그녀는 어떻게 될까?

전통 세계의 기본 가치인 '노동, 가족, 조국' 중에서 노동과 조국은 남성의 영역으로, 가족은 여성의 영역으로 간주되었다. 그래서 1960년대 프랑스에서조차 남편은 부부의 거주지에서 자유롭게 이탈할 수 있었지만, 부인은 반드시 거주지에 머물러야 할 법적 의무가 있었다. 부인은 집에 구속되고 가족에 매여 있어야 했던 것이다. 노동의 역군으로 일하는 남편을 돌보고 조국의 병사로 복무하는 아들을 챙기면서 말이다. 이런 점에서 가정은, 2세대 페미니즘 운동의 기수 베티 프리댄(Betty Friedan)의 표현을 빌리자면, "안락한 포로수용소"였다. 어머니-여성은 정체성의 위기 및 자화상의 상실로 고통받았다. 그녀는 무언가 잘못된

여자는 존재하지 않는다

게 틀림없는데 정확히 뭐가 잘못되었는지를 특정할 수 없
는 "이름 붙일 수 없는 문제"로 신음했다. 그런데 오늘날
이러한 상황은 변하고 있다. 이제 소녀는 남자에게 얽매일
필요도, 결혼을 해야 할 의무도 없다. 그녀는 남자와 결혼
이나 연애를 하거나 하지 않을 선택권이 있고, 여러 명의
애인을 둘 수도 있고, 이혼 후에도 싱글맘으로 가족을 꾸
려갈 수 있고, 선택된 정자를 기증받아 출산할 수 있으며,
심지어 대리모를 고용해 번거로운 출산 과정을 겪지 않고
서도 자기 아이를 키울 수 있다. 그렇다면 소녀 및 젊은 여
성에 대한 전통적인 형상이 사라진 곳에 어떤 선택지가 남
아 있을까? 좀 더 정확히 말해 과거와의 절대적인 단절이
나 역사에 대한 전적인 파괴를 통해 전대미문의 자화상을
만들어내는 경우를 제외한다면, 현대의 소녀 및 젊은 여성
들도 일정 정도 과거의 여성성을 참조함으로써 새로운 여
성성을 다듬어나가야 할 텐데 그 과정에서 재구성되는 기
존의 여성상에는 어떤 것들이 있을까?

* * *

바디우에 따르면 남성적인 시선에서 구축된 것이 분명
한 한편 여성성에 대한 심오한 관념을 형성하는 데에 활용
될 수 있는 네 가지 여성상이 있다. 하녀(la Domestique), 유
혹녀(la Séductrice), 애인(l'Amoureuse), 성녀(la Sainte)가 그것이

다. 여기서 주목할 점은 각각의 형상이 하나의 항으로 고립되어 작동하는 것이 아니라 늘 두 가지 형상이 하나의 쌍으로, 즉 둘 사이에서 작동한다는 것이다. 화덕(foyer) 앞에서 가사를 돌보는 하녀, 즉 가정주부(femme au foyer)는 낮에는 집안일을 열심히 하고, 동시에 밤에는 남편에게 성적 매력을 발산하기를 기대받는다(그래서 남자는 가사를 돌보는 어머니와 성욕을 채워주는 창녀라는 이원화된 환상의 틀로 여자와 관계를 맺는다). 여기서 여자는 하녀와 유혹녀 사이를 오간다. 그렇지만 성적 매력이 반드시 남편에게만 느껴지는 것이 아니라 다른 남자에게도 전달될 수 있는데, 만약 이 남자가 남편이 주지 못한 따뜻한 관심과 진실한 애정을 줄 경우 성적 매력은 사랑의 열정과 결합될 것이다. 여기서 여자는 유혹녀와 애인 사이를 오간다. 그리고 사랑의 열정이 너무나 지나쳐서 현실에 존재하는 남자로 만족되지 않을 경우 그녀는 신의 아내가 되기를 희구할 것이고 금욕적인 주이상스에 삶을 바칠 것이다. 여기서 여자는 애인과 성녀 사이를 오간다. 그런데 동정녀 마리아에게 잘 드러나듯, 모든 성녀의 형상은 가장 낮은 곳에서 자녀를 돌보고 자녀의 고통을 내 고통처럼 아파하는 어머니의 형상과 겹쳐지기에 성녀의 숭고함은 어머니의 겸양으로 이어진다. 즉 성녀의 형상이 하녀의 형상과 이어짐에 따라 하나의 원환이 형성된다. 따라서 여자는 네 가지 항으로 이루어진 원환 궤도 속의 둘-사이라는 정의가 도출된다.

　나아가 둘의 힘은 각각의 형상을 그 내부로부터 분열시키기도 한다. 하녀[주부]의 형상이 한편으로는 노동력과 번식력을 상징하면서도 다른 한편으로는 장식과 세련을 상징한다는 점(집안일은 소처럼 하고 사회생활에서는 우아함을 뽐낸다)에서, 또 성녀의 형상이 한편으로는 숭고한 신비를 감추고 있으면서도 다른 한편으로는 혐오스러운 비천함을 품고 있다는 점(수녀는 성스러운 아가페의 상징이자 포르노그래피의 단골 소재다)에서 말이다. 요컨대 여성성은 네 가지 항을 둘씩 연결시키든 각각의 항을 내부로부터 이중화시키든 간에 둘의 힘을 체현하며, 이것은 전통적으로 하나[일자]의 권위를 체현하는 것으로 상정되는 남성성을 초과하고 전복시킨다.

　여기서 질문을 제기해보자. 비록 '둘-사이'가 비전체와는 다른 여성성에 대한 사유를 보여주는 것은 분명하지만 그것이 여전히 남성적인 시선과 연루되어 있는 문제는 어떻게 다뤄야 할까? 하녀, 유혹녀, 애인, 성녀의 원환 및 그 내부로부터의 이중화가 진정으로 남성적 일자의 시선으로 환원되지 않는 여성성을 드러낼 수 있을까? '둘-사이'가 일자를 깨트리는 것이 사실인 한편, 취집에의 유혹, 몸값 상승의 기반으로서의 성적 매력, 안정적이고 외롭지 않은 삶의 스펙으로서의 연애, 현실적인 남자가 아닌 초월적인 남성성에 대한 이상화, 그리고 바디우가 지적하듯 현대적인 여성상에서 새롭게 부상하고 있는 자본과 권력 장악에 있어서의 능숙함과 우월성, 이 모든 것은 '둘-사이'가 얼마나 남성적 일자 논리에 깊숙이 연루되어 있는지를 잘 보여준다.

진정으로 여성적인 '둘-사이'에 닿기 위해서는 우선 기존의 네 가지 형상 바깥으로 '둘-사이'의 스펙트럼을 넓히는 일이 필요하다. 그리고 '둘-사이'를 구성하는 항 모두가 남성적 논리로부터 독립성을 확보해야 한다. 네 가지 형상은 이미 규정되어 있는 칸막이일 뿐이며, 라캉이 말하듯 분석의 윤리란 어떤 케이스(cas)도 이미 규정되어 있는 칸막이(casier)에 꽂아 넣지 않는 데에 있다. 에스메랄다의 사례는 이런 점에서 특기할 만하다.

＊ ＊ ＊

프랑스어 시간이다. 새로 나온 단어를 공부하고 있다. 한 아이가 "즙이 많은(succulent)"이란 단어를 모르겠다고 질문한다. 선생님은 "빌이 육즙이 많은 치즈버거를 먹고 있다"라는 문장을 칠판에 쓴다. 에스메랄다와 짝꿍이 "선생님은 왜 항상 빌 같은 이상한 이름만 쓰세요?"라고 묻는

여자는 존재하지 않는다

다. 선생님은 이상한 이름이 아니라고, 얼마 전 미국 대통령의 이름이었다고 한다. "하지만 아이사타(Aïssata), 라시드(Rachid), 아메드(Ahmed) 같은 이름은 한 번도 안 쓰시잖아요." 실제로 선생님은 늘 백인 이름, 그중에서도 프랑스인 이름을 즐겨 쓴다. 선생님은 그녀에게 "넌 프랑스인 아니니?"라고 말한다. 그녀는 자기는 프랑스인이 아니라고, 아니, 사실 프랑스인이 맞긴 한데 별로 내세울 건 없다고 말한다. 내세울 게 없다는 감정이 드는 건 어떤 점에서 자연스러운 일일 것이다.

2005년 알제리계 젊은이들이 공공건물에 불을 지르는 소요 사태를 일으켰을 때, 래퍼 메딘은 「내가 얼마나 더 프랑스인이어야 하는가?」라는 글을 기고했다. 일상적으로 신분증 체크를 요구하는 경찰, 비상사태를 선포하고 강경 진압을 시도한 프랑스 정부에 대한 국민 대다수의 동의, 5백만 무슬림이 거주하는 프랑스를 제2의 9·11 테러가 발발할 지역으로 바라보는 서구 언론 앞에서 젊은이들의 일탈적인 공격성만을 거론하고 처벌하는 것이 능사일까? 현대판 집시 여인—위고의 『파리의 노트르담』에 등장하는 에스메랄다!—처럼 우리의 에스메랄다도 사회 통합의 실패를 체현하는 가운데 프랑스인이면서도 프랑스 내부에서 방랑하고 있는 것 아닐까? 이런 점에서 경찰과의 불화가 반복되는 환경 속에서 성장한 에스메랄다가 스스로 좋은 경찰이 되겠다고 바라는 것은 희극적인 아이러니다.

짝꿍이 재차 왜 그런 이름만 쓰시는지 묻자 선생님은 출신 지역에 맞게 이름을 고르기 시작하면 끝이 없을 거라고 했다. 그녀와 짝꿍은 동시에 이렇게 말했다. "약간만 변화를 주세요!"

얼마 뒤 그녀는 같은 반 친구 루이즈와 함께 각 학급 선생님과 교장 선생님이 참석하는 회의에 학급 대표로 참석했다. 거기서 친구 술레이만이 학교에서 쫓겨날 수도 있다는 얘기를 들었다. 그녀는 술레이만에게 그 얘기를 해줬다. 선생님이 술레이만을 "가망이 없는 아이"로 말했다고 말이다. 선생님은 자신과 학생들 사이를 "이간질하려고(foutez le bordel)" 하는 거냐고 물었다. 그녀는 회의 내용을 있는 그대로 전할 뿐이라고 말했다. 선생님은 너희가 그렇게 회의에 관심이 있는 줄 몰랐다고 말했다. 또 정신없이 웃고 떠드는 너희가 창피했다고 했다. 그녀가 어떤 선생님도 불편해하지 않았다고 하자 선생님은 본인이 불편했다고 말했다. 그녀는 불편한 건 선생님뿐이었다고 말했다. 그러자 선생님은 이렇게 말했다. "미안하지만 너희들 회의 시간에 그렇게 웃는 게 꼭 '노는 여자(pétasse)' 같았어." "선생님 정신 나갔죠?", "어떻게 그런 말을 할 수 있나요?" 이미 선생님이 '이간질(foutre le bordel)'을 말하면서 '매음굴

여자는 존재하지 않는다

(bordel)'을 말했으니 '노는 여자'가 나오는 건 당연한 수순이었을까? 선생님은 너희들을 노는 여자로 모욕한 게 아니라 회의 시간에 그렇게 버릇없게 웃는 그 시점에만 노는 여자같이 보였다고 말한 거라고 설명했다. "어디 계속해보세요."

얼마 뒤 선생님과 2차전을 했다. 한 친구가 학생들을 잘 알지도 못하면서 훈계하려 들고 학생들을 '노는 여자'라고 부르는 선생님은 '개자식'이라고 말했다. 선생님은 자기가 그런 말을 듣고도 가만히 있어야 되는 거냐면서 격분했지만 그녀는 선생님이 노는 여자라고 말했고 학생들이 개자식이라고 말했으니 이제 비긴 거라고 말했다. 선생님은 같은 게 아니라고 말했다. 하지만 비긴 건 비긴 거다.

사건이 일단락되고 사건의 영향력이 잊힌 건지 아니면 잠시 중단된 건지 알 수 없는 상황 속에서 한 학기가 흘러갔다. 마지막 수업 시간에 선생님은 한 명씩 돌아가면서 이번 학기 동안 배운 걸 말해보자고 했다. 어떤 친구는 스페인어를 배웠다고 했고, "방학이 다가오고 있다"를 스페인어로 말했다. 에스메랄다는 아무것도 배우지 못했다고 말했다. 선생님은 9개월 동안 학교에 다니면서 아무것도 배우지 못하는 건 불가능하다고 했다. 그녀는 자기가 그게 가능하다는 증거이며 교과서는 아무 쓸모가 없다고 말했다.

선생님은 집에서 그녀 혼자서라도 읽은 책이 있는지 물었다. 그녀는 『국가』를 읽었다고 말했다. 선생님은 플라톤의 『국가』를 말하는 거냐고 되물었다. 그녀는 '니가 그걸?'이라고 말하는 듯한 선생님의 얼굴에 가볍게 썩소를 날렸다. 선생님은 책에 대해 얘기해보라고 했다. "어떤 남자가 있는데 이름이 뭐더라?" 기억을 더듬고 있는데 선생님이 소크라테스라고 말했다. 소크라테스 맞다. 그는 길가에서 아무나 붙잡고 "당신은 자기 생각과 행동에 확신이 있나요?"라고 물어본다. 그 질문에 사람들은 자기가 어떻게 생각하고 행동하고 있는지를 생각하게 되면서 차츰 스스로에 대해 더 잘 알게 된다. 그리고 그들은 이제 스스로 질문을 던지기 시작한다. 그는 대단한 사람이다. 이를테면 근육보다 사상이 두꺼운 사람의 원조 격이고, 더욱이 사상을 지식, 스펙, 교양이 아니라 불멸의 이념으로 추구했던 사람이다. 선생님은 사람들이 어떤 주제에 대해 질문을 던지게 되었는지를 물었다. 그녀는 모든 것에 대해서라고 말했다. 사랑에 대해서, 종교와 신에 대해서, 사람들에 대해서. 선생님은 그녀가 그 책을 읽은 게 기특하다고 하셨다. "나도 알아요. 노는 여자 책은 아니니까요!"

* * *

바디우는 도래할 새로운 여성성을 진리의 주체와 동일

시한다. 진리의 주체는 정치, 예술, 수학, 사랑에 자기의 동물적 삶을 투여함으로써 참된 삶에 가 닿는 예외적인 주체다. 그는 묻는다.

> 해방의 정치에 관여하는 여자란 무엇인가? 여성 예술가, 음악가, 화가, 시인이란 무엇인가? 수학이나 물리학에 뛰어난 재능을 가진 여자란 무엇인가? 모호한 신성이 아니라 사랑의 열정에 관한 사유와 행동에 공동 책임을 지는 여자란 무엇인가? 여성 철학자란 무엇인가?[43]

여기 여성 철학자를 예시像示하는, 사유하는 소녀가 있다. 혹자는 '여성' 철학자 혹은 사유하는 '소녀'라는 강조점 자체가 역차별일 수 있기 때문에 그러한 강조를 삭제하라고 지적할 수 있다. 그러나 우리는 그러한 강조는 오직 모든 철학자와 사유하는 이가 일자의 논리에 빠져드는 것에 강력한 경종을 울리는 데에 그 의의가 있을 뿐임을 알고 있다. 여성 철학자 및 사유하는 소녀는 남성적 일자가 여성성에 대해 열거할 수 있는 모든 특수한 칸막이(악녀 창녀 효녀 열녀 하녀 미녀 손녀 성녀 마녀 섹녀 김치녀 된장녀 신여성 인어 후궁 공주 여왕 여장부 여동생 여고생 여대생 여전사 매력녀 민폐녀 미혼모 가정부 위기임산부 조폭마누라 팜므파탈 현모양처 걸크러시…)에서 유유히 빠져나갈 것이다. '노는 여자'가 『국가』를 읽는다는 사실이 여성적 둘-사이의 '한 가지 사례'는 아닐까? 에스메랄다는 어디에 있는가? 그녀는 반항적인 문제아와 사유하는 소녀 사이에 있다.[44]

어머니

아들과 또 한바탕했다. 한창 언성이 높아지려던 차에 마침 딸이 집으로 돌아왔다. 딸의 중재가 아니었다면 모자는 오늘도 원수처럼 수화기 너머에서 서로를 할퀴었을 것이다. 아이러니한 것은 아들이 집을 나간 후 전화해서 싸움을 걸게 되는 쪽은 그녀라는 점이다. 어머니라는 참을 수 없이 무거운 이름의 그녀, 어머니라는 타이틀로 오염되어 있는 그녀.

* * *

프로이트는 남근 선망을 근원적인 여성성으로 규정한 바 있다. 그리고 자신에게 남근이 없다는 사실을 발견한 여자아이에게는 세 가지 길이 남아 있다. 성적 주저 혹은 신경증, 남성성 콤플렉스, 평범한 여성성이 그것이다. 즉 프로이트적 여자의 삶에는 성욕에 대한 억압, 남근 소유에 대한 집착, 남편과 결혼하여 남근의 대체물로서의 아이를 갖는 것이라는 세 가지 선택지가 있다. 그런데 과연 결혼과 출산이 평범하고 정상적인 여성성의 길에 해당하는지의 여부는 차치하고서라도, 그 평범하고 정상적인 길에 기이하고 병리적인 측면이 깃들어 있음을 프로이트 자신의 고찰을 통해서 읽어내는 것은 어려운 일이 아니다. 남자와 결혼해 아들을 낳은 여자의 경우 그녀는 남근 선망이라는 본원적인 병리성을 아들을 통해 완화할 수 있게 된다. 그렇지만 상황이 끝난 것은 아니다. 프로이트는 말한다.

> 아들에 대한 관계만이 어머니에게 제한되지 않은 만족감을 가져다줍니다. 그것은 모든 인간적인 관계 중에서 가장 완전한 관계이고, 또 모든 모호함으로부터 자유로운 가장 최초의 관계를 형성해줍니다.[45]

그러나 유감스럽게도 제한되지 않은 만족감 같은 것은 없다. 오히려 실제로 존재하는 것은 절대적인 만족에 대한 기대감이다. "너는 나에게 애초에 내가 갖지 못한 남근으로부터 누릴 수 있는 만족보다 더 큰 만족을 줄 거야." 나아가 어떤 관계도 모호함으로부터 자유롭지 못하다. 실제로 존재하는 것은 공명심이 투사되는 모호한 관계이다.

여자는 존재하지 않는다

"내가 남근을 갖고 싶어 하는 것처럼 너도 남근을 갖고 싶어 할 거야." 어머니는 아들에게 물어봤던가? 그가 정녕 남근을 갖고 싶어 하는지를. 결국 아들은 없고, 어머니의 기대와 투사만 있다. 여자에게 있어서 아들이라는 남근을 가진 삶은 결코 평범하기만 한 길이 아니라 오히려 다사다난한 길이다. 모자관계란 가장 완전한 관계이면서도 극히 병리적일 수 있는 관계이다. 정상적인 여성성의 길에 기이한 병리성이 잠재되어 있는 것이다.

라캉은 남근 선망을 여성성의 본질로 규정하지도 않고, 어머니의 길을 정상적인 길로 간주하지도 않는다. 오히려 그는 "어머니는 여자를 오염시키는 자로 남는다"[46]고 지적한다. 그녀가 어머니이자 여자일 때, 그녀의 모성성은 어떻게 그녀의 여성성을 오염시키는 걸까? 통상적인 해석에 따르면 이 구절은 남자가 여자를 대할 때 무의식적으로는 늘 어머니로서 대한다는 취지로 읽히지만, 그녀의 경우와 연관시켜볼 때 이 구절은 조금 달리 읽힌다. 관건은 어떤 오염인 걸까?

* * *

모성성은 저절로 생기는 것이 아니다. 모성성은 아내를 어머니로 만드는 부성적 법과 연동하여 형성된다. 부성적 법의 요체는 그녀의 남편이 아이들의 아버지로서 갖는 이름에 있다. 아버지의 이름 덕분에 아이는 자기 존재의 계보를 추적할 수 있고 "나는 어디에서 왔고 나는 도대체 무엇인가?"에 대한 심연의 미스터리에 빠지지 않을 수 있다. 그것은 아이의 성과 존재의 우연성에 관한 질문, 즉 "한편으론 주체가 여자인지 남자인지에 대한, 다른 한편으론 주체가 존재하지 않을 수도 있었다는 것에 대한 질문"[47]에 모종의 답변을 제공한다. 그런데 그녀의 남편에게는 이름 말고도 또 하나의 기표가 부착되어 있다. 그것은 '오적五賊'이다. 여기서의 오적은 일사조약에 찬성한 다섯 명의 매국노(박제순, 이지용, 이근택, 이완용, 권중현)도 아니고, 시인 김지하가 꼽은 망국의 5대 주범(재벌, 국회의원, 고급 공무원, 장성, 장차관)도 아니다. 그것은 '경상도, 장남, 서울대, 삼성, 개룡(개천에서 난 용)'의 오적이다. 이를테면 그녀의 남편은 최악의 남편감에게 수여되는 5대 타이틀을 석권한 인물이다. 봉건적인 이념이 뿌리박힌 지역 태생, 시누이, 시동생, 시어머니의 뒷바라지가 예정된 미래, 한국 최고의 명문대 학벌, 모든 사회인이 선망하는 대기업 임원, 그리고 열악한 가정환경을 극복하고 자수성가한 영웅. 속설이 이런 스펙을 갖춘 남자를 최악의 남편감으로 풍자했던 것은 단순히 그 남자의 권위주의적이고 독재적인 성향을 경계한 것이 아니라 여성성이 스펙-기표로 환원되지 않는다는 점을 통찰한 것이었기를! 결혼 초 시어머니가 얼마나 상습적으로 또 은밀하게 당신 아들을 앞세워 그녀에게 유세를 떨었는지는 묻어두도록 하자. 다 지나간 일이다. 그녀와 시어머니는 현재 불가근불가원하면서 그럭저럭 원만한 관계에 있다. 그녀가 오적-남편이 그녀에게 줄 수 있는 메리트(이것을 '오적五炙'*이라 부르자)를 계산적으로 욕망하고 있었던 것은 아닌지에 관한 의혹도 접어두도록 하자. 사랑이 결혼을 통해 계약 및 거래로 전환되는 것은 하루 이틀 일이 아니다. 우리로서는 다만 다음을 확증하는 것으로 충분하다. 그녀의 모성성과 남편의 부성성을 연결시키는 핵심 기표는 오적이다. 그래서 결코 기표에 의해 온전히 담아낼 수 없는 그녀의 여성성은 오적이라는 모성적 기표에 의해 오염된다. 그리고 이 기표는 그녀의 아들에게, 그리고 그녀가 아들을 대하는 방식에 지대한 영향을 미쳤다.

많은 다른 엄마들처럼 그녀는 아들이 어렸을 때부터 교육에 열을 올렸다. 유순하고 똑똑했던 아들은 그녀가 원하는 대로 곧잘 따라왔다. 사춘기도 소리 소문 없이 지나간 것만 같았다. 아들은 과학고에 들어갔고 명문대 의대에 진학했다. 물론 의대 진학에 본인의 적성과 부모의 기대치가 어떤 비율로 녹아 있는지는 판별하기 어려웠지만

[*] 궁중에서 제사상에 오르는 다섯 가지 적炙.

말이다. 아들이 의대를 마치면 남편의 타이틀을 업그레이드함으로써, 즉 무뚝뚝하고 보수적인 경상도 출신을 세련되고 다정다감한 서울 출신으로 대체하고, 또 별 볼일 없는 집안에서 입신한 자수성가형을 부모가 기업 임원인 가정으로 대체함으로써 또 하나의 '오적五賊/五炙', 즉 '서울, 장남, 명문대, 의사, 엘리트 집안'에 다가가게 될 것 같았다. 그런데 얼마 전부터 이런 장밋빛 희망에 금이 가기 시작했다. 작년부터 아들은 여자친구에 빠져서 학교 수업을 빼먹기 일쑤였다. 게다가 우연히 아들의 여자친구를 마주쳤는데 슬쩍 보기에도 도저히 올바른 여자친구감이 아니었다. "그런 여자랑 어쩌려고 그러냐. 당장 헤어져라." 그녀의 아들은 자기 애인을 '그런 여자'로 취급하는 어머니를 도저히 이해할 수 없었다. 어렸을 때부터 대체로 어머니의 뜻에 순종했지만 이번에는 결코 물러서고 싶지 않았다. 모자 지간에 피가 마를 정도의 적대 관계가 형성되었다. 아들은 급기야 집을 나가서 애인과 동거를 하기 시작했다. 설상가상으로 얼마 전 딸이 오빠 애인이 임신했다는 소식을 전해왔다. 청천벽력 같았다. 그런 여자를 며느리로 들일 생각만 하면 다 말라가던 피가 거꾸로 솟을 지경이다.

✳ ✳ ✳

1969년에 제니 오브리(Jenny Aubry)에게 보낸 「아이에 대한 노트」에서 라캉은 이렇게 말한다.

> 아이의 증상[아이라는 증상]은 가족 구조에서 증상적
> 인 것에 답변하는 입장에 위치해 있습니다. 증상은 가
> 족 커플의 진리를 재현할 수 있습니다.[48]

정신분석에서 진리는 증상으로 출현한다. 그리고 아이
는 가족의 증상에 대해 자기만의 증상으로 답변하고, 어머
니-아버지 커플의 진리를 재현하는 진리-증상이다. 그녀
의 아들은 '오적五賊/五炙'이라는 기표에 응축되어 있는 가족
구조의 증상에 대해 가출과 혼전임신이라는 증상을 통해
답변했다. 그리고 그는 진리-증상의 위치에서 부모에 관
한 진리, 즉 '오적'에는 늘 빛과 그늘이 함께한다는 진리를
재현했다.

나아가 라캉은 아이의 증상[아이라는 증상]은 어머니의
주체성(그녀의 결여, 욕망, 불안 등)과 직접적인 연관을
갖는다고 지적한다. 만약 어머니의 주체성이 아이를 압도
할 경우, 어머니의 욕망이 아버지의 이름에 의해 규제되지
않을 경우, 어머니의 욕망은 아이가 스스로의 주체성을 배
양할 기회를 박탈하면서 아이를 어머니의 환상이 투여된
대상으로 전락시킨다.

만약 자아 이상과의 동일시와 어머니의 욕망으로 취해진 부분 간의 거리가 일반적으로 아버지의 기능에 의해 제공되는 매개를 결여한다면, 그것은 아이를 모든 종류의 환상적인 사로잡힘에 열려 있는 채로 남겨줍니다. 그는 어머니의 '대상'이 되고 이 대상의 진리를 드러내는 기능만을 갖습니다.[49]

　오직 아버지의 이름만이 법에 맞물려 있는 욕망의 형상을 드러내고, 욕망이 곧 법이라는 점을 일깨워준다. 아버지의 이름만이 욕망을 모성적 주이상스(모든 병리적 기대치 및 투사)에 대한 방어로 위치시킬 수 있게 해주고, 욕망이 고삐 풀린 주이상스로 급진화되지 않도록 한계를 설정해준다. 이 가족에서 이런 일은 일어나지 않았고, 그녀의 남편은 예나 지금이나 모자관계에서 무력한 방관자로 남아 있다. 어머니의 기가 센 탓일까 아버지의 기가 약한 탓일까. 아니면 어머니와 아버지가 그들이 알지 못한 채 종속되어 있는 기표 탓일까.

＊ ＊ ＊

　『세미나 4권』에서 라캉은 아이란 아버지에 대한 어머니의 사랑의 은유이거나 그녀가 갖고 있지 않은 팔루스에 대한 어머니의 욕망의 환유라고 말한다.[50] 어머니의 환유적 대상으로 전락한 그녀의 아들에게는 주체로서의 자리에 지금껏 너무나 협소한 여백만 허용되었다. 그는 정규적인 경로를 따라가도록 지시받았을 뿐 다양한 위기, 실패, 결단, 방황을 통해서 주체성을 형성할 기회를 제공받지 못했다. 그리고 이러한 기회의 박탈은 으레 어머니의 헌신적인 사랑으로 포장되고 정당화되었다. "다 너를 위해서 하는 말이야", "현실이 그렇다는 말이야." 사정은 지금도 크게 다르지 않다. "그런 여자랑 살면 인생 망친다." 그렇지만 이제 이런 어머니의 팔루스적 사랑을 당혹스럽게 만드는 실재가 출현했다. 아들의 가출과 전혀 예상치 못한 손자의 형태로 말이다. 라캉은 부모의 진리에 상응하는 아이의 실재적 증상이 페티시즘, 완강한 거부, 죄책감 등 다양한 형태로 출현할 수 있음을 지적한다. 얼마 전 아들과 비슷한 환경에서 자라 대기업에 다니던 친구 아들이 지하철 몰카범으로 적발되어 집안이 뒤집혔다는 말이 그녀의 뇌리를 스친다. 아이의 증상으로 표출되는 실재에는 일정한 틀이 없지만 경악과 충격을 유발한다는 공통점이 있다. 다만 어떤 부모들은 아이의 증상을 뛰어넘는 도착증적 대응 방식을 통해 아이의 증상을 능숙하게 봉합해낸다.

드라마 〈스카이 캐슬〉에서 편의점에서 과자를 훔친 아이들이 과자를 온 사방으로 흩뿌리고 폭죽을 터뜨리면서 그들만의 파티를 여는 것을 목격한 우주 엄마가 예빈 엄마에게 아이들의 도둑질을 막아야 하지 않느냐고 묻자 예빈 엄마는 이렇게 답변한다. 예빈이는 도둑질을 한 게 아니고 스트레스를 푼 거라고. 그건 새벽부터 밤늦게까지 학교와 학원에서 시달리는 아이들의 게임이자 놀이라고. 그리고 경쟁이 극심한 한국 사회에서 아이들이 본인만큼 살 수 있다면 무슨 짓도 할 수 있다고. 실제로 편의점 사장에게 아이들이 훔친 과자 값의 수백 배에 상당할 돈을 주면서 아이들의 일탈에 대한 묵인을 요구하고 CCTV에서 아이들의 절도 장면을 삭제할 것을 요청한 것은 예빈 엄마 본인이었다. 이렇듯 모든 부모가 아이의 증상의 난입에 충격을 받는 것은 아니다. '뛰는 자식' 위에 '나는 부모'가 있다. '나는 부모'는 드러나지 않게 아이의 증상을 감독하고 뒤에서 증상의 치명적인 흔적을 수습해줄 수 있다. 그렇다면 이제 그녀 역시 '나는 부모'가 되기 위해 도저히 며느리로 받아들일 수 없는 아들의 애인에게 아들 몰래 낙태와 이별을 요구하러 갈 것인가. 엄마와 편의점 사장의 은밀한 공모를 알게 된 예빈이가 엄마를 혐오하듯 아들 역시 자신을 혐오하게 될 수 있음을 감수하면서 말이다. 어머니의 역할이란 증상적인 것에 대응해서 출현한 증상을 보다 첨예한 증상으로 은폐하는 데에 있는가.

사랑은 모든 악의 원천이다. […] 어머니의 사랑[어머니에 대한 사랑]은 모든 것의 원인이다.[51]

아들에 대한 사랑, 그것은 그녀 스스로도 어찌할 수 없고 억제할 수 없는 수수께끼다. 그래서 그녀는 오늘도 아들에게 전화를 걸어서 다그친다. 그리고 악이라는 원천이 드러난 어머니의 사랑에서는 모호하고 신비로운 아우라가 뿜어져 나온다. 그래서 그녀는 아들의 미래를 위해 아들의 애인에게 낙태 종용 및 협박을 불사할지 모른다. 분석은 이것이 결코 신비로운 일도 비윤리적인 일도 아니라고 말한다. 어머니란 본인의 결여와 환상에 근거해서 자신도 모르게 특정한 흥미, 성향, 지향, 관심을 아이에게 전달하고 학습시키고 주입시킬 수 있는 타자이다. 그리고 타자의 지향은 아이에게 단순히 하나의 방향성이 아니라 지상 과제로 설정될 수 있다. 어머니의 욕망 그 자체는 변덕스럽지만 아이에게는 결코 변하지 않는 절대적인 흔적으로 남을 수 있다. 그녀의 욕망은 '오적'이라는 기표에 의해 오염되어 있었고, 그녀의 아들은 '오적'이라는 주인기표가 다른 기표를 참고하지 않고 자기 동일적 반복을 통해 구성해낸 환상 대상, 어머니의 환상 대상으로 살아왔다. 또 주체가 태어나기도 전에 주체를 종속시키고 주체와 무관하게 자율적으로 움직이는 기표가 주체에게 남긴 모든 효과가 곧 무의식임을 감안할 때, 아들의 무의식은 '오적'을 필두로 한 일련의 기표로 이루어진 구성물이다. 그러나 아들의 어떤 측면은 '오적'이라는 기표와 근본적으로 불화하며, 환상 대상은 더 이상 고분고분하게 순응하지 않고 실재의 차원에서 난입한다. 그의 가출과 예상에 없던 손자는 '오적'의 논리로 제어되지 않는 증상적 실재를 드러낸다. 이제 가족은 이러한 실재에 직면하게 되었고, 여기서 그녀는 본인의 책임을 자각하지 못하는 당사자이다. 그리고 이 당사자가 연루된 원인은 "원인을 없애야 효과가 사라진다 (ablata causa tollitur effectus)"는 고전적인 명제를 무색하게 만드는 처치 곤란한 원인, 상황에 대한 판단을 흐릿하게 만드는 불투명한 원인, 소통의 가능성을 원천 봉쇄하는 치명적인 원인, 어머니의 사랑이라는 숭고한 원인이다. 가족 상담을 권하기보다 그저 아들에게 한마디 발언할 기회를 주자. "어머니는 당신이 하는 일을 알지 못하나이다."

히스테리

1952년 DSM-1*에서 히스테리가 삭제되었다 하더라도 여전히 히스테리는 그 형태를 달리해서 출현한다. 충동과 자아 간의 역동적 관점을 버리는 안티-프로이트적 경향과 함께 독립된 진단 코드를 대량 생산하고 있는 DSM의 체제 속에서, 히스테리는 만성피로증후군, 불감증, 불면증, 우울증, 섬유근육통, 틱 장애 등 다채로운 형태로 드러난다. 억압된 것이 돌아오는 것만큼이나 삭제된 히스테리는 오늘날 온갖 전환 증상으로 돌아온다. 히스테리가 그 자신을 팔색조처럼 재창조하고 있는 이러한 동시대 상황에서 그녀의 히스테리에 대해 우리는 어느 선까지 말할 수 있을까?

[*]   정신질환 진단 및 통계 편람.[52]

* * *

　어렸을 때부터 그녀는 재주가 많았다. 공부, 노래, 미술, 발레 등 부모님이 시키는 그 어떤 것에서도 늘 평균 이상은 했다. 가족들이 모인 자리에서 재롱 잔치의 스타는 늘 그녀였다. 같은 또래의 사촌들 가운데 어른들은 그녀를 제일 예뻐했다. 사랑스러운 애교로 인해 외가를 가도 친가를 가도 할아버지 무릎은 모두 그녀 차지였다. 사랑받는 법을 알았던 능숙한 아이였을까. 사랑받으려는 욕망이 넘치는 조숙한 아이였을까. 그녀의 애교는 가부장적인 배식 구조에 예외를 만들어내기도 했다. 할아버지의 무릎에 앉아 있는 그녀만이 할아버지만 한 접시씩 잡수시던 육회를 먹을 수 있었다.

　어머니의 장사와 함께 유년기의 전환점이 찾아왔다. 아버지의 경제력에 결핍감을 느낀 어머니가 생계 전선에 뛰어든 것이다. 철저한 직업 윤리와 뛰어난 장사 수완으로 어머니의 수입이 아버지의 수입을 월등히 추월하기 시작했다. 동시에 어머니는 점점 더 집안일을 멀리하기 시작했다. 한 달 동안 수제비만 먹었던 기억, 정리 정돈이 되어 있지 않아 물건 하나 찾기가 어려웠던 기억, 전업주부 엄마를 둔 친구네 집이 그녀의 집과는 대조적으로 너무나 깨끗했던 기억, 여전히 돌봄이 필요한 아홉 살 나이의 그녀가 다섯 살 난 남동생을 마치 엄마가 아들 챙기듯 챙겼던 기억이 아직까지 생생하다. "열심히만 하면 못 벌 수 없다"는 확신을 갖고 있었던 어머니는 아버지에게 PC방을 차려주고 현상 유지만 하라고 했다. 그렇지만 천성이 한량이었던 아버지는 가계에 도움을 보태기보다는 음주가무에 빠져들었다. 어머니에게는 없는 정리 정돈 능력을 갖춘 아버지는 아버지대로 어머니가 돈 좀 번다고 집안 살림을 방치하는 것에 불만이 쌓였다. 자연스레 부부 사이에는 다툼이 잦아졌다. 당시 어머니는 아버지를 "덜 된 인간"이라고 부르곤 했다. 요즘도 종종 어머니와 말다툼이 일어날 때 "저거, 저희 아빠 닮아서"라는 말만 들으면 그녀는 소스라친다. 덜 된 인간을 닮은 사람 역시 덜 된 인간이기 때문이다. 그렇지만 돌이켜보면 늘 싸움을 거는 것은 어머니 쪽이었다. 본인의 기대치만큼 경제 능력이 없을 뿐만 아니라 돈 벌 의지도 없는 아버지에 대해 어머니는 아버지가 감당하기 힘든 공격을 쏟아냈다. 이쯤 되면 누가 덜 된 인간인지 판단하기 어려웠다. 부모님의 다툼 장면은 그녀에게 고통스러운 기억으로 남아 있다. 주지하듯이, 프로이트에게 히스테리증자란 외상적으로 각인된 무의식적 기억으로 고통스러워하는 주체다.

좀 더 고통스럽고 결정적인 기억도 있다. 많이 벌 때도 있었지만 결코 수입이 일정하지 않던 어머니는 그녀의 경제관념에 크나큰 혼란을 초래했다. 똑같은 돈 천 원을 쓴 그녀에게, 어떤 때는 불같이 화를 내며 꾸중을 했고, 어떤 때는 대수롭지 않은 일인 것처럼 부드럽게 넘어갔다. 어머니의 태도는 변덕스러움 자체였다. 화냄과 넘어감의 교차는 어머니의 주이상스에 다름 아니었다. 그것은 많이 쓰는 것과 적당히 쓰는 것에 대한 구분법을 파괴하는 주이상스였다. 그리고 아버지의 기능이 욕망과 법을 대립시키는 것이 아니라 욕망과 법을 결합시키는 것에 있는 한, 돈을 벌어오기보다는 빚을 지던 아버지는 집안의 경제력을 장악하고 있던 어머니의 주이상스에 대해 그 어떤 규제나 한계도 설정할 수 없었다. 그녀에게 써야 할 곳과 쓰지 말아야 할 곳을 구분하는 것은 지금까지도 쉽지 않은 일이다. 충동적으로 훌쩍 여행을 다녀오고 나면 통신비, 건강보험료, 공과금을 낼 돈이 한 푼도 남아 있지 않은 자신을 발견한다. 만 원이 얼마만큼의 돈인지 좀처럼 헤아리기 어려웠던 그녀는 결국 개인 파산 절차를 진행하게 된다.

아버지와 관련된 기억도 있다. 하루는 수학 시험에서 95점을 받았다. 당시 학교 수학 선생님은 90점 미만의 학생들에게 '더 잘하라는 뜻에서의 사랑의 매'를 때렸다. 보통과 잘함의 기준이 아니라 체벌과 체벌 면제의 기준이 작용하던 시절, 학업 동기가 격려가 아닌 공포에 의해 조장되던 시절이었다. 물론 그녀를 포함한 소수의 아이는 매를 맞지 않았다. 당연히 칭찬을 받을 거라 생각하고 집에 돌아와서 아버지께 시험지를 보여드렸다. 그녀의 기대와 달리 아버지는 그녀가 틀린 한 문제를 가지고 어떻게 하면 그 문제를 틀리지 않을 수 있었는지를 한 시간 동안 설명했다. 95점이라는 성과에 대한 인정은 전혀 이루어지지 않았다. 백 점이라는 완벽함에 대한 아버지의 강조는, 성격상 맞지 않는 경제활동을 하면서 어머니에게 늘 능력 이상을 벌어오기를 강요당했던 당신의 처지를 반영한 것이었을까.

아버지와 관련된 좀 더 결정적인 기억이 있다. 늘 친구들이랑 술을 마시던 아버지는 어린 그녀에게 PC방을 보게 했다. 어느 날 할아버지 댁에 갔다가 할아버지께 아버지가 자꾸 술을 마셔서 공부를 못하겠다고 했다. 이후 아마 할아버지가 아버지를 따로 불러서 혼을 냈던 모양이다. 딸 공부에 방해되니까 술을 줄여야겠다는 생각을 하기는커녕, 그때부터 아버지는 단순히 백 점을 요구하는 것이 아니라 이중 구속, 삼중 구속을 했다. 술을 안 마실 때는 "너 왜 아빠 술 안 마시는데 공부 안 하고 놀고 있냐"고 다그쳤고, 술을 마시고 왔을 때는 "또 아빠 술 마셔서 공부 못하겠다고 핑계 대려고 그러냐"고 으름장을 놨다. 설상가상 억울했던 그녀가 눈물을 터뜨리면 뭘 잘했다고 우느냐고 더 야단을 쳤다. 그럴 때마다 그녀는 화장실에 가서 소리도 내지 못하고 울었다. 본인은 매일 술을 마시면서 공부를 하라고 하는 아버지의 비일관성은 그녀에게 지울 수 없는 서러움을 남겼다.

아버지의 비일관성이 극에 도달했을 때 그의 말은 그녀에게 전혀 먹히지 않았다. 아버지의 명령, 지시, 조언은 공허한 말이 되었다. 술에 거나하게 취하면 거친 말을 뱉으면서 라면을 끓여오라고 시켰다. 당연히 어머니는 끓여주지 않았고, 그녀 역시 고2 때부터는 무시했다. 술 먹고 거칠게 굴어도 무시당하는 자신의 이미지가 견딜 수 없었던 모양인지 어느 순간 아버지에게는 새로운 술버릇이 생겼다. 그는 술에 취하면 장롱 문을 열고 소변을 봤다. 술에 취한 사람의 소변 냄새가 이불에 배었을 때 어떤 악취가 나는지 경험하지 않은 사람은 모를 것이다. 일주일에 두세 번 안방 장롱이 간이화장실로 변했다. 처음에 욕을 하고 싸우면서도 이불을 빨아주던 어머니도 언젠가부터 포기했다. 무엇보다 냄새가 지독해서 아무도 안방에 들어갈 수가 없었다. 그때 즈음부터 부모님은 각방을 쓰기 시작했다.

라캉은 아버지가 아버지의 이름을 통해서 어머니의 주이상스를 규제하는 상징적인 법의 토대로 기능하지 않고 법과 그 이면의 모순을 드러내면서 언행 불일치의 아버지, 내로남불의 아버지로 기능하게 될 때 아이가 정신병적

여자는 존재하지 않는다

인 실재의 침입에 사로잡힌다는 사실을 간파했다. "아버지가 실제로 법 제정자 역할을 갖거나 행하는 경우 아버지의 형상의 파국적 효과들이 특별히 빈번하게 드러나는 역설"[53]이 있는 것이다. 아버지가 법의 대리인이 아니라 법의 제정자로 행동하는 경우 모순 덩어리로서의 아버지는 최악의 경우 정신병적 불안을 유발하고, 최선의 경우 법에 대한 히스테릭한 저항감을 낳는다. 정신분석가 마리 엘렌 브루스가 제시하는 사례를 참고하자. 어떤 여자 분석자의 아버지는 한편으로는 독실한 유대인으로서 종교적 계율에 충실했지만, 다른 한편으로는 평생 바람을 피웠고 심지어 죄다 유대인이 아닌 자기 애인들을 딸에게 소개시켜 주었다. 이러한 신성과 불륜의 모순은 분석자에게 히스테릭한 저항감을 각인시켰다. 우리의 그녀 역시 신경증적 주체이고, 그녀의 무의식에서 아버지의 이름이 완전히 폐제(forclusion)*되어 있는 것은 아니다. 그러나 후기 라캉이 거세를 단수적인 것이 아니라 복수적인 것으로 본다는 점을 상기하자. 후기 라캉에게 신경증적 거세와 정신병적 폐제는 칼로 자르듯 명확히 구분되지 않는다. 어떤 거세는 폐

---

[*] 라캉의 구조적 진단에서 신경증이 억압의 메커니즘을 따른다면 정신병은 아버지의 이름(Nom-du-Père)의 폐제의 메커니즘을 따르는데, 폐제는 주체에게 상징적 법이 안정적으로 설립되지 않았으며 정신병적 구조가 형성되어 있음을 가리킨다.

제의 효과를 갖고, 또 어떤 주체는 구조적으로는 신경증자에 해당하더라도 몇몇 지점에서는 준-정신병적 파국에 빠져든다.

* * *

그녀의 이야기로 돌아오자. 친구들보다 조금 이른 시기에 결혼을 했다. 남편에게 철저히 절제되고 바른 생활을 요구했다. 회사가 끝나자마자 일찍 들어올 것, 개인 여가 시간은 일주일에 1회로 제한할 것, 가사 분담에 적극적일 것, 주말에는 아이 및 아내와 시간을 보낼 것 등등. 특히 술 마시고 정신을 잃는 것은 절대 허용되지 않았다. 역으로 말해 술을 마신 상태에서도 일말의 흐트러짐이 없는 남자에 대한 환상이 있었다. 라캉이 말하듯, "이상적 **아버지**의 이미지는 신경증자의 환상이다."[54] 정신분석가 로즈-폴 빈치구에라(Rose-Paule Vinciguerra)의 표현을 빌리자면, 히스테리증자는 "일자의 타자가 되려고 하며, 한 남자의 타자가 되려고 하지 않는다."[55] 그런데 어느 날 남편이 술에 취해 인사불성이 돼서 들어왔다. 일자가 인사불성이 될 수는 없었다. 그다음 날 바로 그녀는 머리를 밀고 남편에게 말했다. "여자가 머리 미는 게 어떤 의미인지 알지?" 그것은 남편에 대한 아내의 저항이기도 했지만, 주인에 대한 히스테리증자의 저항을 의미했다. 라캉은 이렇게 말했다.

여자는 존재하지 않는다

히스테리 담론이 주인에게 질문하는 것은 다음과 같다. "당신이 남자인지 보여주시오!"[56]

그녀는 남편에게 한 번만 더 이런 일이 생기면 바로 이혼이라고 경고했다. 그녀의 행동(화)에 충격을 받은 남편은 한동안 술을 끊었지만 얼마 지나지 않아 대형 사고를 쳤다. 술에 취한 상태에서 베란다에 오줌을 눈 것이다. 그녀의 충격을 어찌 말로 할 수 있을까. 남편의 모습에서 장롱에 오줌을 싸던 아버지의 모습이 보였다. 폐제의 효과가 유발한 정신병적 불안이 그녀를 사로잡았다. 이런 남자와 더 이상 함께할 수 없었다. 즉각 이혼 절차를 밟았다.

급작스럽게 이루어진 이혼이라 생계 방편이 마련되어 있지 않았다. 이십대 초반 서비스센터에서의 알바 경험을 살려서 남성 전용 명품 숍에서 일을 했다. 제품을 파는 것과 여성적 매력을 파는 것 간의 경계선을 어렴풋이 느꼈다. 가게 사장도 그녀를 예뻐해주었고 수입도 괜찮았으니 만족스러웠다. 그렇지만 만족스러움은 오래가지 않았다. 어느 때부터 동료 여자들이 눈에 들어오기 시작했다.

히스테리에 대한 라캉의 공식이 말하듯, 그녀는 남자가 된 것이다. 그녀는 동료들을 남자의 시각에서, 남자라는 타자의 욕망의 시선에서 바라봤다. 동료들은 얼굴, 몸매,

피부 모든 면에서 자기보다 훌륭했다. 언제나 예쁘다는 말만 들으면서 강화된 나르시시즘적 이미지에 금이 갔다. 제일 예쁜 존재로 사랑받지 못한다는 우울감, 실제로 자신은 아무것도 아니라는 우울감이 밀려왔다. 이러한 우울은 다음의 사실을 확증해준다. 히스테리증자의 세계에는 남자와 여자가 있는 것이 아니라 예쁜 사람과 못생긴 사람이 있을 뿐이다.

그중에서도 특히 한 여자가 눈에 들어왔다. 소위 가게의 에이스였다. 외모, 교양, 언변, 센스 어느 것 하나 빠지는 데가 없었다. 이때부터 그녀에게는 그 여자만 보였다. 그녀가 남자를 대하는 방식을 포함해서 그녀의 일거수일투족을 관찰했고 흡수했다. 마치 도라(Dora)가 라파엘로의 〈시스티나 마돈나(Madonna Sistina)〉를 넋이 나간 채 바라봤던 것처럼 말이다. 여자는 존재하지 않는다. 그러나 히스테리증자는 특정한 여자가 여성성의 미스터리에 대한 답을 갖고 있다고, 그 여자가 여성성의 본질에 대한 지식을 갖고 있다고 믿는다. 그리고 여기서 여성성의 핵심은 남자의 욕망과 주이상스를 촉발할 수 있는 매력적인 대상이 되는 데에 있다. 라캉은 말했다.

히스테리증자는 그 여자(la femme)에게 관심을 갖고 매료됩니다. 그 여자가 남자의 주이상스를 위해 무엇이

필요한지를 알고 있다고 히스테리증자가 믿는 한에서 말입니다.[57]

그즈음에 애인이 생겼다. 외모와 직장 모두 훌륭했고, 무엇보다 술버릇이 전혀 없었다. 그렇지만 그와의 잠자리에서 그녀는 아무런 느낌이 없었다. 좀 더 정확히 말하자면, 그녀는 애인이 자신의 나체를 보고 달아오르게 하는 데까지만 쾌락을 느낄 뿐, 실제로 사랑을 나누는 데서부터는 쾌락이 급격히 감소했다.

히스테리증자의 욕망은 결핍 자체로 구성된다. 히스테리증자의 욕망은 타자의 욕망을 야기하면서도 타자에게 포착되지 않는 대상이 되는 데에 있다.

히스테리성 신경증자의 경우 욕망은 그가 욕망의 대상으로 빠져나가면서 욕망이 초래하는 만족의 결여에 의해서만 환상 속에서 유지된다.[58]

히스테리증자의 주이상스는 불만족으로 구성된다. 그녀는 애인을 유혹하지만, 이 유혹은 어디까지나 불만족이라는 쾌락을 겨냥한다. 여기서 관건은 성에 대한 무의식적 혐오가 아니다. 스스로를 여자로 여기지 않는 사람으로 정의되는 히스테리증자는 단순히 성적 주이상스를 억압하는 것이 아니라 주이상스의 무한한 지점을 절대적인 것으로 장려한다.[59] 그리고 절대적인 주이상스는 환상에 의해서만 도달 가능하다. 여자가 대타자의 대타자가 존재하지 않는 한에서 대타자의 주이상스 역시 존재하지 않는다는 점을 알고 있는 반면, 우리의 그녀는 히스테리증자로서 어떤 절대적인 주이상스에 대한 환상을 갖고 있다. 이 환상에서 그녀의 애인은 남자가 아니라 신이며, 그녀는 시스티나의 마돈나이며, 둘이 누리는 쾌락에는 한계가 없다. 여기서 우리는 아버지의 문제로 돌아온다. 왜냐하면 절대적인 주이상스에 대한 환상은 이상화된 아버지에 대한 사랑에 의해 뒷받침되기 때문이다. 라캉은 말한다.

> 히스테리증자는 […] 어떤 골조에 의해 유지되는데, […] 그것은 아버지에 대한 사랑입니다."[60]

최근 그녀에게 새로운 말벗이 한 명 생겼다. 늦깎이 정신의학과 레지던트다. 그녀는 종종 그와 차를 마시면서 자신의 혼란스러운 실존에 대해 대화를 나눈다. 그녀는 묻는다. "나는 누구인가?", "나의 욕망은 황진이가 되는 데에 있는가 신사임당이 되는 데에 있는가?", "나는 어떻게 하면 아이들에게 언행일치된 어머니의 모습을 보여줄 수 있는가?" 장차 그녀는 히스테리 담론에 관한 라캉의 분석에서처럼 의사의 위치에 있는 친구를 이상화하면서도 그가 자신의 주체적 진실에 관해 모든 것을 알지 못한다는 점을 지적하면서 그의 가치를 깎아내리는 이중적인 태도를 취할까? 아니면 아버지와 이혼한 남편에게 그랬듯 친구에게도 이상적인 남성상을 투사하게 될까? 아니면 그를 유혹하면서도 끝내 거부할까? 어쨌든 정신분석과 아무런 인연도 없었던 그녀는 이렇게 정신분석 담론과 만났다. 분석 담론이 주체가 자신의 무의식적 지식에 접근하려는 욕망을 통해 정립되는 한에서 말이다.

히스테리와 정신분석은 구분될지언정 분리될 수 없다. 양자는 각자의 위치를 지키면서도 서로를 필요로 한다. 프로이트가 히스테리와의 만남을 통해 정신분석을 창안한 지 80여 년이 지난 1977년에 라캉은 이렇게 묻는다.

> 어제의 히스테리증자들은 어디로 갔습니까? […] 무엇이 어제의 히스테리 증상을 대체했습니까?[61]

그녀에게는 특별히 자신의 삶을 옥죄는 증상이 없다. 그러나 그녀의 주체성에 핵심적인 좌표들, 즉 비일관적인 아버지의 폐제 효과, 이상적인 아버지에 대한 환상, 남자에 대한 동일시, 여성성의 본질에 대한 지식욕, 결핍으로 이루어진 욕망과 불만족으로 이루어진 주이상스는 히스테리의 구조에 대한 탐색이 여전히 유효한 것임을 보여준다.

우리는 그녀의 삶에서 히스테리의 논리가 치밀하게 작동하고 있음을 목도한다. 히스테리는 사라지는 것이 아니라 보다 미묘한 형태로, 보다 새로운 증상과 더불어서 업데이트된다. 히스테리는 히스토릭하게[역사적으로] 형성된다.

여자는 존재하지 않는다

강박증

프로이트는 남성 히스테리의 사례를 발표한 바 있는데, 이는 비엔나 동료들의 격렬한 저항에 부딪혔다. 그들에게 남성 히스테리란 마치 검은 백조와 같은 것, 있을 수 없는 것이었다. 히스테리와 강박증에 관한 젠더적 편견으로부터 자유로웠던 프로이트를 따라 라캉 역시 히스테리와 여자, 강박증과 남자를 결부시키는 일반론을 경계했다.

> 히스테리증자가 반드시 여자는 아니며, 강박증자가 반드시 남자는 아니다.[62]

정신분석가 마르크 스트로스(Marc Strauss)에 따르면 설령 우리가 여자들에게서 강박증이 어떻게 출현하는지에 대해 말할 수 있다 하더라도 독립된 실체로서의 여성적 강박증과 같은 것은 없다.

　　뻣뻣한 영원성에 세워진 팔루스의 강박증 외에 다른
　　강박증이란 없다.[63]

　한편 정신분석가 패트리샤 게로비치(Patricia Gherovici)와
재미슨 웹스터(Jamieson Webster)는 외모에 대한 자기비하에
도 불구하고 수많은 성적 파트너와 왕성한 성생활을 누렸
던, 그러나 한 번도 오르가슴에 도달하지 못하고 늘 가짜
오르가슴 연기를 해야 했던 여성 마취과의사의 사례를 통
해 '오르가슴의 증여'*와 '팔루스 되기'가 결합될 때 여성적
강박증의 한 가지 구조가 형성된다고 지적한다. 이런 점에
서 여자와 강박증 사이에는 딱 잘라 말할 수 없는 관계가
존재한다. 비전체로서의 여자가 팔루스를 빠져나가는 것
은 사실이지만, 팔루스의 논리에 근거한 강박증은 여전히
여성적 주체에게도 기입될 수 있다. 우리로서는 두 가지
세부사항을 첨언하는 데에 만족하자. 첫째, 팔루스로 환원
불가능한 여자가 팔루스의 강박증에 시달릴 때 그 고통의
무게는 남성 강박증과는 완전히 다른 차원의 것일 수 있
다. 둘째, 프로이트의 시대와 달리 오늘날 여성의 영역과
남성의 영역 간의 차이가 사라지고 있으며 우리 시대의 키

[*]　강박증자에게 중요한 것은 상징적 교환이
아니라 상상적 증여이다.

워드가 남녀노소를 막론한 '생산성'*임에 주목할 때, 여성 강박증의 증가를 예상하는 것은 지나친 일이 아닐 것이다.

* * *

토요일 오전이라 수업이 없다. 그녀는 시립도서관을 향한다. 공부가 되지 않는 날도 많다. 공부가 안 되더라도 일단 무조건 앉아 있는다. 이것이 그녀의 방식이다. 앉아 있는 것이 곧 공부하는 것이다. 많은 사람들이 집중력과 효율성이 더 중요하다고, 무조건 앉아 있는 시간만 늘리는 것은 아무 의미가 없다고 말하지만 그녀가 보기에 그것은 그들의 의지박약을 합리화하는 핑계로 여겨졌다. 또 이따금씩 합격자들의 수기에서 거론되는 적절한 휴식의 강조는 자신과 같은 노력파에게는 가당치 않은 사치스러운 미사여구로 여겨졌다. 그녀의 자기 규율과 루틴은 마치 '보방의 요새'**처럼 강력하다. 그녀는 말한다. 앉아 있는 것 외에 다른 합격의 왕도는 없다.

공무원 시험 준비를 시작한 지 6개월 차다. 현재 우리나

[*]   라캉은 문명의 모든 분야가 강박증자의
생산성에 의존하고 있음을 지적한 바 있다.
[**]   17세기에 루이 14세의 명에 따라
프랑스인 보방(Vauban)이 개발한 별 모양의
군사 요새.

라 공무원 시험 준비생의 숫자는 21만 명에 달한다. 그녀의 잠재적 경쟁자도 족히 수만 명에 이를 것이다. 그러나 그녀의 진정한 경쟁자는 자기 자신밖에 없다. 그리고 그녀는 자신의 경쟁자를, 자신이라는 경쟁자를 벼랑 끝으로 몰아세운다. 그녀는 스스로에게 쉴 틈을 주지 않는다. 주말, 휴가, 명절 모두 반납했다. 내년 합격만을 바라보면서 달려가고 있다. 떨어진다는 생각은 해본 적도 없다. 사실 그녀가 하루에 일정 시간 이상 앉아 있기라는 자기만의 원칙을 철저히 지키는 것은 시험 준비 전이나 후나 마찬가지다. 그녀의 삶은 늘 공시생 모드였다.

라캉은 강박증자가 스스로를 주인으로 간주하기를 거부하며, 그의 주이상스는 언제나 갱신되는 빚, 그럼에도 결코 완납할 수 없는 빚을 의례적으로 갚아나가는 데에만 있을 뿐임을 지적한다.[64] 정신분석가 드니즈 라쇼(Denise Lachaud)의 표현을 빌리자면 그것은 노예의 주이상스로, 가령 새로운 음반을 수집하는 데에 모든 힘을 쓰느라 음악을 즐길 시간과 여력이 없는 것과 같다. 그녀가 주인이 아니라 노예—비굴한 것이 아니라 오히려 영웅적인 노예—의 입장에 있는 것은 분명하다. 그녀는 시험에 합격하기 위해서가 아니라 자신의 강박과 씨름하고 나아가 강박을 유지하기 위해 공부를 한다. 시험은 안정된 평생 직장을 획득하기 위한 것도 사회적 정의에 기여하기 위한 것도 아닌

여자는 존재하지 않는다

강박의 의미와 효과를 테스트할 수 있는 또 하나의 계기일 뿐이다. 강박신경증(Zwangsneurose)과 반복강박(Wiederholungszwang)에서 강박(Zwang)이 공통적으로 포함되어 있음에 유념하자. 강박은 어떻게 주체의 심리가 유기체의 자기보존본능 및 쾌락원칙의 한계를 넘어설 수 있는지를 설명해준다. 나아가 프로이트의 표현처럼 강박은 주체의 심리가 얼마나 악마적인 성향으로 물들 수 있는지를 보여준다. 진정한 악마란 타자에 대한 공격(aggression)이 아니라 스스로에 대한 공격성(aggressivité)에서 빛을 발한다. 라캉이 말하듯 "강박증자는 자기 자신을 제거함이라는 토대 위에 모든 환상을 건설한다."[65]

그러나 진정한 경쟁자가 자기 자신이라는 것은 우리 사회에서는 너무나 당연한 경구가 아닌가? 우리 사회는 그 명목적 공정성에 대해서는 의심의 여지가 없지만 그 실질적 적합성에 대해서는 합격생마저도 의문을 표하는 시험 제도—"과연 5점, 10점 차이가 실무에서 그토록 중요한가?"—가 모든 이의 삶에 절대적인 흔적을 남기는 '시험 사회'이다. 시험을 준비하는 주체에게 강박은 불가피한 습관을 넘어 합격의 비결로 미화되기도 한다. 따라서 강박증의 인자는 주체적일 뿐만 아니라 사회적이고 이데올로기적이다. 그렇다면 러시아 영화감독 안드레이 타르코프스키(Andrey Tarkovsky)의 카메라처럼 흡사 외계인의 시점에서 지구를 바라보듯 우리도 시험 사회의 틀 바깥에서 강박을 바라보는 건 어떨까?

＊ ＊ ＊

그녀의 실존적 차원으로 돌아가자. 그녀의 강박은 어디에서 온 것일까? 그녀를 낳고 얼마 지나지 않아 어머니가 돌아가셨다. 워낙 어렸을 때 일어난 일이라서 어머니의 부재에 대한 상실감이나 어머니에 대한 그리움은 거의 없다. 그것은 아마 할머니의 지극정성 덕분이었을 것이다. 그녀의 할머니는 말 그대로 어머니 이상이었다. 엄마 잃은 손녀에 대한 절대적인 사랑이었을까. 그녀는 할머니의 상상적 팔루스였다. 이를테면 그녀의 할머니는 근친상간적이었다. 할머니가 그녀와 성적인 관계를 맺었다는 뜻에서가 아니라 할머니가 주체로서의 그녀의 자리를 허용하지 않았다는 점에서 말이다. 이런 점에서 강박증자 고유의 물음인 "나는 죽었는가 살았는가?"를 그녀의 문맥에 맞춰 이렇게 번역할 수 있을 것이다. "나는 할머니의 대상인가 욕망의 주체인가?"

물론 우리 모두는 본래 누군가의 대상이었다. 중요한 것은 우리가 대상에서 주체로 변화할 가능성이 열려 있는지 아닌지에 달려 있다. 그녀의 할머니는 그녀를 대상으로 꼭

여자는 존재하지 않는다

붙들고 있으면서 그녀가 있는 모든 곳에 있었다. 할머니는 그녀의 모든 요구에 즉각적으로 반응했다. 그녀가 요구를 표명하기도 전에 할머니는 그녀를 만족시켰다. 동시에 할머니는 그녀에게 흡사 죽음의 요구에 가까운 절대적인 요구를 했다. 그녀의 어린 시절에는 욕망과 상실의 자리가 없었고, 그 대신 보상과 처벌의 자리만 있었다.[66] 두 여자의 관계에서 대타자는 욕망하지 않으며 욕망은 요구로 환원되었다. 본원적으로 통제될 수 없는 욕망 대신에 통제와 규율이 들어섰다. 학교에 다니기 시작하면서부터 그녀는 할머니의 이런 말을 듣고 자라났다. "공부는 엉덩이로 하는 거야." 오래 앉아서 공부를 할 때 할머니는 더 이상 요구하지 않았다. 이런 점에서 앉아 있는 것에 관한 그녀의 강박은 그 자체로 할머니라는 대타자의 주이상스에 대한 방어이기도 했다. 주체는 치명적인 실재에 사로잡히기보다는 증상을 형성하기를 택했던 것이다.

대입 스트레스와 겹쳐져서 고등학교 때 그녀의 증상은 좀 더 순수한 형태로 출현했다. 하루에 일정 시간을 앉아 있지 않으면 시험 볼 때 시간이 모자라서 마킹을 잘못할 수 있다는 생각이 그녀를 사로잡았다. 진정한 강박증자가 된 것이다. 가령 단순히 하루 종일 가구와 식기를 청소하는 행위 자체만으로는 진정한 강박증이라 할 수 없다. 진정한 강박증은 그렇게 깨끗하게 청소하지 않으면 본인이나 식구 중 누군가가 치명적인 병에 걸릴지도 모른다는 관념이 청소 행위와 결합될 때 형성된다. 그리고 마킹을 잘못할 수 있다는 불안이 올라올 때마다 그녀는 습관적으로 자위를 했다. 막대한 쾌락은 불안을 잠시나마 잠재웠고 공부에 다시 집중할 수 있게 해주었다. 여기에서 드러나듯 강박증자는 도착증자가 아니기에 대타자의 주이상스의 대상으로만 전락하지 않는다. 강박증자로서 그녀는 본인의 주이상스를 그 나름대로 획득한다. 물론 중간, 기말, 수능 포함해서 마킹 실수는 한 번도 없었고, 그녀는 우수한 성적으로 원하는 대학에 진학했다. 그렇지만 아이러니하게도 이러한 성공의 경험은 그녀의 강박증을 한층 더 강화시켰다. 이제 증상은 더 이상 할머니의 구세대적 집념이 아니라 그녀의 자아와 유착된 형성물이었다. 역시 공부는 엉덩이로 하는 거였다.

그런가 하면 아버지는 할머니의 주이상스에 대해 한계를 설정하는 법의 역할을 하지 못했다. 그의 부성적 기능은 미비했다. 아버지는 경제적으로는 가장이었지만 심리적으로는 할머니의 아들일 뿐이었다. 무엇보다 그는 열심히 공부하고 일하는 아들이었다. 일본어에 능통했던 할머니는 늘 '잇쇼겐메이(いっしょけんめい)'라는 주인기표를 섬기며 살았는데, 그것은 단순히 '열심히'가 아니라 '목숨을 걸고'를 뜻한다. 그 기표를 결핍과 상실로 이루어진 욕망의

공간으로부터 스스로를 방어하는 강박증자의 논리에 연결시켜보자. 강박증자는 목숨을 걸고 일하고, 돈을 벌고, 청소하고, 씻고, 확인하고, 세고, 생각하면서 욕망으로부터 자신을 지킨다. 그래서 강박증자가 자신의 욕망의 패를 공개하게 하는 것보다 더 어려운 것은 없다. 강박증자에게는 욕망에 대해 목숨을 걸기보다는 목숨을 거는 자신의 이상적인 자아가 더욱 소중하기 때문이다. 강박증자의 관건은 욕망의 추구나 만족이 아니라 욕망을 단락시키는 자아이다.

한편 '잇쇼겐메이'는 워라밸 열풍에도 불구하고 우리 사회에서 여전히 유효한 기표이다. 한국 회사에서 일해본 경험이 있는 외국인들이 한국 사회에서 인상적이라고 꼽는 두 가지가 있다. 첫째는 위계적인 조직 문화, 둘째는 초인적인 근로 윤리다. 그녀의 할머니는 근로 윤리에서 둘째가라면 서러운 사람이다. 할아버지를 도와 세탁소와 양장점을 동시에 운영하면서 평생을 소처럼 일했다. 오늘날 우리는 그저 '열심히'만 하는 걸로는 부족한 시대를 살아가고 있다. 우리는 스마트하게 열심히 해야 한다. 반면 그녀와 그녀의 아버지의 시간은 마치 고도성장기에 멈춰 있는 듯하다. 그것은 할머니의 시계가 뻣뻣한 영원성으로 방부 처리된 시간, 언제나 이미 죽어 있는 강박증자의 시간에 멈춰 있기 때문이 아닐까. 할머니의 시계 속에서 살아가는 그녀의 가방에는 한 쌍이 맞춰진 것들이 많다. 500ml 생수 두 병, 같은 색깔의 볼펜 두 개, 생리대 두 개 등. 짝이 맞지 않으면 짝을 꼭 맞추어야 한다. 홀수는 그녀에게 불안을 유발한다. 그녀는 쌍(paire)을 갖추면서 아버지(père)를 찾는다.[67] 할머니를 거세해줄 상징적인 아버지를 말이다.

* * *

그녀에게는 위염이 있다. 위염이 심해지는 것에 관한 건강염려증적 불안은 둘째 치더라도, 최근 들어 시험 당일 날 위가 아파서 마킹을 실수할 수 있다는 불안에 자주 휩싸인다. 이제는 자위로도 불안을 잠재울 수가 없다. 그녀는 분석가를 찾아 일이 잘못될 수 있다는 고착관념(idée fixe)에 관해 상담하기 시작했다. 그러나 분석가는 고착관념이라는 개별적인 증상보다는 구조적인 진단에 포커스를 둘 것이다. 라캉 역시 고착관념을 가진 어린아이는 장차 강박증자가 된다고 지적한 바 있다.[68] 가령 과자에 고착되어 마트에서 드러눕는 아이의 무조건적인 요구를 떠올려보자. 아이는 대타자의 실제적인 상황을 무시하고 대타자의 욕망을 파괴하고자 한다. 그런데 아이가 욕망에 접근하기 위해서는 반드시 대타자의 욕망을 경유해야 한다. 여기서 모순이 발생한다. 아이는 대타자의 욕망을 파괴하고자 하면서 결과적으로 대타자의 욕망에 근거해 있는 자기

여자는 존재하지 않는다

자신의 욕망을 파괴하는 교착상태에 빠진다. 여기에서 드러나듯 핵심은 고착관념 그 자체가 아니라 고착관념이 어떤 기능과 의미를 갖는가이다(가령 고착관념이 대타자의 욕망에 대한 파괴를 겨냥하는가). 고착관념 그 자체는 모든 임상 범주에서 나타날 수 있으며, 분석의 핵심 관건은 구조다. 분석은 고착관념이라는 증상이 어떠한 구조에 위치해 있는지를 규명할 것이다. 그녀의 경우 관건은 초자아의 구조이다.

마킹 실수에 대한 불안이든 건강염려증적 불안이든, 강박증자의 불안은 초자아의 비난 섞인 시선 및 가혹한 심판에서 온다. 라캉과 함께 우리는 부성적 기능과 초자아를 엄밀히 구분할 수 있다. 부성적 기능이 진리를 보증하는 상징적인 아버지라면, 초자아는 무법 상태에서 권력을 휘두르는 외설적이고 난폭한 상상적인 아버지이다. 그녀에게 늘 앉아 있어야 한다고 말하는 것은 그녀의 할머니도, 아버지도, 선생님도 아니다. 그것은 그녀의 초자아이다. 그 초자아의 시선에 복종하면서 그녀는 오늘도 스스로 부과한 시간만큼 앉아 있다. '엉덩이가 무거운 아이'라는 고정된 자아를 기표의 효과로서의 텅 빈 주체와 동일시하면서 말이다. 라캉은 강박증자를 황소처럼 커지기를 원했던 개구리에 비견한 적 있다.[69] 황소를 본 아기 개구리가 어미 개구리에게 거대한 짐승을 봤다고 하자 어미 개구리는 계속 숨을 들이쉬면서 배를 부풀리다가 결국 배가 터져 죽고 만다. "응시의 옭죄기로부터 강박증자를 떼어내기란 어렵다."[70] 초자아의 응시는 병리적으로 급진화된 의무를 부과하고, 그녀는 늘 정해진 시간을 앉아 있으면서 의무를 이행해야 한다.

＊ ＊ ＊

강박증자의 의무는 분석 자체에 난관을 야기하기도 한다. 주체는 자신의 증상을 해결하기 위해 '열심히' 자유연상을 하고 치료에 적극 참여한다. 그런데 언젠가부터 분석 자체가 또 하나의 의무가 되고 주체의 무의식은 열리지 않는다. 분석가가 제기한 해석 자체가 강박적인 반추와 숙고의 재료로 전유된다. 분석 자체가 하나의 강박적인 의례가 되고, 주체의 실재적인 변화는 도래하지 않고, 분석 작업은 지리멸렬하게 지속된다. 여기서 라캉이 실천한 '절분된 세션(séances scandées)'의 임상적 필요성이 제기된다. 어느 세션에서 그녀는 여느 때처럼 본인이 생각하는 핵심 증상인 고착관념과 두려움에 대해 세밀하게 자유연상을 시도하려고 했다. 그 순간 분석가는 세션을 종료시켰다. 이것은 그녀에게 강박증적 통제력에 이질적인 것, 즉 놀라움이란 효과를 가져다주었다. 대타자의 비일관적인 욕망이 예측 불가능하게 출현한 순간이었다. '왜 말도 못하게 하지', '상담 시간을 이렇게 마음대로 하는 게 어디 있어'라는 생각이 드는 한편, 강렬한 양가감정이 동반된 기억이 하나 떠올랐다. 강박증자가 불쾌한 사건을 기억하는 방식이 격리[차단](isolation), 즉 정서를 삭제한 채 표상만을 기억하는 방식임을 유념할 때 이것은 주목할 만한 경우이다.

다음 시간에 그녀는 분석가에게 이 기억에 관해 말했다. 어렸을 때 한번은 백화점 바닥에 드러누워 할머니에게 인형을 사달라고 조른 적이 있었다. 그러자 할머니는 그녀를 남겨두고 갑자기 어디론가 훌훌 사라져버렸다. 갑자기 세션을 종료한 분석가처럼 말이다. 그녀는 깜짝 놀라 벌떡 일어나서 할머니를 찾으러 필사적으로 뛰어갔다. 장난감 코너 모퉁이를 돌자마자 모퉁이에 숨어서 '그럴 줄 알았다'는 의기양양한 표정을 한 할머니와 마주했다. 패배감이란 단어를 몰랐지만 당시 그녀가 느낀 것은 굴욕적인 패배감이었으리라. 이렇듯 할머니의 상벌 체계는 사심 없고 익명적인 상징계라기보다는 서로 속고 속이는 상상계에 가까웠다. 마치 나중에 그녀가 책상 앞에 앉아서 공부하는 이미지를 통해 자위의 쾌락을 은밀히 감춘 것처럼 말이다. 이 기억과 함께 할머니의 지극정성에 늘 감사해왔고 또 감사해야 했던 그녀는 할머니를 향한 거대한 증오와 만났다. 할머니에 대한 사랑은 오히려 증오에 대한 반동형성에 해당한다.

프로이트는 양가감정을 강박증의 핵심 구조로 간주했으며, 라캉은 진정한 사랑이 증오로 귀결된다고 말했다. 공격성을 억압하고 증오를 사랑으로 중화시키는 강박증자가 과도하게 문명화된 사람이라는 프로이트의 관찰을 따라 정신분석가 드니즈 라쇼는 이렇게 말한다.

> 모든 말하는 존재가 억압한 것을 강박증 환자가 소리 높여 말할 수 있다는 것이 오히려 다행스러운 일이 아닐까? **태초에 증오가 있었다**고 말이다.[71]

'진정한 사랑(la vraie amour)'이 여성형으로 쓰이는 한에서, 여자는 진정한 사랑이 증오의 심연을 통과해야 함을 알고 있다. 그녀는 증오한다, 고로 그녀는 존재한다(elle hait, donc elle est). 그녀의 분석 작업은 여전히 갈 길이 멀지만 이제 큰 첫걸음을 내딛었다. 실제로 다음 세션에서 그녀는 강박증 고유의 두 가지 논리, 즉 의심과 양가성을 결합하여 이렇게 말한다. "나는 할머니를 믿었지만 결코 믿을 수 없었어요."

여자는 존재하지 않는다

조현병자의 비서

충주에서 조현병(정신분열증) 환자가 칼부림을 했다는 뉴스가 나온다. 병원 입원을 한사코 거부하는 아들을 감당하지 못했던 아버지가 경찰을 불렀고 환자는 경찰에게 흉기를 휘두르며 경상을 입혔다. 진주 조현병 환자의 방화 및 살인 사건이 발생한 지 한 달도 지나지 않아 비슷한 사건이 일어난 것이다. 뉴스는 최근 조현병 환자에 의한 강력 범죄가 잇따르면서 사회적 불안감이 커지고 있다고 말한다. 이런 뉴스는 그 누구보다 그녀의 불안감을 커지게 만든다. "가슴이 철렁한다"는 게 이런 느낌인 걸까.

* * *

그녀의 남편은 화상畵商이었다. 주로 그림을 취급했지만,

때로는 희귀한 골동품도 매매했다. 매매가 잘 풀리면 하루에 백만 원을 버는 날도 있었다. 그 시절에 백만 원은 엄청난 거액이었다. 하지만 거액은 순식간에 흩어지고 생활비로 돌아온 것은 늘 약간의 차액이었다. 아니 씀씀이는 오히려 부차적인 문제였다. 남편은 전국을 떠돌아다니면서 거래를 했다. 그래서 부부 간의 유대를 쌓기는커녕 얼굴 한번 보기도 어려웠다. 그는 술, 여자, 도박에 빠져 살았다.

첫째를 임신했을 때에도 남편은 집에 거의 들어오지 않았다. 늘 살아야 하나 말아야 하나 고민했다. 물론 그 속뜻은 결혼 생활을 유지해야 하나 말아야 하나를 고민한 것이었는데, 행여나 배 속의 첫째에게 이렇게 전달되었을지도 모르는 일이다. 살아야 하나 죽어야 하나. 태아는 은유적 의미와 축어적 의미를 분간할 능력이 있을까. 결혼 생활의 중단이 축어적인 의미에서 죽음의 가능성으로 해석되고 감각되지 않았을까. 또 실상 그녀 자신도 무의식적으로는 축어적 의미에서 살아야 하나 말아야 하나를 고민하지 않았을까.

그러다가 한계에 도달했다. 계속 이렇게 살다가는 정말 죽을 것 같았다. 불행일까 요행일까. 딱 그즈음에 남편이 쓰러졌다. 그는 다시는 일어나지 못했다. 그녀는 요즘도 친구들에게 이렇게 말한다. 남편이 죽어서 자기가 산 거라

여자는 존재하지 않는다

고. 어떤 부부에게는 둘 중 하나가 사라져야 하는 제로섬 게임이 벌어진다.

그렇게 사십대 초반에 사별을 하고 일을 하며 아들 둘을 키웠다. 첫째와 둘째는 성격이 많이 달랐다. 첫째는 착실하게 공부만 했다. 부담스러운 대학등록금에 대한 자기 방어적인 행동이었을까. 그녀는 밤늦게까지 공부하는 첫째를 보면 "공부하지 마"라고 하면서 방에 불을 확 꺼버렸다.

첫째가 가끔 이상한 소리가 들린다고 했지만 크게 신경 쓰지 않았다. 결국 첫째는 자기 능력으로 지방 국립대에 장학금을 받으면서 대학을 다녔고, 졸업하고 나서는 사무직으로 일하고 있다. 현장을 따라 이동하는 사무직이라서 일이 끝나면 한 달 정도 집에서 쉴 때가 있다. 그러면 어김없이 첫째와 둘째 간에 다툼이 벌어지곤 한다. 아직까지 둘째는 형을 잘 이해하지 못한다. 물론 그녀 역시 첫째를 아직도 잘 이해하지 못한다. 둘째는 어렸을 때부터 방황을 많이 했다. 소위 말하는 문제아였다. 곡절 끝에 정신 차리고 작은 회사에 다니고 있지만 월급을 받으면 일주일 안에 다 써버린다. 그리고 말한다. "엄마 차비 좀 줘." 아들 둘다 서른이 넘었지만 둘 다 결혼할 생각이 없다. 속 썩이던 남자를 떠나보내고 이제 다 큰 남자 둘을 뒤치다꺼리 하고 있다. 물론 둘 중에 한 남자가 더 신경 쓰인다. 그 남자는 정신분열증자다.

* * *

　사회화, 언어화되지 않은 상태의 태아 및 유아는 충동의 다발이다. 순수한 삶의 에너지 덩어리인 셈이다. 그리고 이 에너지 덩어리가 최초의 통일성을 확보하는 것은 자신의 이미지를 통해서이다. 이미지는 비일관적 충동에 최소한의 질서를 부여한다. 육체 그 자체를 조절할 수 없던 아이는 자신의 육체를 비추는 거울 속 이미지의 안정성과 통일성에 매료되어 그 이미지를 자기 자신으로 오인하게 된다. 이것이 거울단계를 통한 자아의 형성이다. 프로이트의 용어를 사용하자면, 거울단계를 통해 아이는 충동의 다발이 난무하는 자가 성애 단계에서 이상적 자아가 형성되는 나르시시즘 단계로 이동한다. 그런데 이 이상적 자아가 자신의 궁극적인 지지대를 확보하는 것은 대타자의 승인 아래에서이다. 어머니는 거울 속 이미지를 바라보고 있는 아이에게 "저건 너야"라고 말한다. 애정 어린 응시와 함께 말이다. 이러한 응시가 나르시시즘의 궁극적인 토대를 제공한다. 자아가 자신을 사랑스럽게 여길 수 있는 것은 타자의 응시가 내가 사랑스럽게 보인다는 것을 보증해주는 한에서이다. 이렇게 어머니라는 최초의 대타자는 이상적 자아에 대한 근거를 부여하는 지점, 즉 '자아 이상(Idéal du moi)'이라는 상징적 지점으로 작용한다. 만약 이런 상징적 지점이 확보되지 않으면 아이는 "욕망되지 않은 아이"[72]가 된다. 욕망되지 않은 아이는 상징화되지 않은 대상, 즉 핏덩이 혹은 찌꺼기다. 박스에 유기된 유기체라고 할 수도 있다. 서울시 관악구의 한 교회에는 베이비 박스가 있다. 그 박스에는 지금껏 1500여 명의 영아가 저마다의 사연과 함께 맡겨졌다. 박스 위에는 이런 구절이 새겨져 있다. "내 부모는 나를 버렸으나 여호와는 나를 영접하시리이다"(시편 27장 10절). 과연 신은 이미지에도 포착되지 않고 기표화되지도 않는 대상을 영접할 수 있을까. 욕망되지 않은 아이는 이미지에 대한 사랑을 확증해주는 지지대가 없으므로 거울단계 이전에 머물러 있다. 라캉은 거울단계 이전에 충동의 대상 a가 무질서하게 난립하는 것이 자가 성애의 진정한 의미라고 말한다. 따라서 역설적으로 자가 성애에는 자기(self)가 없다. 자기와 외계의 경계를 알지 못하는 충동의 흐름만 있기 때문이다. 자가 성애의 단계에서 "아이는 세계를 결여하는 것이 아니라 그 자신을 결여한다."[73] 나아가 라캉은 자가 성애를 정신분열증에서 드러나는 육체의 파편화 환상에 연결시키고, 이러한 파편화 환상의 근저에는 정신분열증자와 어머니의 관계가 놓여 있음을 지적한다.

정신분열증자의 어머니가 자기 배 속에 있던 아이에

관해 말로 나타내는 것은 여러 가지로 편안하거나 성가신 육체, 즉 순전한 실재로서의 a의 주체화이다.[74]

첫째가 어머니의 배 속에서 들었던 말을 반복해보자. 살아야 하나 말아야 하나. 나 혼자 이 핏덩이를 어떻게 하라고. 여기서 태아와 산모 간의 관계는 기생물과 숙주의 관계로 변형된다. 욕망이 결락된 곳에 날것 그대로의 실재가 도래한다. 그리고 기생물에는 자아가 형성되기 어렵다. 설령 자아가 형성되더라도 그 자아는 정신병적 불안, 탈인격화, 환각에 시달릴 것이다. 이렇게 그녀는 첫째가 태어나기 전에 얼마간 그의 미래를 확정지었다.

자꾸 이상한 소리가 들린다고 했을 때 알아차렸으면 어땠을까. 하지만 그런 후회마저 사치일 정도로 하루하루 생계를 꾸리기 바빴다. 첫째가 대학에 가고 가계가 조금 안정될 즈음이었다. 방학을 맞아 집에 돌아온 첫째의 상태가 심상치 않았다. "죽어버려!"라는 소리가 반복적으로 들린다고 했다. 별일 아니라 여겼던 것이 별일이었음을 깨달았다. 그때부터 안 해본 것이 없었다. 애들 삼촌은 사탄이 씌어서 그런 거라고 기도원에 데리고 가자고 했다. 유명한 점집에 갔더니 굿을 해야 한다고 수백만 원을 요구했다. 오히려 아들이 의연하게 삼촌 말도, 무당 말도 듣지 말라고 했다. 그렇게 한참을 헤매다가 병원에 갔다. 그리고 정신분열증 확진 판정을 받았다.

* * *

그녀의 첫째 아들이 시달리는 환청("죽어버려!")은 단순히 말이 아니다. 그것은 사물 자체다. 라캉의 용어를 사용하자면 그것은 실재 안의 기표다. 본래 기표는 다른 기표와만 관계하면서 상징적 연쇄를 구성한다. 그런데 정신분열증자의 상징적 연쇄는 붕괴되어 있다. 그래서 그의 기표는 또 다른 기표와 관계하는 것이 아니라 사물 자체에 응결되어 있다. 그에게는 말이 사물을 대신하고 재현하는 것이 아니라 말이 사물처럼 주체를 겨냥하고 침입한다. 본래 대타자라는 말의 장소는 사물에 함유된 주이상스를 비워내지만, 정신분열증자에게는 이러한 주이상스의 비우기가 일어나지 않는다. 오히려 그는 대타자의 주이상스라고 하는 치명적이고 탈주체적인 감각에 사로잡힌다. 말과 사물 간의 거리가 없듯, 대타자와 주이상스 역시 분리되지 않는다. 말이 사물을 대체하지 않는 상태, 대타자가 주이상스를 함유하고 있는 상태, 우리는 정신분열증자의 이러한 상태를 실재라 부른다. 다른 모든 이들은 담론의 필터를 통해 실재와 관계한다. 반면 정신분열증자는 "어떤 정립된 담론의 지원에도 붙들리지 않는다."[75] 그는 실재에 정면으로 부딪친다. 맨땅에 헤딩 하듯 말이다. 그런데 우리가 사회라고 부르는 세계도 공중에 붕 떠 있는 것이 아니라 땅 위에 서 있다. 따라서 실재는 어떤 점에서 담론과 사회의 근거이다. 그렇지만 이 근거는 늘 부정된다. 신경증자의 욕망을 통해, 도착증자의 부인을 통해서 말이다. "실재는 자기 자신에 대한 오인을 유발하고, 체계적인 부정을 낳는다."[76] 반면 정신분열증에서는 실재에 대한 우회도 방어도 회피도 일어나지 않는다. 그는 실재를 살아가고 또 실재에 의해 살아내진다. 다른 모든 이가 담론에 구속되어 있는 반면, 그는 광기를 부둥켜안고 살아가는 진정한 자유인이다. 정신질환자의 범죄에 주로 적용되는 형법 제10조 제1항 및 제2항은 심신장애로 인하여 사물을 분별할 능력이 없는 이의 행위는 벌하지 아니하거나 형을 감경한다고 명시하고 있다. 다음과 같은 역설을 덧붙이자. 정신분열증의 경우 관건은 사물을 분별할 인지 능력이라기보다는 오히려 사물이 너무 뚜렷하게 식별되는 예외 상태다.

세월호 사건이 발생한 즈음에 아들은 또 다른 환청에 시달렸다. 자꾸 살려달라고 외치는 소리가 들린다고 했다. 아들은 사건 장소로 내려가서 유족에 대한 봉사활동에 참여하려고 했다. 그녀가 말려서 결국 가지는 않았다. 희생자 가족과 생존자를 제외한다면, 대다수의 사람들은 특정한 담론적 지점에서 세월호라는 사건을 해석하고 다룬다. 그것이 국가 재난 대응 시스템의 부재를 비판하는 입장이

여자는 존재하지 않는다

든, 정치적 컨트롤 타워의 무능을 개탄하는 입장이든, 특정 에피소드에 대한 정쟁화를 냉소하는 입장이든, 지속적인 애도에의 요구에 지겨움을 토로하는 입장이든 말이다. 반면에 그녀의 아들은 담론 바깥에 서 있다. 그는 사건을 다시 살아내고 희생자의 목소리를 듣고 희생자를 구해주어야 하는 인물이 된다. 퀘백의 388센터(The 388)*의 환자들이 911 테러의 공포를 살아내면서 자신들이 모종의 방식으로 테러에 연관되어 있음을 확신했던 것처럼 말이다.[77] 이것은 망상일까?

1979년에 라캉은 모든 이가 미쳤음을, 즉 망상적임을 지적한다. 실재를 방어할 수 있는 궁극의 방어막, 즉 대타자의 대타자는 존재하지 않는다. 대타자 자체가 상징적으로만 존재할 뿐, 실재적으로는 존재하지 않는다. 그렇지만 우리는 대타자에 의존하고 호소함으로써 실재에 대한 방어막을 구축한다. 존재하지 않는 대타자에 대해 말하는 우리는 망상적이고, 이러한 망상은 우리가 사회와 담론 속에서 그럭저럭 살아갈 수 있게 해주는 요령으로 기능한다. 누구나 자신이 깨어 있다고 믿지만, 모든 이는 꿈을 꾸고 있다. 그녀의 아들 또한 망상적이다. 다만 그에게 구조를

[*] 정신병 환자들이 지역사회에서
자생적으로 살아갈 수 있도록 돕는 정신분석
치료센터.

요청하는 존재하지 않는 희생자에 대해 말할 뿐이다. 망상은 보편적이며, 그녀의 아들과 다른 주체의 차이는 실재에 대해 취하는 태도 및 거리에 있을 뿐이다. 이런 점에서 정신분열증은 실재의 환원 불가능성을 입증하는 척도이며, 실재에 대한 우리의 방어를 비춰주는 거울이다. 여기서 자크-알랭 밀레가 임상가들에게 건네는 준엄한 경고를 상기하자.

> 정신병자 앞에서, 망상증자 앞에서 여러분들은 여러분들이 분석자로서 망상적이었다는 것을, 여러분 또한 존재하지 않는 것에 대해 말을 했다는 것을 잊지 마십시오.[78]

아들의 의지, 꾸준한 약 복용, 가족의 협조, 이 모든 것이 어우러졌기 때문일까. 요즘 아들은 처방받은 약 중에 졸리게 하는 약을 제외한 나머지 약을 복용함으로써 업무 능력은 유지하되 환청을 방지할 수 있는 적정선을 찾아가고 있다. 몇 달간 큰 어려움 없이 지방 업무도 마치고 돌아오는 모습을 볼 때면 그녀는 한결 마음이 놓인다. 그러나 마음을 완전히 놓을 수는 없다. 상태는 언제든 악화될 수 있다. 최근 몇 차례 범죄가 이어지자 매스컴에서는 조현병자에 대한 지역사회의 보다 체계적인 지원 및 치료 시스템을 거론하기 시작했다. 그러나 언제 구축될지도 모르는 시스템을 마냥 기다릴 수는 없다. 나아가 그녀의 아들이 심한 조현병 케이스에서처럼 사회로부터 고립, 단절되어 있는 것도 아니며, 폭력성을 드러낸 적도 없다. 어떻게든 아들 본인은 지금처럼 계속 투병해나갈 것이다. 그렇다면 그녀는 아들과 무엇을 할 수 있을까?

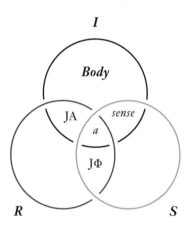

정신병에 대한 매듭론적 임상을 우회해서 살펴보자. 정신분석은 아들에게 실재에 대한 보다 안정적인 주체화의 계기를 마련하는 데에 애쓸 것이다. 매듭론적 임상에서는 중기 라캉에게 핵심적이었던 상징계의 우위가 더 이상 유효하지 않다. 상상계(I, 육체 이미지), 상징계(S, 무의식), 실재(R, 주이상스) 중 그 어느 고리 하나라도 풀릴 경우 주체의 매듭은 붕괴되고 정신병이 발발하기 때문이다. 제임스 조이스(James Joyce)의 경우에는 상상계가, 슈레버(Schreber)의 경우에는 상징계가 풀렸다면, 그녀의 아들의 경우에는 실재가 풀림에 따라 환청이 발생한다. 이를테면 조현調絃의 실패로 인해 너무 느슨해진 실재가 매듭으로부터 풀리는 것이다. 따라서 분석은 의미(sense), 팔루스적 주이상스(JΦ), 대타자의 주이상스(JA)를 고정시키는 동시에 매듭을 좀 더 팽팽하게 당겨 주체적 구조가 안정화되도록 할 것이다. 나아가 특정 지점에서의 매듭의 오류를 보충하기 위해 아들이 형성할 수 있는 증환(sinthome)*의 다양한 형태에 집중할 것이다. 그것이 운동이 되었든, 취미가 되었든, 사랑이 되었든, 배움이 되었든 말이다. 아들의 이러한 증환적 주체화를 위해 그녀는 무엇을 할 수 있을까?

정신분석이 인도하는 주체란 무엇보다 욕망의 주체, 자신의 구조적인 결핍을 배워나가는 주체다. 욕망이 예속시키는 것을 분석은 주체화한다.[79] 그런데 욕망의 주체가 되려면 우선 욕망을 있는 그대로 인정받는 경험을 해야 한다. 특히 주이상스의 범람으로부터 스스로를 지키기 위해 욕망이라는 한계를 설정해야 하는 정신분열증자의 경우에는 말이다.

[*]   후기 라캉의 매듭론적 임상에서 증환은 상상계, 상징계, 실재에 이어지는 네 번째 항으로, 증상이 주체를 파괴하는 병리적 형성물인 반면 증환은 주체의 안정화에 있어서 필수 불가결한 지지대로 기능한다.

며칠 전 지방에서 근무하다가 돌아온 첫째가 문득 엄마와 동생과 함께 여행을 가고 싶다고 말했다. 그녀는 "여행은 무슨 쓸데없는 소리, 여행 말고 니들 장가 보내는 게 내 소원이다"라고 말한 것을 후회한다. 욕망의 근원적인 만족 불가능성을 설교하지는 않을지언정 욕망이 묻어난 기표를 비난할 필요는 없지 않을까?

> 드러나는 실재는 이야기하지는 않지만 진실을 말합니다. [⋯] 기표에 의해 지지되는 상징계에 대해 말하자면, 상징계는 이야기할 때마다 거짓을 말합니다.[80]

그녀 자신의 과거, 그녀의 가족, 우리 사회가 깃들어 있는 진실을 소리 없이 증상으로 말하는 아들, 실재를 회피하지 않고 온몸으로 받아내는 아들, 그녀는 그러한 아들의 욕망의 기표를 충실히 받아 적는 비서가 되기로 한다. 이 비서는 "아픈 사람이 말할 때 그의 말이 제대로 들어지도록 하는 것이 우리가 이루려는 것"[81]이라는 정신분석의 목표를 분석가와 공유한다. 그녀는 "엄마, 우리 여행이나 한 번 갈까"라고 말하는 아들에게 설령 여행을 갈 수 없다 하더라도 "가족끼리 여행을 가고 싶구나"라고 말하기로 한다. 그녀는 아들이 내어준 욕망의 기표를 되풀이하고, 그에게 그것을 되돌려주고, 그와 그녀 사이에서 그것이 순환하게 만들도록 하기로 한다. 그리고 그 기표는 설령 거짓이라 하더라도 아들의 주체성에 난입하는 실재를 상징화하는 역할을 할 것이다. 그녀에게 생계를 위한 일 말고 직업이 하나 더 생겼다. 그것은 조현병자의 비서다.

　　　　　　　　　　　여자는 존재하지 않는다

성형 중독

마취에서 깨어났다. 염증과 구축拘縮 때문에 재수술이
불가피했다. 이전 수술 때보다 조금 더 힘든 느낌이지만
이제는 충분히 익숙해진 통증. 회복되고 나니 이전보다 조
금 더 숨쉬기가 편한 것 같다. 그녀의 코 수술은 이번이 세
번째다.

병원 상담실장 언니에게서 가슴 재수술 일정을 확인한
다. 가슴 수술은 한 번 더 받으면 일곱 번째다. 구축 때문
에, 보형물 파손 때문에, 더 크게 하려고 등의 이유로 일곱
번째에 이르렀다. 이번에는 지금보다 좀 더 작고 자연스러
운 모양을 원한다. 나미*도 실제로는 J컵이 아니라 F컵이

[*] 일본 작가 오다 에이치로의 작품
『원피스』의 등장인물.

라는 얘기가 있다. 눈은 앞트임, 뒤트임, 눈매 교정, 쌍꺼풀, 이렇게 네 번을 했다. 이마는 세 번 했다. 큰 보형물이 어색해 보여서 작은 걸로 교체하기 위해 재수술을 해야 했다. 골격 수술은 두 번 했다. 광대만 건드렸지만 한쪽이 함몰되는 바람에 재수술을 해야 했다. 허벅지와 허리는 지방흡입을 했다. 나미의 몸매도 가슴 자체라기보다는 가슴과 허리 라인의 극적인 대비에서 오지 않던가.

많은 사람들이 성형에 대해 근시안적인 견해를 갖고 있다. 남들이 보기에 개성이라고 생각되더라도 당사자는 "눈만 혹은 코만 하면 예뻐질 텐데"라고 생각하게 마련이다. 눈이나 코만 해서 예뻐지는 경우와 이곳저곳 '올튜닝'을 해야 하는 경우가 있다. 여기서 역설적인 것은 미용의학적 기준으로 볼 때 눈이나 코만 해서 더 예뻐지는 경우는 원래부터 호감형 인상이기 때문에 사실은 안 해도 되는 경우에 속하고, 눈이나 코를 해야 할 경우는 골격 수술까지 필요한 경우이다. 결국 미용성형의 논리는 성형이 불필요한 곳에도 개입할 수 있는가 하면, 성형이 필요한 곳에서는 끝까지 간다. 환자는 처음 생각보다 더 많은 횟수의 수술로 이끌릴 수밖에 없다. 한 번도 안 한 사람은 있을지언정 한 번만 하고 그만두기는 힘든 영역. 재수술이 필연적인 만큼 중독성이 짙다. 나아가 재수술은 단순히 성형의 논리가 아니라 육체의 원리에 입각해서도 필연적이다.

여자는 존재하지 않는다

가령 뼈를 깎았는데 근육을 쓰는 건 그대로일 경우 성형의 결과가 원했던 대로 안착되지 않는다. 결국 다른 곳에 손을 대거나 같은 부위를 재수술할 수밖에 없다. 시간과 사후관리 비용도 필요하다. 양악과 눈, 코는 보통 6개월 과정이지만 재활 과정까지 포함하면 1년 정도는 사후관리를 할 수 있는 시간적, 금전적 여유가 필수적이다. 벤츠를 샀는데 드라이브를 즐길 시간이 없거나 기름 값이 부담된다면 곤란하지 않겠는가.

하지만 단순히 좀 더 예뻐지기 위한 것보다 심각한 동기를 갖는 성형도 있다. '올튜닝'이 그야말로 '인생 튜닝'에 해당하는 경우다. 우수한 학점과 스펙을 갖췄지만 외모 때문에 번번이 최종 면접에서 탈락해서 형성된 우울증, 어린 시절 외모 때문에 왕따를 당한 트라우마에 기인한 공포증 사례를 떠올려보자. 여기서 성형의학은 실존적 의미를 띠면서 삶의 교정 예술이 되고, 따라서 정신분석을 압도한다. 그것은 존 레논의 곡 〈내면 불구(crippled inside)〉에 담긴 풍자를 가볍게 뛰어넘는다. "외모를 꾸밀 수도 있고 평생 거짓말로 살아갈 수도 있지만 내면의 불구만큼은 결코 속일 수 없다"는 말도 일리는 있다. 그러나 한 번의 수술이 환골탈태 및 인생 역전의 효과를 가져올 수도 있다. 이 점은 여성성이 존재와 현상의 이항 대립을 허용하지 않는다는 점에서 더욱 의미심장하다. 외모와 내면은 딱 잘라 구분되지 않는다. 라캉도 '나타나는 존재[옆존재](parêtre)'라는 새로운 기표를 사용한 바 있다. '존재 그 자체(être)'와 '나타남(paraître)'은 뒤얽혀 있는 것이다. 어떤 남자들은 예쁜 여자들이 마음씨도 좋은 법이라는 막말을 하지 않던가?

그럼에도 불구하고 이 모든 경우에 중독의 리스크는 상존한다. '한 번만 더'라는 욕망은 성형에 최초 입문한 동기와 무관하게 우연히 그리고 강렬하게 형성될 수 있다. 재수술의 욕망은 마치 메타돈(methadone)의 사용 및 부작용에 비견될 수 있다. 메타돈은 헤로인 중독 치료제로 사용되는 물질이다. 역설적인 것은 환자가 메타돈 자체에 재차 중독될 수 있다는 점이다. 내면의 불구를 치료하기 위해 선택한 길이 예상치 못하게 새로운 불구를 야기할 수 있다.

＊ ＊ ＊

성형 중독은 환유의 구조를 갖는다. 각각의 재수술은 이상적인 미를 향한 일련의 연쇄 안에서 의미를 갖게 되며, 늘 다른 것, 조금 더 완벽한 것을 지시한다. 그런데 조금 더 완벽한 것이란 게 있을까? 아니 완벽이란 없다는 것을 알면서도 완벽에 이끌리는 것을 어떻게 받아들여야 할까? 라캉은 "인간의 욕망이 지옥이며, 이는 지옥이 인간에게 결여되어 있다는 점에서 그러하다"[82]고 말한다. 종종 중독

여자는 존재하지 않는다

은 욕망의 한계를 넘어선 주이상스를 함유하고 있다는 점
에서 도착증과 관련돼 논의된다. 그러나 우리는 여전히 성
형 중독자의 욕망을 신경증적 구조와 관련해서 살펴볼 수
있다.

　신경증은 실패한 도착증이다. 지옥에 도달하는 데 성공
한 도착증자와 달리 중독자는 지옥에 도달하는 데 실패했
다. 중독자는 아직 지옥에 있지 않은 상태에서 지옥에서라
면 가능할지도 모르는 최종적인 만족의 신기루를 쫓는다.
무언가 도달될 것만 같은 어른거림 속에서 말이다. 가장
드라마틱한 변형을 가능하게 하는 양악수술의 경우 효과
의 극대화를 위해 발치가 요구될 수 있고, 그 과정에서 자
칫 어금니 아래쪽의 4차 신경의 손상이 유발될 수 있다. 부
기가 가라앉고 호흡이 자연스러워지는 기간은 차치하더
라도 6개월 정도 씹기가 불편할 수 있다. 어떤 케이스에서
는 몸무게가 20kg 감소하기도 하고 자살충동이 일어나기
도 한다. 이 모든 부작용에 대한 두려움을 극복할 수 있게
하는 원동력이 바로 욕망의 신기루에 있다. 그래서 성형
중독자의 거처는 연옥이다. 중독자는 천당보다 더 천당 같
은 지옥을 갈구하면서 연옥의 가시밭길을 걷는다. 이런 점
에서 정신분석가 에릭 로랑(Éric Laurent)이 지적하듯 중독이
겨냥하는 것은 세계 안의 어떤 대상이나 완벽한 아름다움
이 아니라 죽음이다.[83] 중독은 구원이 아닌 죽음을, 죽음이

라는 구원을 겨냥한 고행의 길이다. 안티고네의 죽음충동이 저항적이라면, 중독자의 죽음충동은 순교적이다.

　욕망의 구조는 사회적으로 형성된다. 인간의 욕망은 타자의 욕망이기 때문이다. 그런데 이 타자는 상징적으로만 존재할 뿐, '실재'로서는 존재하지 않는다. 이 타자는 훌륭한 육체, 완벽한 얼굴, 깨끗한 피부에 관한 사회적 이상향을 구현한다고 믿어진다. 그런데 성형의학이 자연적인 대칭미라는 절대적인 기준을 갖고 있음에도 불구하고 이런 이상향은 역사적으로 구성된다. 80, 90년대에는 서구적 미에 대한 동경이 지배적이었기 때문에 서구적 얼굴과 골격을 가진 연예인이 이상향이었다. 2000년대에 들어와서는 80, 90년대의 장점에 덧붙여서 얼굴이 작기를 원했고, 그래서 양악이 유행했다. 2010년도에는 자연스러운 느낌이 재평가되고 서구적 미의 기준에 대한 동경이 감소하게 되면서 동양적 분위기와 서구적 몸매의 결합이 유행했다.

　욕망의 구조는 기술적으로 추동된다. 쌍꺼풀 수술은 본래 눈을 편하게 뜨고 시야를 확보하려는 의료용 목적으로 개발되었다. 코 수술은 비중격만곡증을 교정하기 위한 목적으로, 양악 수술은 부정교합과 구순구개열을 교정하기 위해 고안된 수술이었다. 그런데 지금 우리는 성형의학과 미용의학이 구분 불가능한 시대에 살고 있다. 그리고 이 시대에 중독의 강도는 기술적 진보에 정확히 비례한다.

　욕망의 구조는 경제적으로 계층화된다. 과거에 성형은 고등학교 졸업 직후에 하는 것이 일반적이었다. 하지만 요즘 일부 부유층은 중학생 자녀를 병원에 데리고 와서 지방 흡입, 뼈 교정, 성장점 확장, 피부 관리 등을 통해 부작용을 최소화하면서 장기적인 플랜을 짠다. 어렸을 때가 회복력도 좋고 성형 결과도 안정적으로 자리 잡기 때문이다. 이렇게 외모는 매력의 문제일 뿐만 아니라 권력의 문제라는 이데올로기가 무의식에 주입된다. "아들딸아, 성공은 학벌 자본과 외모 자본을 모두 가진 이에게만 오는 것이란다." 여기서 선풍기 아주머니의 비극이 들어설 곳은 없다. 부작용이라는 난점을 원천적으로 차단할 수 있는 이들과 그렇지 못한 이들이 있는 것이다.

　결국 성형 중독은 욕망의 문제일 뿐만 아니라 사회적 이상향, 기술적 진보, 경제적 계층이 뒤얽혀 있는 복합적인 문제다. 정신분석가 마리 엘렌 브루스의 지적처럼 중독은 세계가 여성화되고 있다는 사실에 대한 징표일지도 모른다.[84] 남성적 측면이 금지가 설정된 법을 대변하고, 여성적 측면이 한계 없는 주이상스를 대변한다고 할 때, 중독은 한편으로는 대상(술, 약물, 게임, 성적 대상, 자신의 육체)에 결부되어 있다는 점에서 남성적이지만, 동시에 그 대상에 대한 사용이 법에 속박되지 않고 한계 없는 만족을 겨냥한다는 점에서 여성적이다. 그리고 중독이 세계의 여성화의 징표라면, 성형 중독은 중독의 여성화의 징표일 것이다.

✱ ✱ ✱

그녀는 어떻게 여성성을 주체화하기보다는 중독을 여성화하기에 이르렀던가? 키 172cm, 몸무게 52kg, 모델 제의를 받았지만 정작 본인에게 큰 키는 늘 스트레스였다. 더구나 사람들 앞에 나서서 주목받는 것을 좋아하지 않는다. 인간관계는 최소한으로 유지하는 편이다. 일상을 공유하거나 마음을 털어놓을 친구는 없다. 고등학교 졸업 후에도 특별히 하고 싶은 것이 없었지만, 포토샵 자격증이 있었기 때문에 작은 회사에 취직을 했다. 회사 사람들은 그녀의 오타쿠 기질에 대해 말한다. 말투가 어눌하고 백치미가 있지만, 자기만의 확고한 세계를 갖고 있는 아이라고 말이다. 스트레스는 게임으로 푼다. 현질을 하면서 배틀그라운드를 즐긴다. 부모님과의 관계에 특별히 문제는 없다. 심지어 이사 갈 때 보태라고 부모님께 조금 모아둔 돈을 드리기도 했다. 그렇지만 부모님과 깊은 소통은 하지 않는다. 그건 아주 어렸을 때부터 지금까지 이어져온 집안 분위기다. 별말 없으면 별일 없는 걸로 여기고, 힘든 일은 각자 알아서 견디는 게 불문율이다. 게임을 위해 현질은 하지만 술, 화장품, 여행, 옷, 명품에는 전혀 돈을 쓰지 않는다. 물론 거의 모든 돈은 성형에 쓴다. 연애에도 무관심한 편이다. 돈 많은 남자가 스폰을 제안한 적이 있다. 당연히 거절했다. 올해 안으로 눈, 코, 가슴 각각의 재수술을 최소한 1, 2회씩 받을 예정이다. 아직 젊어서 피부도 좋고 회복력도 좋다. 그렇다 보니 재수술을 계속 시도할 여지가 있다. 자연스러운 나미처럼 될 때까지 말이다.

DSM에 바탕을 둔 정신의학에서와 달리 정신분석에서 중독은 독립된 진단 범주를 구성하지 않는다. 중독은 바깥으로 드러난 현상일 뿐이다. 중요한 것은 기저에 있는 심리적 구조(신경증, 도착증, 정신병)에 입각한 진단이다. 중독은 각각의 구조에서 상이한 기능을 담당하기 때문이다. 신경증적 구조와 도착증적 구조를 지닌 주체에게 중독은 결핍을 달래기 위해 추가적인 주이상스를 환영적으로 조달하는 기능을 맡는다. 정신병적 구조를 지닌 주체에게 중독은 주체의 심리적 현실에 일차적으로 침범한 어떤 과도한 주이상스를 관리하려는 방책이다. 즉, 중독의 배후에 원초적인 트라우마가 있을 수 있다. 트라우마가 심리에 구멍을 낸 곳에서, "늘 같은 장소로 되돌아온다는 뜻에서의 실재로서의 주이상스"[85]가 중독의 형태로 덧대어지는 것이다. 신경증적, 도착증적 구조하의 중독이 상징적인 결핍을 달래는 것이라면, 정신병적 구조하의 중독은 실재적인 구멍을 메우는 것이다. 전자에서 주체는 만족감, 공허함, 자책감을 왕래하며, 후자에서 주체는 자기 폐쇄적이고 안정적인 의미를 구축한다.

✳ ✳ ✳

그녀는 열세 살 무렵에 성폭행을 당한 경험이 있다. 사건 직후 집에 돌아왔다. 평소와 다르게 어머니가 집에 있었지만 아무 말도 나오지 않았다. 어머니 역시 평소 때처럼 집에 온 딸에게 별말을 하지 않았다. 어머니가 무언가 직감하고 아무 말이나 걸었다면 어떻게 되었을까? 말이 건네지지 않고 상징화되지 않은 트라우마는 심리에 구멍을 낸다. 이 구멍이 유발하는 항구적인 불안을 메우기 위한 마개로 이상적인 이미지가 동원될 수 있다. 그렇게 『원피스』의 나미와 만났고 나미는 그녀의 친구가 되었다. 그리고 서로 비슷한 사람[동류](semblable)끼리만 친구가 될 수 있기 때문에 그녀는 나미의 육체 이미지를 닮기 위해 계속해서 수술대에 오른다. 이런 점에서 이미지는 환영적인 것이 아니다. 이미지는 실재적인 효과를 낳는다. 상상적인 이미지는 '환영적인 것'이 아니라 '실재의 역할'을 수행한다.[86] 그리고 이미지의 효과가 낳는 중독에 빠진 주체는 중독을 유지하게 해주는 유대(가끔 그녀는 병원 상담실장 언니에게 고민 상담을 한다) 말고는 일체의 사회적

여자는 존재하지 않는다

유대로부터 이탈한다. 주이상스를 지탱해주는 타자를 제외한 모든 타자로부터 단절되는 것이다. 정신분석가 네스토르 브라운슈타인(Néstor Braunstein)의 표현을 빌리자면, 중독(addiction)은 말이 없다(a-diction). 말이 없으니 유대가 없으며 심리적 고립이 추가(addition)로 이어진다. 말이 사라진 곳에 중독이 들어서고 나면 말이 들어서기가 더욱 어려워진다. 악순환인 셈이다.

이 악순환을 어떻게 끊을 수 있을까? '나미처럼 되고 싶다'는 환상에 대해서 '너는 나미가 아니야'를 주입시키는 현실 검증(reality testing)이나 인지 교정은 한계가 있다. 핵심은 현실에의 적응이 아니라 트라우마의 상징화다. 적응되어야 할 것이 있다면 그것은 오직 환상을 구축하고 통과하고 해체하기를 반복하는 과정일 뿐이다. 널리 사용되는 12단계 중독치료 프로그램은 결국 권위와 규범의 논리에 근거한다. "중독자는 자기 자신보다 더 거대한 힘이 자신을 '온전한 정신 상태(sanity)'로 복귀시킬 수 있음을 믿게 되어야 한다."[87] 권위의 강압적인 부과는 차치하고서라도, 온전한 정신과 정신 이상에 대한 이러한 차별적인 논리는 결코 주체의 개별적인 특징과 삶의 궤적을 고려하지 않는다. 반면, 정신분석은 트라우마의 상징화를 위해 분석적 말하기에 근거한 독특한 유대를 제안한다.

> 사회적으로 정신분석은 여타 담론과는 다른 일관성을 지니고 있다. 그것은 둘의 유대(lien à deux)이다. 이 때문에 정신분석은 성관계의 결여의 자리에 놓인다.[88]

정신분석적 유대는 성관계의 결여나 성폭력의 트라우마와 같은 실재적 구멍을 상징화한다. 성형 중독이 구멍을 메우는 증상이라면, 둘의 유대는 구멍을 정면으로 바라보게 하는 동시에 구멍의 파괴성을 가라앉게 한다. 정신분석은 둘의 유대를 통해 중독자가 트라우마에 대해 갖는 관계 양상을 변화시킨다. 물론 성폭행의 트라우마와 중독 증상을 일대일 인과관계로 연결시키는 것은 또 하나의 해석적 망상에 불과할 것이며, 분석가는 이 점을 경계해야 한다. 모든 외상은 외상과 환상의 연계 너머에서 필연적으로 복합 외상이다. 그 어떤 주체의 삶의 역사에서도 원인과 결과를 정확히 매치시키는 것은 불가능하다. 1893년에 프로이트와 브로이어는 히스테리에 대한 연구에서 심리적 외상이란 어떤 이물질이 내부로 들어온 지 오랜 시간이 지나서도 여전히 활동하고 있는 행위자와 같다고 썼지만, 진정 까다로운 문제는 이 행위자가 옷을 갈아입고 그 외양을 변화시키고 나아가 다른 행위자들과 합세해서 움직인다는 점이다.

여기까지다. 그녀가 정신분석적 유대를 거부하는 현재

여자는 존재하지 않는다

로서는 이 이상의 것을 말하기 어렵다. 요컨대 성형 중독이란 그녀의 무의식이 홀로 말하는 방식인 동시에 그녀가 자신의 무의식을 계속해서 즐기면서 트라우마적 구멍으로부터 스스로를 방어하는 방식이다.

> 무의식이란 요컨대 우리가 완전히 홀로 말한다는 것입니다. 우리는 단 하나에 대해서만 말하면서 홀로 말합니다. 우리가 정신분석가와 터놓고 대화하지 않는다면 말입니다. 정신분석가로부터 우리의 방어를 흐트러뜨리는 무언가를 받아들이는 것 외에는 달리 방도가 없습니다.[89]

무의식을 지닌 자는 홀로 말하고, 홀로 말하는 자는 매번 똑같은 것에 대해 말한다. 그 자신이 무얼 가지고 무얼 방어하는지 알지 못한 채 말이다. 과연 그녀는 분석담론의 초대를 받아들일까? 분석가는 어떻게 그녀의 폐쇄적인 방어막 안으로 진입할 수 있을까? 『세미나 11권』의 영역본 서문의 말미에서 라캉은 자신이 이 서문을 쓰면서 아주 긴급한 상담 케이스들에 관여하고 있었음을 고백하며 이렇게 말한다.

> 저는 이 케이스들과 똑같은 층위에 있기 위해(être au pair avec ces cas), 이 케이스들과 좋은 짝이 되고자(faire

avec eux la paire) 씁니다.[90]

적어도 우리는 그녀에게 "너는 나미가 아니야"라거나 "너는 나미의 친구가 아니야"라고 말하지는 않을 것이다. 오히려 이렇게 접근해보자. 정작 나미도 루피*에게 마음을 열고 동료가 되겠다고 약속하지 않았던가.

[*] 『원피스』의 등장인물.

조울증

대략 20년 전, 모든 일상이 혼란뿐이던 그 시기, 남자친구를 통해 처음으로 신경정신과 치료를 받았다. 남자친구는 자기 아버지가 우울증을 겪는 것을 보았기 때문에 정신병리에 대한 최소한의 지각이 있었다. 남자친구와 결혼해서 두 명의 아이를 낳았지만 결혼생활은 순탄치 않았다. 이혼하면서 남편은 왜 자신이 이혼을 해야 되는지 아직도 모르겠다고 말했다. 하지만 이제 그녀는 안다. 이혼 사유가 남편에게도 자신에게도 있지 않다는 것을. 그들에게는 어떤 이혼 귀책사유도 없다는 것을. 유일한 귀책사유라면 그것은 조증삽화 시기의 공격성이라는 것을. 그렇지만 우리는 어떤 증상에 대해서 책임을 물을 수 있을까? 우리는 증상에 대해 투쟁하는 과정 그 자체에 대해서만 책임을 물을 수 있지 않을까?

우울증이 있다는 사실을 외면한 채, 양치질을 할 힘도 없는 컨디션에서도 아이들 밥을 챙겨야 하는 자신을 추스리기 위해 약을 타러 방문한 또 다른 신경정신과에서 처음으로 조울증 확진 판정을 받았다. 그때가 이십대 후반이었다. 그때까지 그녀가 다닌 신경정신과에서는 형식적인 진료만 있었다. 요즘 상태는 어떤지, 이번 처방은 어떻게 나가는지 등 몇 가지에 대해 물어보고 나면 진료 끝. 정신의학이 객관적 데이터와 대상적 지식을 통해 주체적 진실을 봉합하는 담론인 한에서 이러한 형식성은 오히려 자연스럽다 할 수 있다. 그런데 이 선생님만은 상담다운 상담을 해주었다.

어머니와의 지속적인 갈등에 대해 토로하던 중 그녀는 왜 남동생과 자신이 똑같은 부모 밑에서 성장했음에도 불구하고 그토록 다른지에 대해 이해할 수 없다고 말했다. 남동생은 경제관념이 뚜렷하지만 자신은 경제관념이 제로이고, 남동생은 참을성이 강하지만 자신은 충동 조절이 너무 힘들다고 말이다. 그녀는 정신없이 바쁜 어머니가 장사하느라 미처 정리도 못한 채 가게 뒷방에 아무렇게나 흩뿌려놓은 돈뭉치에서 얼마를 가져가 사탕을 사 먹었고 도둑질이 들통나 어머니에게 맞은 기억을 떠올렸다. 자신은 구제불능이라는 죄책감이 동생과의 비교를 통해 강화되었다. 동생도 필시 돈을 알 나이였고 돈을 봤을 텐데 동생

여자는 존재하지 않는다

은 도둑질을 참았으니 말이다. 선생님이 말했다. 다시 잘 생각해보라고. 동생은 뒷방에 그녀와 같이 있지 않고 어머니 옆에 있지 않았느냐고. 그리고 돈을 갖고 사탕을 사 먹고 싶은 욕망 자체가 잘못된 것은 아니라고. 똑같은 부모 밑에서 성장한다 하더라도 명백히 다른 환경이라는 깨달음이 그녀를 강타했다. 몸을 가눌 수 없을 만큼 울고 죄책감을 일부 덜어냈다.

선생님의 추천으로 『독이 되는 부모가 되지 마라』를 읽고 재차 깨달음을 얻었다. 부모가 무심코 행하는 사소한 행동이 아이들에게는 지울 수 없는 커다란 효과를 낳는다는 것을 말이다. 어머니와 다른 길을 가기로 결정하고 조울과 관련된 번역서를 밑줄을 쳐가면서 읽었다. 독서를 통해 사고를 확장할 수는 있었지만 막상 실천은 쉽지 않았다. 몸으로 배운 것이 어머니의 방식이니 다른 방식을 시도해보고자 할 때마다 그저 당혹스러운 물음표만 떠올랐다. 특히 아이들 문제가 힘들었다. 유아기 때는 먹이기와 재우기 같은 단순 양육으로 충분하지만 아이들이 성장할수록 정서적 양육이 필요하다는 것을 절감했다. 그리고 그녀 자신이 정서적 양육을 받지 못했다는 것을 깨달을 때마다 절망했다. 독이 되는 부모를 읽고 독이 되는 부모가 되기 싫어서 다른 길을 가려고 하지만 이미 독이 되어버린 '어른아이'가 우두커니 서 있었다. 학습된 무의식적 구조와 자기 자신의 조울증이라는 이중의 난관 속에서 가장 피해를 보는 것은 아이들이라고 생각했다.

아카데미 여우조연상을 수상한 배우이자 『탁월한 광기: 조울증과 함께 살기』의 저자인 패티 듀크(Patty Duke)의 사례를 보자. 그녀의 조울증은 열아홉 살에 극심한 우울삽화와 함께 발병했다. 2-3개월 동안 화장실을 가는 것 외에는 일체의 외부 활동이 힘든 상태로 그녀는 침대에 붙박혀 끝없이 울었다. 무엇을 상실한지도 모르는 자의 슬픔, 그 대상이 모호하고 불명확한 슬픔이 지속되었다. 이후 몇 주간의 안정적인 상태가 찾아오고, 이내 무한한 고양감이 조증삽화와 함께 시작되었다. 그녀 자신이 세상의 왕으로 느껴졌고, 어떤 일도 할 수 있을 것만 같았고, 감당할 수 없을 만큼의 돈을 소비했다. 패티 듀크는 담담히 고백한다. 그러는 사이에 자기 아이들을 학대한 것은 그녀 자신이었다고 말이다.

조증삽화 때 둘째 아이를 구석에 몰아놓고 때린 적이 있다. 다시는 그러지 않으리라 다짐했지만 여러 가지 요인이 겹쳐 둘째는 결국 소아우울증 진단을 받았다. 학교 가기 싫어하길래 친구들 전부 학교 가는데 너 혼자 멍청해지면 어쩔 거냐고 달래면서 아예 가지 말라고 으름장을 놓았더니 오히려 반가워하면서 일주일 동안 학교를 가지 않았

여자는 존재하지 않는다

다. 타자와의 지나친 비교가 삶을 망가뜨리는 것은 분명하지만, 타자를 지워버리고 유아론적 폐쇄성에 머무르는 것역시 삶을 붕괴시킨다. 세계에 대한 욕망이 부재한 상태, 결핍을 채우려는 의지가 결핍된 상태, 바깥 세상에 결핍을 채워줄 만한 대상이 있을 거라는 기대 자체를 상실한 무기력 상태였다. 자신의 조울증과 둘째 아이의 우울증이라는 새로운 이중고 앞에서 그녀는 이렇게 생각했다. "나부터 행복해져야겠다." 아이들에게 불행을 대물림하지 않는 데에 집중할 것이 아니라 나부터 행복해져서 아이들에게 행복감이 자연스럽게 스며들 수 있도록 말이다. 그렇게 조울증에 대한 본격적인 투쟁이 시작되었다.

애초에 약 조절이 어려웠을 뿐만 아니라 부작용으로 경미한 언어장애와 환시도 있었기 때문에 약을 끊는 것을 목표로 삼았다. 조증삽화의 고양감과 울증삽화에서의 무기력이 비례한다는 사실을 깨닫고 조증삽화 때는 수면제만복용하면서 수면 시간을 규칙적으로 가져가도록 노력했다. 부실한 기초 체력을 키우기 위해 매일 한 시간씩 등산을 하고 재활 운동을 했다. 절제되지 않는 소비 문제에 대해서는 아예 쇼핑할 거리가 있는 장소에 가지 않음으로써소비 충동에 휘말릴 상황 자체를 차단했다. 인지행동 치료센터에서 상담도 받았다. 지하철 타기, 직장에 제 시간에가기, 공과금 제 날짜에 납부하기 등 일상생활이 총체적으로 버겁게 느껴진다고 하자 그 모든 문제가 사실은 하나의 궤로 연결되지 않는지 자문해보라는 상담 선생님의 말씀이 도움이 되었다. 아이들을 위한답시고 학부모회 부회장을 맡아 학교 일에 매달렸던 것 역시 감투에 대한 허영심에 불과함을 깨닫고는 그만뒀다. 아이들의 정서를 편안하게 해주되, 씻기, 용돈 쓰기, 방 치우기와 같은 일상생활의 규칙을 함께 만들고 지켜나갔다.

조울증 확진 판정을 받은 지 10년이 지난 지금, 그녀는 10년 전과 비교도 안 될 만큼 안정된 일상을 살아가고 있다. 조증삽화에서 울증삽화로 혹은 그 반대로 전환되는 그 애매한 타이밍에 대한 인지가 향상되었고, 조증 증상(가슴 두근거림, 불면을 유발하는 각성 상태, 사고 비약, 순간적이고 강력한 어택)이 출현하더라도 일시적인 약 복용을 통해 능숙하게 대처할 수 있게 되었고, 길게는 두 달에서 짧게는 3주간 지속되던 울증삽화의 기간 및 강도가 감소한 동시에 울증삽화 특유의 부정적인 연상에 빠져들지 않는 심리적 힘을 갖게 되었다. 약을 완전히 끊는 것이 아니라 필요할 때는 최소한의 약을 복용하고 불필요할 때는 전혀 약을 복용하지 않음으로써 자기 주도적 회복과 정신의학 간에 유연한 타협점을 찾았다. 10년 전 조울증 확진 판정을 내려준 의사 선생님에게 몇 년 만에 찾아갔을 때 그는 수면제만 먹으면서 혼자서 관리해왔다는 그녀의 말에

여자는 존재하지 않는다

놀라움을 금치 못했다.

* * *

정신의학 및 정신분석의 역사는 정신병적 임상 범주들(정신분열증, 편집증, 멜랑꼴리) 중 조울증이 종종 정신분열증에 병합되어 다루어져왔음을 보고한다. 에밀 크레플린(Emil Kraepelin)은 조울병이라는 용어를 만들면서 정신병을 조울증과 조발성치매*로 구분했지만 끝내 양자 간의 구분에 대해서 확신하지 못했다. 현상적으로 환각과 같은 정신분열증적 증상을 보이는 조울증자가 있었고, 흥분 상태와 낙담 상태를 주기적으로 반복하는 정신분열증자가 있었기 때문이다. 정신분석가 어니스트 존스(Ernest Jones)도 조울증이란 존재하지 않는다고 생각했으며, 오토 그로스(Otto Gross)가 최초로 정신분석으로 치료를 시도한 조울증자는 차후에 정신분열증자로 확인되었다. 1940년대에 조울증에 대해 연구를 수행했던 프리다 프롬-라이히만(Frieda Fromm-Reichmann)도 크레플린이 조울증을 독립된 실체로 간주했던 것에 의문을 제기했다.

그녀는 자신이 조울증 확진 판정을 받았다는 사실 자체

[*] 정신분열증의 옛 용어.

를 다행스러워한다. 오진을 받거나 자기 자신이 조울증이라는 사실도 모른 채 수많은 세월을 막연한 고통 속에서 살아가는 사람들을 떠올려볼 때 말이다. 그렇다면 그녀가 만난 정신분석은 무엇일까? 대상의 문제와 타자의 문제로 나눠서 접근해보자. 라캉은 "조증에서 문제가 되는 것은 [대상] a의 비-기능"[91]이라고 말한다. 신경증의 경우 상징계로부터 구성되는 동시에 상징계로 환원되지 않는 충동의 대상 a가 주체 바깥으로 추출되고, 주체는 이 대상을 나르시시즘을 통해 통합한다$(i(a))$. 그러나 조증의 경우 대상 a는 추출되지 않는다. 대상 a는 상실된 대상으로 기능하지 않으며, 오히려 압도적으로 현존한다. 주체는 대상 a를 잃어버리지 않고 자신의 육체 안에 보유하고 있다. 이것이 조증 특유의 증상, 즉 모든 세포가 깨어나는 것 같은 감각의 활성화, 성적 충동과 소비 충동의 급증, 과대 망상적인 자신감을 설명하는 단서가 된다. 만약 대상 a가 추출되어버릴 경우, 고양감은 사라지고 매사가 시들해진다. 조증 삽화가 종료된 것이다. 이런 점에서 아이러니하게도 조증 삽화가 주체에게 가져다주는 특유의 주이상스가 있다. 조증의 감각은 삶을 파괴할 정도로 강렬하지만, 정작 예전과 같이 극심한 조증에 시달리지 않고 안정기에 접어든 주체는 종종 그와 같은 강렬한 감각을 더 이상 느끼지 못한다는 점을 아쉬워한다. 주체에게는 달콤하면서도 치명적인 그 무엇을 애도해야 하는 과제가 주어지는 것이다.

여자는 존재하지 않는다

이제 타자와의 관계를 통해 접근해보자. 그녀에게 핵심적인 타자는 어머니다. 조울증의 치료는 가족과의 소통과 협조가 필요하므로 보호자를 데려오라는 대학병원 의사의 말을 어머니에게 전했을 때 어머니는 병원에 동행하기를 한사코 거부했다. 그녀의 어머니는 어렸을 때부터 재주가 많고 성취 동기가 강한 딸이 정신질환이 있다는 사실을 도저히 받아들일 수 없던 것일까? 기대가 컸던 딸이 대학 입시에 실패하고 이혼을 한 것까지는 이해할 수 있었지만 그 이상은 무리였을까? 어머니는 마치 중세 시대 의학자들처럼, 그리고 여전히 정신병리에 무감각한 일부 현대인들처럼, 조울증을 게으름[나태](accidie)으로 여겼다. 누구보다도 자신을 곁에서 돌봐주기를 바랐던 어머니가 병리성을 게으름으로, 불가능성을 노력 부족으로 돌리는 것은 그녀에게 큰 상처가 되었다. 그녀의 어머니는, 프롬-라이히만의 개념 '정신분열증을 유발하는 어머니(schizo-phrenogenic mother)'를 응용해서 말하자면, '조울증을 유발하는 어머니(manic-depressionogenic mother)'였던 걸까? 단순히 기분이 좋고 나쁜 문제, 컨디션이 좋고 나쁜 문제가 아니라는 것을 아무리 말해도 소용없었다. 그러나 한편으로 어머니와 일부 지인들의 몰인식은 이해할 만하다. 조증삽화 때의 활발한 에너지를 본 사람이라면 조울증자가 울증삽화 때 장기간 드러누워 꼼짝 못하고 있는 것을 의아해하지 않겠는가? 감당할 수 없을 만큼 물건을 사들이고 어머니의 카드를 몰래 **빼서** 쓰는 딸을 버거워하지 않겠는가? 그런가 하면 도저히 못 살겠다면서 도망치듯 이혼을 한 그녀를 아버지의 반대에도 불구하고 본가로 불러준 것 역시 어머니였고, 혼자 아이를 키우면서 힘들어할 때마다 도와준 것 또한 어머니였다. 그녀에게 어머니는 군림하는 타자이자 구원하는 타자였다. 지금도 어머니와 둘이서 차를 타고 가는 그 잠깐 동안의 침묵이 어색하기 짝이 없지만, 어머니가 며칠 이상 외박을 할 때면 어머니가 집으로 돌아오는 날을 자기도 모르게 기다리게 된다. 라이히만의 지적처럼 정신분열증에서의 타자가 결여를 갖고 있는 데에 비해, 조울증에서의 타자는 이상향으로 남아 있는 걸까? 그러나 우리는 가장 완벽하게 이상적이라고 생각되는 것을 또한 가장 격렬하게 공격하는 법이다. 그렇게 모녀 사이에는 복잡한 애증 관계가 형성되었다.

* * *

정신분석가 다리안 리더(Darian Leader)는 정신분열증에서와 같이 조울증에서도 나와 타자 간의 초근접성이 문제가된다는 것을 지적한다.[92] 나와 타자가 극도로 밀착되어 있을 때 그 결과는 대개 비극적이다. 타자가 나를 박해한다고 혹은 홀대한다고 믿음으로써 나는 타자를 공격하기 시작할 것이고, 타자 역시 나와 똑같이 생각하고 행동할 것

여자는 존재하지 않는다

이다. 나와 타자가 구분이 안 되다 보니 책임과 과오에 대한 명확한 정리가 어려워진다. 우울증자가 "내 잘못이야"에 빠져 있고, 편집증자가 "당신 탓이야"로 분노한다면, 조울증자는 책임 소재의 근본적인 불투명성에 시달린다. 문제가 있기는 있는데 어디서부터 풀어나가야 할지 종잡을 수 없는 것이다. 책임은 늘 나와 타자 사이에서 교통정리되지 않은 채로 남아 지속적인 갈등의 원천이 된다. 다른 그 무엇보다도 돈을 중시하는 어머니와의 금전 관계, 얽히고설켜 얼마를 빌려 갔고 갚았는지 따지기가 불가능한 모녀의 채무 관계가 안 그래도 팽팽한 모녀 관계에서 늘 시한폭탄이었던 것은 우연이 아니다.

곡절 끝에 금전 관계가 정리되고 열심히 살아가는 모습을 보여드림으로써 어머니와의 갈등이 현격히 줄었다. 하지만 어머니와 함께하기는 여전히 까다로운 과제로 남아 있다. 어머니가 첫째 아이의 대학과 둘째 아이의 성적에 대해 지나친 기대를 할 때, 아이의 의욕과 자존감을 꺾는 말을 서슴지 않고 내뱉을 때 그녀는 아이에게서 어린 시절의 자기 자신을 본다. 그렇지만 그녀는 어머니의 변화를 기대하기보다는 늘 그래왔듯 자기라도 아이의 마음을 편안하게 해주기로 다짐한다. 병리적인 어머니를 탓하기보다는 추가적인 발병을 막는 피난처가 되기로 한다.

큰 병원에서 열린 조울증자 환우 모임에 참석한 기억을 떠올린다. 그녀는 대다수의 환자들이 자기 자신의 병리와 싸우는 데에 매우 수동적이라는 것, 변화에의 의지가 약하다는 것, 의지가 있다 하더라도 좀처럼 실천으로 옮기지 않는다는 것이 의아하게 느껴졌다. 삶은 늘 그녀에게 혼란이었지만 그녀는 포기하지 않았다. 그녀는 자신만의 방법으로 조울증과 함께 사는 길을 찾았고 조울증이 남긴 그 모든 책임을 떠맡았다. 이제 그녀는 조울증의 병인으로 작용한 타자의 문제를 돌파해 나가고자 한다. 비파괴적인 방식으로 타자와 분리하고자 하는 그녀의 투쟁은 어떻게 될까? 모녀는 분리된 채로 그러나 또한 더불어 살아갈 수 있을까? 그녀는 대상의 문제와 씨름해왔듯이 타자의 문제에 대해서도 용기를 낼 수 있을까? 분명한 것은 우리는 증상 자체가 아닌 그 증상을 주체화하는 과정에 대해서만 책임을 물을 수 있다는 점이다. 그리고 그녀는 조울증이라는 거인에게 한 치의 타협도 없는 주체, 조울증이라는 골리앗에게 결코 물러서지 않는 불굴의 다윗이다.

여자는 존재하지 않는다

거식증

    다음 주 식단을 짠다. 계산은 한 치의 오차도 없이 철저해야 한다. 그렇지만 계산을 아무리 철저히 해도 망할 때가 있다. 얼마 전이 그런 경우다. 학원에 가기 전에 직접 수령해야 할 택배를 기다리고 있었다. 그런데 택배 아저씨가 집을 잘못 찾는 바람에 일정이 꼬였다. 설상가상 배송된 제품에 부분적인 파손이 있었다. 결국 학원을 가지 못했다. 계획이 어그러진 걸 견딜 수 없었다. 먹지 않으면 미칠 것 같았다. 순식간에 5일 치에 해당하는 칼로리를 섭취했다. 덕분에 그다음 날부터 5일을 굶었다. 살아가는 건 힘든 일이다.

　단순해 보이는 이 일화에서 우리는 두 가지 임상적 쟁점을 끌어낼 수 있다. 첫 번째는 보다 일반적인 것으로, 그것은 거식증 내부에 존재하는, 금욕적인 거부와 과도한 섭취의 상호연관성이다. 이러한 연관성은 충동이 상호 전환될 수 있는 구조를 갖고 있기 때문에, 또 충동이 순전히 육체적인 것이나 정신적인 것이 아니라 육체와 정신의 경계에서 작용하는 압력이기 때문에 존재한다. 무조건 억눌린 것은 갑작스러운 폭발로 역전되기 마련이며, 이러한 양극단의 교차는 육체의 보수적인 논리만으로는 설명되지 않고, 정신의 변환 가능한 논리가 육체에 맞닿아 있기에 가능하다. 이런 점에서 거식증이 1965년 괴팅겐 국제심포지엄에서 환자의 음식 거부로 인한 심각한 육체적 손상을 동반한 정신질환으로 정의되고 곧이어 '신경성(nervosa)'이란 술어가 '식욕부진증(anorexia)'과 결합된 것은 우연이 아니다. 거식증은 유기적, 기능적, 현상학적 영양 결핍과 전혀 다른 차원의 문제, 즉 육체와 정신의 상호작용 문제이다.

　두 번째는 라캉주의 임상에 밀접한 것으로, 그것은 일어문(holophrasis)＊과 관련된다. 라캉은 일어문을 정신병과 정

[*]　한 단어로 복잡한 생각을 표현하는 것.

신신체화가 언어적인 차원에서 구체화된 형태로 보았다. 말하는 존재로서의 주체가 언어의 주인이 아니라 기표의 효과인 한에서, 그는 두 기표의 틈으로 구성된다. 그런데 일어문에서는 최소한 있어야 할 두 기표가 존재하지 않고, 나아가 그 기표 간의 틈 역시 존재하지 않는다. 둘 이상의 기표가 연쇄적인 구조를 형성하는 것이 아니라 단 하나의 기표만이 다른 기표를 참고함 없이 거대한 비석처럼 응결된 채로 반복된다. 만약 기표 간의 틈이 드러나면, 주체는 이를 견디지 못하고 압도적인 주이상스에 빠져든다. 상징적 구성에 실패한 주체가 의지할 곳은 치명적인 주이상스에의 탐닉인 것이다.

앞서 말한 그녀의 폭식삽화가 이 경우에 해당한다. 특징적인 것은 그녀에게서 일어문은 시간적인 차원으로 드러난다는 점이다. '택배 수령-물품 확인-정시 학원 도착'은 그녀의 무의식 속에서 서로 분리되어 있는 기표들이 아니라 하나의 덩어리로 응결된 일어문과 같다. 기표 간의 틈은 허용되지 않는다. 즉, 일정의 꼬임은 허용되지 않는다. 그녀의 사전에 그런 것은 없다. 그런데 일정이 꼬이면서 하나의 덩어리 대신에 서로 분리되어 있는 기표들과 그 기표 사이의 틈이 출현했다. 그리고 그녀의 무의식적 구조는 자신이 예상하지 못한 기표 사이의 틈을 견딜 수 없었다. 얼마 전에 어머니가 깜빡하고 그녀가 정한 식단대로 저녁 식사를 준비하지 못했을 때에도 그녀는 불같이 화를 냈고 방에서 혼자 폭식을 했다. 일정 간의 틈, 식단 간의 틈은 그녀에게 견딜 수 없는 것이며, 그 틈에 대응하는 방식으로 폭식이라는 주이상스에 의지했던 것이다. 폭식삽화란 일어문적인 무의식적 구조를 지닌 그녀가 자신이 받아들일 수 없는 기표 간의 틈을 메우는 나름의 방식이었다.

따라서 통계적으로 정착된 규범의 관점에 입각해서 주체의 식습관을 일탈적이라고, 즉 '섭식장애'로 규정하는 것에 신중을 기해야 한다. 분석은 그녀의 거식증 및 폭식삽화가 '장애'가 아니라 오히려 '해결책'임에 주목한다. 그리고 주체는 자신이 힘들여 고안해낸 증상-해결책을 결코 쉽게 포기하지 않는다. 프로이트의 경구처럼 주체는 증상을 사랑한다. 따라서 분석가는 거식증이 죽음을 불러일으킬 수 있는 증상이라는 점을 지나치게 의식하여 증상을 섣불리 완화시키거나 제거하려 해서는 안 된다. 증상이란 제거하려 하면 할수록 더 강한 저항을 불러일으키게 마련이다. 이런 점에서 정신분석가 클로드 노엘 픽만(Claude-Noële Pickmann)이 보고하는 엘라(Ella)의 거식증 사례는 모범적이다.[93] 아버지와의 오이디푸스적 장면이 정립되고, 어머니의 초자아적 응시(이 응시는 엘라가 늘 제 시각에 정해진 분량을 모두 먹도록 요구했다)가 상기되자, 엘라의 증상은 자기도 모르는 사이에 사라졌다. 어느 날 아침 엘라는 정

여자는 존재하지 않는다

상적으로 편안하게 식사를 하고 있는 자신을 발견했다. 증상의 구조를 구성하는 것이야말로 증상을 해체할 수 있다.

* * *

그녀와 엘라는 닮은 동시에 다르다. 둘 다 어머니의 지나친 배려에 사로잡혔던 이력을 갖고 있다. 어머니가 모든 욕구를 컨베이어 벨트 돌아가듯 척척 해소시켜줄 때 아이는 필사적으로 욕구와 욕망을 떼어내려고 한다. 그 결과 아이는 불만 자체를 겨냥하는 히스테리적 욕망을 갖게 된다. 욕망이 결핍에 근거하는 한에서, 주체는 자신의 욕망을 되찾기 위해 결핍의 공간을 필사적으로 수호한다. 거식증 주체는 음식을 거부하는 한편 '무'를 먹는다. 즉, 욕망을 구성하는 기표(철저한 식단, 계산된 칼로리, 변화하는 체중 등)를 먹는다. 유기체의 욕구가 이러저러한 음식을 통해 만족된다면, 거식증자의 욕망은 그 어떤 음식으로도 채워질 수 없는 무를 통해 확보된다. 그리고 무를 먹고 음식을 거부하면서 그녀와 엘라는 어머니라는 자애로운 타자의 위협적인 배려를 거부한다.

그녀와 엘라의 차이에 대해 말하자면, 엘라의 어머니가 음식과 식단에 사로잡혀 있었다면, 그녀의 어머니는 계획과 일정에 사로잡혀 있었다. 그러다 보니 그녀의 어린 시절에 킬-타임이란 없었다. 그녀는 방학 중에도 마치 학기 중인 것처럼 규칙적인 하루를 보내야 했다. 정시에 일어나서, 정시에 밥을 먹고, 제 시각에 학원을 가고, 꼬박꼬박 독서실을 가고, 정시에 잤다. 킬-타임이 금지된 한에서, 스패어-타임(아무 예정이 없는 시간)은 불가능했다. 모든 것은 정해진 대로, 규칙대로, 일정대로, 그 무엇보다, 어머니 뜻대로 돌아갔다. 그리고 이것은 이내 그녀 자신의 뜻이 되고, 그녀의 삶을 삼키는 거대한 굴레가 되었다. 친구들이 빡빡한 고등학교 공부 일정에 스트레스를 받았던 반면, 그녀는 빡빡한 일정이 오히려 편했다. 적어도 계획이 틀어지는 일은 없기 때문이었다. 그런데 계획대로 되지 않는 일이 생겼다. 친구와 2 대 2 미팅을 했다. 마음에 드는 남자가 있었다. 마침 같이 나간 친구와 마음에 드는 남자가 겹치지 않았다. 마치 계획된 것처럼 두 커플이 만들어졌다. 그런데 몇 번 만난 뒤에 남자 쪽에서 연락을 끊었다. 나중에 그녀는 남자의 SNS에서 그녀와 함께 소개팅에 나갔던 친구와 남자가 사귀고 있음을 알게 되었다. 남자 쪽에서 연락을 끊었을 때는 오히려 덤덤했던 반면, 둘의 사진을 본 충격은 매우 컸다. 친구에게 배신감이 들기는커녕, 친구와 그녀의 차이가 무엇인지 깊은 고민에 빠졌다. 친구의 SNS에 들어가 밤새 들여다봤다. 눈에 띄는 차이가 있었다. 친구는 그녀보다 슬림했다. 결론을 내렸다. 살을 빼야겠다.

여자는 존재하지 않는다

이때부터 그녀의 초기 거식증이 시작되었다. 40kg이 목표였다. 섭취 가능한 메뉴를 한정한 뒤에 매 식단의 칼로리를 계산해서 먹었다. 먹기 직전과 직후에는 반드시 체중을 쟀다. 체중계는 법정과 같았다. 그녀가 체중계에 올라가는 것이 아니라 체중계가 그녀를 소환했다. 만족스러운 체중이 나올 때마다 셀카를 찍어서 SNS에 올렸다. 사람들이 날씬하다고 부러워할 때마다 뿌듯했다. 이내 SNS에 올려진 그녀의 셀카는 그녀의 주체성 자체가 되었다. 친구의 셀카에 매료되었을 때보다 몇 배 더 강하게 자기 셀카에 매료되었다. 여기서 우리는 민족정신의학(ethnopsychiatry)적 접근을 취해야 할지도 모른다. 우리는 이미지의 권위가 기표의 힘을 압도하는 사회에서, 특권적 이미지의 유통과 그에 대한 과잉 동일시가 팽배한 사회에서 살아가고 있다. 새로운 음식 메뉴를 개발하는 사람들조차 음식의 맛과 풍미보다는 음식의 비주얼을 우선시할 정도니 말이다. 친구의 사진, 더 정확히 말해 친구의 사진에 대한 그녀의 해석과 환상이 그녀에게 깊은 영향력을 끼친 것은 사실이지만, 이제 친구의 사진은 잊혀가고 그녀의 셀카가 모든 것을 규정하게 되었다. 친구의 사진이 그녀의 증상의 우발적인 방아쇠라면, 그녀의 셀카는 증상을 먹여 살리는 자양분이다. 사람들의 관심이 된 마당에 증상을 포기하기란 더 어려워졌기 때문이다. 어떻게든 지금의 모습을 유지해야 한다. 체중계의 심판이 그녀에게 일시적인 좌절을 가져올지언정 다시 힘내게(?) 한다면, 이미지의 위력은 그녀가 절망과 희열의 사이클을 맴돌게 만든다. 잠시 만난 남자가 그녀가 너무 마른 것에 관해 우회적으로 불만을 표시할 때에도 전혀 개의치 않았다. 자신의 마른 이미지는 그녀에게 이미 깊게 리비도화 되어 있었고 팔루스화 되어 있었다. 그녀는 자신의 마른 이미지로부터 쾌락을 생산해냈고, 자신의 마른 이미지로부터만 실존의 의미를 찾을 수 있었다.

* * *

얼마 전부터 그녀의 증상은 새로운 국면을 맞이했다. 셀카와 거식증이 한 세트라면, 이제 또 다른 세트가 등장했다. 그것은 먹방과 폭식삽화다. 일정이 틀어졌을 때 스트레스성 폭식을 하다가 우연히 먹방을 접했다. 마른 체형임에도 불구하고 두 시간에 1만 칼로리를 먹는 폭식 유튜버였다. 평소라면 혐오스러워했을 테지만, 그녀 역시 폭식 중이라 그랬는지 유튜버의 모습이 눈에 들어왔다. 그녀가 보기에도 유튜버는 그다지 뚱뚱해 보이지 않았다. '역시 살 안 찌는 사람은 절대 안 쪄, 체질이야.' 보다 인상적인 것은 그 유튜버의 방송을 정기 구독하는 시청자가 수만 명에 이른다는 점이었다. 차츰차츰 그녀는 알게 될 것이다. 폭식 먹방 유튜버들이 예상 외로 날씬해 보이는 것은 폭토(폭식한 뒤에 토하는 것) 때문이며, 그들이 케이크나 우유

여자는 존재하지 않는다

처럼 부드러운 질감의 음식을 선호하고 탄산음료를 늘 마시는 것은 더 잘 토하기 위함이며, 그들의 눈이 퀭한 것은 구토할 때 빠져나가는 전해질 때문이고, 보건복지부에서는 비만으로 인한 사회경제적 비용이 9조 원에 달하는 점을 감안하여 먹방을 규제하기로 했다는 것을.

이러한 먹방계의 실상을 외면한 그녀에게 한 가지 아이디어가 반짝했다. 투잡을 해야 하나 고민하고 있던 차, 그녀는 폭식 충동이 올라올 때마다 직접 먹방을 하기로 했다. 폭식의 죄책감과 자괴감을 용돈벌이를 위한 기회로 승화시키기로 했다. 처음에는 그녀 역시 먹방을 1인 가구의 증가로 인해 혼밥의 외로움에 시달리는 청년들이 온라인으로라도 함께하면서 타인의 만찬을 보고 대리만족을 느끼려는 현상 정도로 여겼다. 그런데 조금씩 시청자 수가 늘어가자 훨씬 더 다양한 사람들이 먹방을 시청한다는 점을 알게 되었다. 그녀의 먹방에 들어온 수십 명의 사람 중에 거식증자도 있었다. 그 거식증자로부터 메시지를 받았다. 병원도 다녀보고 했지만 여전히 거식증이 좋아지지 않았는데, 종종 그녀의 방송을 보고 힘을 낸다고 했다. 아이러니했다. 거식증자의 폭식삽화를 보고 또 다른 거식증자가 음식에 대한 혐오감을 덜어낸다는 것은. 동시에 그녀만 거식증으로 고통받는 것이 아니라는 것을 알게 되었다. 자기 말고도 거식증자가 존재한다는 것은 알고 있었지만 실제로 거식증으로 고통받는 주체와의 만남은 처음이었다. 묘한 유대감과 동질감이 느껴졌다. 그 시청자 역시 그녀처럼 폭식삽화가 있을지도 모를 일이었다. 그녀는 곧 그 시청자의 메시지에 답장을 보냈다. 자기 이야기를 했고 상황이 이러저러하여 규칙적으로 먹방을 하지 못해서 미안하다고 말했다. 시청자는 그녀에게 답장을 보냈다. 그 메시지의 끝은 이랬다. "꼭 규칙적으로 하지 않아도 돼요. 뜻대로 되는 일은 원래 별로 없잖아요." 그녀가 기억하는 한 처음이었다. 규칙대로, 예정대로, 뜻대로 하지 않아도 괜찮다는 말을 들은 것은. 한 거식증자가 무심코 던진 말이 마치 분석적 해석처럼 또 다른 거식증자의 마음속 깊이 고요한 파문을 일으켰다. 그녀의 거식증 뒤에 도사리고 있던 환상, 즉 '모든 것을 계획대로'라는 환상의 프레임이 최초로 동요되는 순간이었다. 현재로서는 이 순간이 장차 그녀의 증상이 완화되어가는 데에 어떤 역할을 하게 될지 예측하기 어렵지만.

요컨대 일어문적인 무의식적 구조, 어머니의 요구에서 연원한 히스테리적 욕망, 날씬한 자기 이미지에의 매혹으로부터 형성된 그녀의 증상은, 거식증이 셀카의 지원을 받고, 폭식삽화가 먹방의 지원을 받는 한에서 점점 더 자아동조적(ego-syntonic)으로 변화할 수도 있었다. 또한 그녀의 거식증이 치명적인 중증은 아니었기에, 임상적 개입은 거

여자는 존재하지 않는다

의 불필요하게 여겨졌을 수도 있었다. 즉 그녀의 증상은 드러나지 않은 채로, 변화의 가능성이 점점 희박해진 채로, 소리 없이 지속적으로 그녀의 삶을 갉아먹었을 수 있었다. 그러나 이제 전대미문의 기표가 증상의 응결 및 동결을 해소하고 용해하러 온다. '보잘 것 없는/하나의 기표(insignifiant/un signifiant)'로 이루어진 말하기, 사소하지만 그녀의 환상을 전복시킬 만큼 결코 사소하지 않은 효과를 지닌 그 말하기를 반복해보자. "원래 별로 없다. 예정대로 되는 일, 계획대로 풀리는 일, 일정대로 흘러가는 일은."

오르가슴

여자 자체나 여자의 본질이란 존재하지 않으며 오직 한 여자나 여자의 개별성만 있을 뿐이라는 사실이 오르가슴보다 더 첨예하게 드러나는 곳이 있을까? 그렇다면 여자의 오르가슴에 어떻게 구체적으로 접근할 수 있을까?

어떤 여자들은 오르가슴과 흥분의 모호한 경계 때문에 그 둘을 착각한다. 남자들이 발기와 오르가슴을 명확히 구분하는 데에 비해, 어떤 여자들은 질 윤활이라는 흥분을 오르가슴 자체로 여긴다. 또 어떤 여자들은 오르가슴과 방출의 경계를 탐색한다. 남자들이 사정과 오르가슴을 쉽게 동일시하는 반면, 여자들은 사정하기 직전 상태와 오르가슴 사이를 맴돈다. 또 여자들마다 질 오르가슴과 클리토리스 오르가슴에 대한 감각과 선호도가 각기 다르다. 또 여자에게 오르가슴이란 심리적인 것과 육체적인 것이 결합되고 분리되는 지점에 있다. 관계 이전의 원활한 소통, 사랑받고 있다는 느낌, 로맨틱한 분위기가 오르가슴을 야기할 확률이 높은 것은 사실이지만, 크게 매력을 느끼지 않는 상대로부터 오르가슴을 느껴서 당황스러워하는 경우도 있다. 여자의 오르가슴은 정의 불가능하고 분류 불가능하다.

* * *

그녀는 사랑을 나누는 것을 좋아한다. 남자친구와의 섹스는 아주 만족스럽다. 그렇지만 사실 그녀는 자신이 느끼는지는 정확히 알지 못한다. 못 느끼는 것 같다. 어쩌면 느끼는 건지도 모르겠다. 잘 모르겠지만, 어쨌든 좋긴 좋다.

그녀가 오르가슴을 경험한 것은 지금 남자친구를 통해서이다. 예전에 사귀었던 남자들과 사랑을 나눌 때 그녀는 늘 느끼는 척했다. 그들은 그녀의 몸이 어떻게 작동하고 그녀가 어떻게 쾌락을 얻는지 이해하지 못하는 것 같았다. 그들의 관심은 전부 사정에 있었다. 그래서 어떤 성관계는 자위보다 더욱 자위적이고 또 자의적이었다. 그녀에게는 관계 직후의 남자들의 의기양양함과 당당함이 의아하게 여겨졌다. 라캉은 이렇게 말한다.

팔루스적 주이상스는 장애물인데, 그것 때문에 남자는 여자의 육체를 향유하는 데에 도달하지 못합니다. 그들이 향유하는 것은 기관의 주이상스이기 때문입니다.[94]

물론 여성적 주이상스를 누리는 생물학적 남자가 있는 것처럼, 팔루스적 주이상스에 탐닉하는 생물학적 여자들도 있다. 남자 없이 일주일도 못 사는 그녀의 친구, 그녀가 아는 여자 중에 성욕이 가장 왕성한 그 친구에게 남자는 고깃덩어리다. 혹자는 인간의 육체를 어떻게 고기에 비유하느냐고 물을지 모르지만 여기서 핵심은 고기가 아니라 오히려 덩어리에 있다. 모든 충동은 부분 충동이다. 육체 전체를 겨냥하는 충동은 없다(육체 전체를 겨냥하는 것은 이미지다). 충동이 팔루스적 주이상스로 실현될 때, 충동은 이성異性(l'Autre sexe)의 육체를 부분, 기관, 살점, 덩어리로 조각내고 환원한다. 현재 남자친구는 팔루스적 주이상스에만 몰두하는 편은 아니다. 그렇지만 그녀의 오르가슴은 여전히 오리무중 속에 있다. 어쩌면 그녀는 지금도 오르가슴을 느끼는 척하는 것이 아닐까? 가끔 남자친구는 그녀에게 느끼는지 물어본다. 그는 애인의 등이 땀으로 촉촉하게 젖으면 더 많이 느꼈을 거라고 생각하는 경향이 있다. 물론 그녀는 느꼈다고 대답한다. 그런데 느낌이 좋은 건 사실이지만 확실하게 '그 느낌'이냐고 묻는다면 여전히

여자는 존재하지 않는다

알 수 없다. 쾌락을 느끼는 건 사실이지만, 그것이 진정한 만족인지는 불확실하다.

그렇다면 그녀는 왜 느꼈다고 말하는 걸까? 남자친구를 실망시키지 않기 위해? 원만한 성생활을 누리는 연인관계를 위해? 만에 하나 불감증이라도 있으면 남자친구가 떠날 거라는 불안 때문에? 그녀는 자신이 그렇게 신경증적일 리가 없다고 확신한다. 다만 예전 남자친구들에게는 느끼는 척을 했다. 물론 그때는 진짜로 느끼지 않았고 지금은 진짜로 느낀다. 아니다. 지금도 진짜로 느끼는지 확신할 수는 없다. 어쩌면 예나 지금이나 느끼는 척하는 것은 똑같을지 모른다.

* * *

한 가지 기표가 단서를 제공한다. '팔로스(phallos)'라는 용어로 팔루스를 지칭했던 그리스인들과 달리 로마인들은 '파키누스(fascinus)'라는 용어를 사용했다. 이 단어는 양성 모두에게 관련될 수 있다. 우선 파키누스는 팔루스를 지칭한다. 로마 장군들은 전쟁에서 승리하고 돌아오면서 남자 생식기 모양의 장식물을 전차에 달았다. 다른 한편으로 파키누스는 '매혹하다(fascinate)'에 관련된다. 다른 여자를 쳐다보지 못할 정도로 남자를 매료시키고 사로잡는 것은 그 자체로 여자의 쾌락이다. 어쩌면 그것은 쾌락 이상의 것이다. 그녀는 자신의 진정한 만족에 관한 불확실성을 일단 제쳐두고 남자친구에게 주이상스를 제공하면서 완전한 여자에 도달한다. 완전한 여자는 완벽한 주이상스를 제공할 수 있는 능력이 있는 여자다. 그 주이상스에서 남자는 본인이 느낄 뿐만 아니라 여자를 느끼게 해주는 존재가 되지만, 완전한 여자는 팔루스 자체가 되면서 남자를 자신에게 종속시킬 수도 있다. 여기서 라캉의 구분을 유념하자. 팔루스와 관련해서 양성 간의 우월을 따지는 것은 무의미하다. 양성의 구분이 소유와 비소유라는 대칭성이 아니라 존재와 소유라는 비대칭성으로 이루어지는 한에서 말이다. 남자는 팔루스를 갖고 있지만, 팔루스가 되지 못한다. 여자는 팔루스를 갖고 있지 않지만, 팔루스 자체이다.

그렇다면 그녀는 팔루스 자체가 되고자 하는 가운데 여성적 주이상스를 포기한 걸까? 그녀는 정형화될 수 없는 여성적 주이상스를 남자의 환상이라는 틀에 맞추면서 여성 고유의 권리를 포기한 걸까? 피에라 올라니에(Piera Au-lagnier)의 강연 〈주이상스—여자의 권리〉에 참석한 한 여성은 이렇게 말한다.

설령 내 주이상스가 시뮬라크르, 가짜 주이상스라 하더

라도, 내가 느끼는 쾌락은 실재적이다. […] 나 자신에 관해 제일 진정한 것이 거짓이고, 그렇지만 이 거짓은 늘 나에게 최상의 진실로 보였다.[95]

한편으로 그녀는 느끼는 척하면서 전능한 팔루스가 되는 허상에 연루되어 있을지 모른다. 그러나 다른 한편으로 팔루스는 그녀의 오르가슴을 설명하기에 부족하다. 그녀의 오르가슴 혹은 그녀가 자신의 오르가슴으로 추정하는 그 무엇은 팔루스의 논리를 빗겨간다. 그것은 오히려 '상블랑(semblant)'의 논리를 따른다.

* * *

사람들은 "아는 척하네(tu fais semblant de savoir)"라고 말한다. 상블랑은 이런 부정적인 뉘앙스의 사기, 속임수, 협잡, 기만이 아니다. 라캉은 상블랑을 아리스토텔레스의 미메시스(mimesis)와 연결시킨다. 가령 고대인들의 예술관의 핵심은 자연에 대한 미메시스, 즉 모방이다. 그렇지만 미메시스는 단순히 모방이 아니다. 미메시스는 현존하는 모델의 모방이 아니라 과정적인 행위의 퍼포먼스다. 분석이 사기가 아닌 까닭도 분석가가 상블랑의 위치에 자리 잡기 때문이다. 분석가는 분석자의 고통, 불행, 회한을 야기하는 주이상스를 움직이기 위해 전략적으로 상블랑을 활용한다. 분석자의 과잉 동일시가 아니라면, 분석가는 어머니인 것도 어머니이지 않은 것도, 아버지인 것도 아버지이지 않은 것도, 연인인 것도 연인이지 않은 것도 아니다. 분석가는 분석자의 주이상스의 찌꺼기를 체현하고 분석자가 자신의 진실을 바탕으로 새롭게 욕망할 수 있도록 하는 대상 a의 상블랑이다. 이러한 역할은 유희적이고 전략적인 만큼이나 위태롭고 곤란하다. 그러나 오직 이것만이 "분석가로 하여금 그 자신의 경험에 관련된 것과 양립 불가능한 모든 허구를 안정적이고 영구적으로 유지할 수 있게 해준다."[96] 첨언하자면 상블랑의 연출은 기만적이기보다는 오히려 윤리적이다. 분석 담론만이 실재에 관련된다고 말하는 것이 오히려 기만적이며, 상블랑에 관련되지 않는 담론은 없다. 그런데 여기서 중요한 것이 있다.

성가신 것은 분석가가 끝내 성적인 것의 수준에서 일이 순조롭게 돌아가도록 하기 위해 자기가 존재한다는 것을 믿어버린다는 것이며, 이것은 일을 망치게 된다.[97]

분석가가 잘 돌아가지 않는 불가능성으로서의 실재를 곡해할 때, 성관계가 존재한다는 신기루에 빠져들 때, 상블랑에 자신의 나르시시즘적 존재성을 투여할 때 분석은 실패한다. 분석가가 자신의 존재로 인해 주체의 실재에 긍정적인 효과가 일어나고 있다고 믿는 순간 분석은 틀어지

여자는 존재하지 않는다

게 된다. 분석가는 자기가 하나의 상블랑이라는 사실을 견지해야 하며, 스스로를 분석가로 여겨서는 안 된다.

그녀는 상블랑의 이러한 논리를 상담실이 아닌 침실에서 작동시킨다. 대상 a의 상블랑으로서의 분석가의 위치에서 허구와 진실 사이에 어떠한 모순이 없는 것처럼, 그녀가 느끼는 척하는 것과 그녀의 오르가슴 사이에는 어떠한 모순도 없다. 그녀는 팔루스가 되기 위해서가 아니라 오르가슴에 도달하는 방편으로 상블랑을 활용한다. 남자친구를 만족시키는 기쁨을 부수적인 것에 머물게 하면서 그녀는 진짜 느끼는 것과 느끼는 척하는 것 사이에서 쾌락을 길어 올린다. 『세미나 13권』에서 라캉은 오르가슴을 주이상스의 출현으로 규정한다. 그리고 『세미나 20권』에서 라캉은 주이상스로서의 실재가 오직 상블랑을 통해서만 도달될 수 있음을 명확히 한다.

주이상스는 상블랑으로부터만 심문되고, 환기되고, 둘러싸이고, 공식화될 수 있다.[98]

상블랑은 불만족과 만족, 쾌락과 불쾌, 진짜와 가짜, 진실과 허위의 구분을 무너뜨린다. 혹자는 그녀를 불감증이라 규정할지 모르지만 그녀는 결코 불감증이 아니다. 불감증은 왜 일어나는가? 불감증이란 너무 과도하거나 빈약한 주이상스에 대한 불안을 방어함으로써 생기는 증상이다. 하지만 그녀는 자신만의 방식으로 주이상스에 도달했다. 그녀는 주이상스의 양과 강도를 염려했던 것이 아니라 주이상스의 본질적 불확실성과 만났던 것이다.

남자들은 본인의 경우든 여자의 경우든, 사정이든 경련이든, '진짜 느끼는 것'에 집착하는 경향이 있다. '진짜 느끼는 것'에 관한 확신과 더불어 남자들은 융합적인 일자를 떠올리지 않는가? 그들은 존재하지 않는 성관계를 경시하면서 상상적인 성적 합일을 꿈꾸지 않는가? 남자들이 하나 되기(faire un)를 겨냥한다면, 그녀는 상블랑 되기(faire semblant)를 겨냥하면서 오히려 하나가 되지 않으려 한다. 제아무리 환상적인 멀티 오르가슴이라 하더라도 우리를 하나로 만들지 못한다. 오히려 우리는 하나가 되지 않음으로써 가능한 각자의 주이상스를 창안하고 음미해야 한다. 그녀의 오르가슴은 성적 결합의 실패를 보여주는 동시에 이러한 실패에 근거한 성적 주이상스의 가능성을 함축한다. 그녀는 이제부터 이 가능성을 파헤치기로 한다.

사람들은 섹스가 예술이라고 한다. 깊은 정서적 교감의 차원에서? 정력과 체위의 차원에서? 성 지식과 테크닉의 차원에서? 오르가슴의 강도와 횟수에서? 그녀의 섹스는 상블랑의 퍼포먼스 예술이다.[99]

여자는 존재하지 않는다

두 죽음 사이

여느 날처럼 그녀는 아버지가 입원해 계신 병원으로 향한다. 중환자 병실에 들어서니 간호사가 그녀의 아버지에게 주사를 놓고 있다. 그녀는 간호사 언니에게 늘 미안한 마음이다. 육체적 고통과 심리적 쇠약으로 늘 예민하고 거친 아버지, 그런 아버지를 그녀 또한 어찌할 수 없다. 여느 때처럼 그녀는 아버지 상태가 호전되면 요양병원으로 모실 수 있을 거라는 희망을 삼킨다.

얼마 전 옆 침상을 쓰시던 할아버지가 돌아가셨다. 그녀는 할아버지의 따님이자 보호자인 아주머니와 종종 얘기를 나누곤 했다. 둘 다 아버지를 모시는 처지라서 그런지 공감대가 잘 형성되었다. 아픈 부모님을 병간호하는 것, 말은 쉽지만, 겪어보지 않은 사람은 모른다고 아주머니와 그녀는 되뇌곤 했다. 할아버지가 돌아가신 뒤에 장례식장에서 뵌 아주머니의 표정에서 그녀는 슬픔 이상의 복잡한 감정을 읽었다. 포기하지 못할 것을 상황이 포기하게 만들 때의 얄궂기 그지없는 느낌, 삶이 우리를 배반하지도 우리에게 충실하지도 않을 때의 애매한 느낌을 말이다.

* * *

프로이트는 히스테리증자와 간호하는 사람의 유사성에 주목했다. 그가 분석한 히스테리증자들, 즉 안나 O, 도라, 엘리자베트 모두 아픈 아버지를 돌보는 데에서 삶의 소명을 발견했다. 히스테리증자는 망가져버린 타자를 수선하는 데 전념하고, 타자가 사랑할 만한 이미지와 역할을 실현하는 데에 자신의 삶을 바친다. 타자의 결핍을 메우는 대상이 되는 것, 그것이 히스테리증자의 소망이다. 그러나 결핍을 메우는 데에도 한계가 있다. 지속되는 병간호는 간호하는 사람이 스스로를 돌아볼 기회를 빼앗으면서 무조건적인 감정 억압을 야기하고, 이는 결국 '억제 히스테리(hystérie de rétention)'로 이어진다. 모든 일을 잘 참는 그녀, 웬만큼 아파도 병원에 가지 않는 그녀, 아버지의 요구를 수시로 받아내는 그녀, 그녀는 억제 히스테리증자일까?

엘리자베트의 경우를 빗대서 살펴보자. 엘리자베트의

여자는 존재하지 않는다

아버지는 엘리자베트에게 그녀를 딸이 아닌 아들이자 친구로 여긴다고 말했다. 그리고 그녀는 이 점을 아주 기쁘게 여겼다. 독립적인 성향이었던 그녀는 번번이 구애자에게 퇴짜를 놓았는데, 이는 남편에게 의지하는 결혼생활로 인해 아버지와의 유대가 끊어지는 것을 바라지 않았기 때문이다. 엘리자베트의 아버지는 언니들에게는 아주 엄격했지만, 언니들과 나이 차이가 많이 나는 막내였던 엘리자베트에게는 관대했다.

엘리자베트처럼 그녀 또한 나이 차이가 많이 나는 언니 둘이 있는 막내다. 하지만 언니들은 더 이상 가족과 왕래가 없다. 아버지 곁에는 그녀만 있을 뿐이다. 그녀의 아버지가 그녀를 아들이자 친구로 생각하는지는 모를 일이다. 히스테리증자는 아버지의 팔루스를 공유하면서 남자의 역할을 맡는다. 그녀가 아버지의 성격을 너무나 힘들어하던 언니들에게 공감하면서도 아버지에게 내심 너그러울 수 있었던 것은 아버지의 팔루스를 공유했다는 맥락이 있기 때문일까?

엘리자베트는 아버지를 돌보던 중에 어떤 청년과 사랑에 빠진다. 고아였던 그 청년은 엘리자베트의 아버지를 아주 존경했고, 진로와 관련해서도 그녀의 아버지의 조언을 따랐다. 엘리자베트의 사랑은 애인이 자기 아버지의 팔루스를 공유해주었기 때문에 가능했다. 하지만 팔루스의 논리도 완전무결한 것은 아니라서 애인과 아버지를 동일한 사람으로 만들지는 못한다. 무의식의 강력한 동일시 논리에도 불구하고, 결국 애인은 애인이고 아버지는 아버지다. 어느 날 청년은 엘리자베트에게 아버지의 병상 곁을 잠깐 떠나 파티에 다녀오자고 제안했고 그녀는 그 제안을 따랐다. 그런데 그다음 날 아버지의 상태가 악화되었다. 그녀는 파티에서의 행복감과 아버지에 대한 죄책감 사이의 이율배반에 휩싸였다. 아버지의 허약한 팔루스와의 외상적인 대면, 아버지의 결핍을 악화시킨 존재로 전락했다는 나르시시즘적 상처가 그녀를 강타한 것이다.

그녀는 애인이 없다. 그녀는 사랑을 버렸다. 아니 상황이 그녀로 하여금 사랑을 버리게 만들었다. 아버지 병간호에 들어가는 돈을 마련하기 위해 하루하루를 버티는 것으로도 힘들다. 간신히 사채를 쓰는 데까지는 가지 않았지만 대부업체와 카드로 돌려막기를 하는 데에도 한계가 있다. 그렇지만 그녀는 지금 하는 일을 결코 중단하지 않을 것이다. 사회가 그것을 불허하고 도덕이 그것을 비난하고 법이 그것을 처벌한다 하더라도.

소포클레스의 『안티고네』를 아는가? 크레온이 국가의 반역자인 폴리네이케스의 시신의 매장을 금지하는 법을 제정하자 안티고네는 인간의 법이 천상의 법을 능가할 수는 없다고 말한다. 비록 쓰여 있지는 않지만 결코 변하는 법이 없는 천상의 법을 말이다. 그래서 안티고네는 오빠 폴리네이케스의 시신을 수습한다. 하지만 국가의 법을 위반한 데에는 대가가 따랐다. 크레온은 안티고네를 죽이지 않고 동굴에 가두어놓고 굶어죽게 만든다. 그래서 이 비극의 핵심은 '두 죽음 사이(entre-deux-morts)'에 있다. 그녀의 오빠는 물리적으로 죽었으나 상징적으로 죽지 않았다. 크레온이 폴리네이케스의 육체를 매장하고 죽은 이를 애도하고 죽은 이에 대한 기억을 보존하는 상징적 절차를 금지했기 때문이다. 반면에 안티고네는 도시 바깥으로 쫓겨났기 때문에 상징적으로는 죽었으나 물리적으로는 죽지 않았다. 안티고네는 죽지 못한 생에 유예되어 있다. 그녀는 산 송장이다. "그녀는 죽었고 그녀는 죽음을 욕망한다."[100] 단순히 사회적 살인이라는 무게를 감당할 수 없어서 동굴에서 혼자 사느니 죽는 편이 낫다고 생각한 걸까?

안티고네는 자신이 대가를 치를 것을 애초부터 알고 있었지만 오빠를 매장하려는 자신의 욕망에 대해 일말의 타협도 하지 않았다. 그래서 안티고네는 설사 규범적 도덕에 어긋나더라도 결코 주체적 욕망을 양보하지 말라는 정신분석적 윤리를 충실히 체현하는 주체다. 이 욕망은 단순히 대체 불가능한 단독성으로서의 오빠(남편이나 자식이 단독성이 아닌 이유는 그들이 대체 가능하기 때문이다)에 대한 사랑만으로 지탱되지 않는다. 그것은 죽음 이후의 두 번째 죽음에 대한 욕망, 순수한 죽음에의 욕망이다. 이는 단순히 물리적 죽음을 바라는 자살충동이 아니라 상징적으로 죽은 뒤에도 상징계 전체에 저항하는 잔여로 남으려는 욕망이다. 프로이트가 '삶충동'과 '죽음충동'을 개념화하기 위해 참고한 아우구스트 바이스만(August Weismann)이 생명을 죽은 부분과 죽지 않은 부분으로 나누었음을 상기하자. 안티고네의 욕망은 상징계 안에서 죽지 않는 찌꺼기가 되기를 고집하는 욕망이다. 그것은 생물학적 죽음이라는 대가를 치르더라도 상징적인 법의 논리로 환원되지 않는 언데드(undead)가 되려는 욕망이다.

여기서 그녀는 생각한다. 하지만 어떤 이들에게 죽음에의 욕망은 일상이 아닌가? 하물며 천상의 법에 대한 선택이란 도대체 무슨 말인가? 그녀에게 천상은 사라진 지 오래다. 자기 자신의 삶을 방기하면서, 그녀에게 호의적이지 않지만 그녀가 없으면 바로 죽음을 맞이할 어떤 타자를 돌보는 일은 천륜이라기보다는 천형天刑에 가깝지 않은가? 그녀는 아버지가 자신의 희생을 알아주기를 바라지도 않는다. 오히려 아버지는 이 모든 것을 당연하게 여기시는 것 같다. 그녀는 자신이 결코 효녀가 아니라고 되뇌인다. 그녀는 모든 이타주의의 배후에 공격성이 숨어 있음을 깨

여자는 존재하지 않는다

닫는다. 나아가 그녀는 안티고네와 자기 사이의 결정적인 차이점을 인식한다. 사람들이 안티고네에 매혹되는 것은 그녀의 "견딜 수 없는 찬란함", "여태껏 결코 분절되지 못한 미스터리를 갖고 있는 이미지"[101] 때문이다. 생과 사의 문턱에서 동결되어버린 그녀의 이미지는 아이러니하게도 매혹적이다. 안티고네는 상징적인 선을 뛰어넘어 실재의 문턱을 넘보는 미의 화신이다. 반면, 사랑을 버린 그녀는 아름다움도 버린 지 오래다. 유일하게 그녀를 사로잡는 이미지는 회복된 아버지를 요양병원에서 모신 뒤에 아무도 그녀를 알지 못하는 곳으로 떠나 조용히 혼자 살아가는 자신의 이미지다. 그녀는 왜 이 이미지에 고착되어 있을까?

✻ ✻ ✻

때때로 어머니의 죽음이 떠오르면 그녀는 무너진다. 감당할 수 없는 감각이 그녀를 관통하고, 견딜 수 없는 슬픔에 눈앞이 흐려진다. 어머니의 죽음은 그녀의 삶의 지울 수 없는 틈으로 남아 있다. 어머니의 죽음 앞에서 그녀는 완벽하게 무능력했다. 그녀는 가끔 이렇게 생각한다. 내가 조금 더 능력이 있었더라면 어머니를 보살필 수 있었을 텐데. 아버지의 모진 성격과 폭력성에 힘들어하면서도 우리를 키우느라 지금의 그녀처럼 하루하루를 버티던 어머니, 아버지와 이혼을 해서라도 당신의 행복을 위해 살았으면

좋겠다는 그녀의 제안을 물리치고 아이들과 함께했던 어머니, 그런 어머니의 마지막 모습이 종종 아버지의 의식불명의 모습과 겹쳐진다. 그렇다. 그녀가 모시는 것은 아버지가 아닌 어머니다. 아버지를 돌보면서 그녀는 어머니와 잘 이별하지 못한 그녀 자신과 화해하고자 하고 어머니를 보내드리려 한다. 어머니의 외상적인 죽음이 아버지의 죽음과 함께 재연되는 궁극적인 파국을 막기 위해 그녀는 사회의 법 바깥에서 죽음충동과 싸우면서 하루를 견딘다. 그녀에게는 오늘 하루가 곧 실재다. "실재가 견디기 불가능한 것"[102]인 한에서 말이다.

언니들이 아버지를 포기한 이상, 아버지가 기댈 곳은 그녀밖에 없다. 그녀가 아버지를 모른 척하고 방치하는 날, 그녀는 어머니를 두 번 죽게 만들 것이다. 아버지가 요양병원에서 안정을 찾는 날, 그녀는 어머니에게 못 다한 도리를 다하게 될 것이다. 그래서 그녀는 사랑을, 아름다움을, 행복을, 꿈을 희생시키고, 어머니의 죽음과 아버지의 죽음의 징후 사이에서 떠돈다. 소포클레스의 비극과는 또 다른 의미의 두 죽음 사이에서 그녀는 오늘을 견딘다. 손 내밀 곳 하나 없이, 어떤 손도 붙잡을 여유 없이, 실패를 두 번 반복하지 않겠다는 일념으로, 놓아버리고 싶지만 결코 놓을 수 없는 것을 위해, 그렇게 홀로.

여자는 존재하지 않는다

분열

그녀처럼 메콩강을 건너본 사람은 안다. 베이징, 곤명, 라오스, 태국에 이르는 수천 킬로의 여정도 그 강의 고요함이 주는 압박보다 크지 않다는 것을.

아버지가 돌아가시지 않았다면 그녀는 북중 국경을 넘지 않았을까? 자강도에 살던 그녀는 이십대 초반에 국경을 넘었다. 잠깐 나와 돈을 벌어서 집으로 돌아가려 했던 계획이 무산된 채 그녀가 당도한 곳은 중국 선양의 한 낯선 농가. 윤재호 감독의 다큐멘터리 영화 〈마담 B〉에는 본인이 팔려온 탈북 여성이면서 나중에 브로커가 된 한 여인이 등장한다. 그녀는 탈북 여성이 팔려가는 중국인 가족을 이렇게 분류한다. 부모가 한쪽이 없는 가정이라서 장가 못 간 경우, 가난해서 장가 못 간 경우, 병신(신체적 불구)

이라서 장가 못 간 경우. 그다음 부류에 대해 그녀는 이렇게 말한다. "그다음에 뭐랄까, 병신에서도 또 병신 있잖아요?"

그녀가 정확히 어떤 사람들을 지칭하는지는 알 수 없다. 다만 영화는 "병신 중에서도 병신" 뒤에 괄호를 넣어 "정신병"이라고 알려준다. 그녀의 말대로라면 정신분석은 상^上병신을 다루는 셈이다. 어쩌다 멀쩡한 이가 생^生병신이 되었는지를 탐구하면서 정신분석은 생병신에게 여전히 자기의 삶을 펼쳐갈 결정권이 본인에게 있다는 점을 보여준다. 아니다. 엄밀히 말하자면 원래 멀쩡한 이가 있다가 어떤 사건을 계기로 생병신이 되는 것이 아니다. 그 누가 스스로 멀쩡하다고 자처하거나 혹은 멀쩡함의 기준을 제시할 수 있을까? 인간은 본래적으로 약간 아픈 동물, 어긋난 동물, 부조화의 동물, 정신박약(maladie mentale)의 동물이다. 자아라는 상상적인 틀로 현실을 오인하고, 무의식이라는 당혹스러운 타자에 의해 규정되는 한에서 말이다. 정신박약이 따로 있는 것이 아니라 정신 자체가 본래 박약하다. 저마다의 정신박약과 씨름하고 있다는 점에서 볼 때, 정상과 비정상 간에는 근본적인 차이가 없다. 자신의 삶을 주체화하기 위해 투쟁하는 '또 (하나의) 병신'이 있을 뿐이다.

여자는 존재하지 않는다

* * *

    나이가 어렸기 때문이었을까? 그녀가 영문도 모른 채 팔려간 농가는 마담 B의 분류로 볼 때 예외적인 집이었다. 그 집은 이를테면 부농이었고, 먹고사는 데에 아무런 지장이 없었다. 남자와 남자의 부모 모두 멀쩡했다. 물론 나중에 알게 되었지만 남자에게는 본부인이 있었고, 둘 사이에 낳은 딸도 있었다. 그러나 그녀가 갔을 때 남자의 딸은 있었지만 부인은 없었다. 부부 사이에 사랑이 없었던 걸까? 아내와의 관계 개선을 포기한 채 그는 그녀를 데려왔다. 남자들은 돈이 없으면 장가를 못가지만, 돈이 많으면 중혼을 한다. 그러나 합법적인 결혼이 아니었기에 중혼이라 말할 수 없을 뿐더러, 그녀는 첩도 아니고 두 번째 부인도 아니었다. 뇌물을 주고 나서야 통행증만 겨우 얻을 수 있던 그녀는 일종의 유령이었다. 탈북한 그녀에게 주어진 대한민국 여권이 과연 그녀의 유령적 지위를 상쇄시킬 수 있을까?

    중국 생활이 얼마 지나지 않아 그녀는 아이를 낳았다. 아이는 그녀의 유령성을 상쇄시켜주는 실재적 대상이었다. 비록 그녀의 욕망이 투여된 아이는 아니었지만 말이다. 아들이라서 그런지 모르겠지만 남편의 부모도 그녀를 며느리로 대우해주었다. 일이 힘들긴 했지만 먹고사는 데에 아무 문제가 없었으니 견딜 만했다. 북에서 어렵게 생활을 할 어머니 생각이 많이 났지만 무작정 참았다. 하지만 남편의 외도는 참을 수 없었다. 그녀는 아이를 두고 비슷한 처지의 여자들과 함께 메콩강을 건넜다.

한국 생활은 그럭저럭 지낼 만했다. 한국행 비행기를 타기 전에 태국 감옥에서 나온 밥은 생쌀 같아서 도저히 먹을 수 없었다. 한국에 도착하니 먹을 수 있는 진짜 밥이 나왔다. 그 밥의 냄새와 감촉이 아직도 생생하다. 국정원 조사관의 말투와 눈빛이 떠오른다. 북에서는 6·25가 남한이 북한으로 쳐들어 온 것이라 배웠는데, 남에서는 북한이 남한으로 쳐들어 온 것이라 한다. 똑똑한 윗사람들이 지휘하는 건 남한이나 북한이나 마찬가지다. 다만 한국 사람들은 북한 사람들보다 훨씬 수 계산이 빠르다. 하나원에서 사귄 친구들과 가끔 연락한다. 그중에는 김일성 종합대학에서 컴퓨터를 전공한 남자아이도 있었다. 다른 곳은 때려도 좋으니 머리만은 절대 때리지 말라 했다. 먹고살 길이 좋은 머리밖에 없다면서 말이다. 이런 머저리 같은.

결코 예전으로 돌아갈 수는 없겠지만 종종 메신저로 아이와 영상통화를 한다. 처음에 아이는 그녀를 몹시 찾았다. 몇 달에 한 번씩 아이 옷을 사서 대련을 거쳐 집을 방문했다. 그때마다 그녀는 끊을 수 없는 연을 생각하곤 했다. 아이가 그녀를 찾으며 불안해할 때, 할머니와 할아버지는

여자는 존재하지 않는다

엄마가 멀리 일하러 갔다고 하면서 아이를 안심시켰다. 지금은 그녀를 찾는 횟수가 줄었다. 적어도 아이에게 그녀는 북조선에서 온 유령이 아니라 멀리 일하러 간 엄마다. 집이 잘사니까 어떻게 해서든 아이는 중국 국적을 얻을 수 있을 것이다. 운 좋게 그녀의 아이는 그렇게 되겠지만, 탈북 여성과 중국 현지인 사이에서 태어난 무국적 아이는 수만 명에 이른다. 인도의 어느 강에서 사람들은 시신을 태우고는 망자가 저승길에 가져 갈 노잣돈을 시신 곁에 놓아둔다. 그러면 그 노잣돈은 곧 강물 속에 빠진다. 그리고 강물 속에 빠진 그 동전을 주워서 생계를 이어가는 아이들이 있다. 망자가 신에게 바치는 돈을 가져가기 때문에 그 아이들은 신의 아이들이라 불린다. 세상에는 신의 아이들이 있는가 하면, 유령의 아이들도 있다. 그들은 사람이 낳은 아이들이 아닌 걸까?

그녀의 어머니는 계속 북에 남아 있다. 국경 근처에서 어머니와 통화한 지 오래되었다. 기술은 잠시나마 권력의 통제를 벗어날 수 있게 하지만, 권력은 이내 그 기술을 갖고 다시 통제한다. 현재 북중 국경 지역에는 CCTV가 가득하다. 전화 통화가 될지도 미지수다. 그녀는 브로커를 통해 어머니에게 돈을 몇 차례 송금했다. 사실 중국에 살 때는 북으로 다시 돌아가려면 얼마든지 돌아갈 수 있었다. 하지만 이제는 돌이킬 수 없다. 어머니를 한국으로 데려오고 싶지만 어머니는 북에 남겠다고 한다. 언젠가부터 그녀는 같은 꿈을 반복해서 꾼다. 꿈에서는 세 갈래 길이 나온다. 그녀는 누군가에게 쫓기고 있다. 그녀는 숨을 곳이 없고, 어디로 가야 할지 알지 못한다. 세 갈래로 갈기갈기 찢어진 마음.

* * *

프로이트는 자아분열을 말한 적이 있다. 자아는 충동의 요구와 현실의 금지 사이에서 분열되어 있다. 한편으로 자아는 자아가 만족시켜주어야 하는 충동의 영향력 아래에 있다. 다른 한편으로 자아는 계속해서 만족만 쫓다가는 실재적인 위험이 닥칠 수도 있다는 것을 깨닫는다. 가령 어린 남자아이는 자위의 만족감을 계속 추구하면서도, 자위를 제지하는 부모로부터 거세 위협을 경험한다. 이런 상황에서 대개 자아는 충동을 일부 만족시키면서도 현실을 감안하는 모종의 해법을 찾아낸다. 그러나 이 해법에는 대가가 따르는데, 그것이 바로 자아 속의 균열이다. 이 균열은 결코 봉합되지 않으며 오히려 점차 커질 수 있다. 자아의 통합 기능은 아주 중요하고 유용하지만, 그 기능이 늘 효과적인 것도 아니며 원활한 것도 아니다. 균열은 언제 어떻게든 드러나게 마련이다.

여자는 존재하지 않는다

라캉은 주체의 분열을 말한다. 주체는 언어의 주인이 아니라 기표의 효과($\not{S}$)이다. 하나의 기표가 다른 기표에게 재현하는 것이 주체인 이상, 주체는 두 기표 사이에서 일시적으로 나타났다가 사라질 뿐이다. 또 주체는 본래부터 주체였던 것이 아니라 대상, 즉 타자의 욕망의 대상이었다. 계속해서 상상적인 대상으로 남지 않는 한에서만, 상징적인 거세를 통해 욕망의 물꼬를 트는 한에서만 주체는 탄생한다. 그런데 거세를 받아들인 주체는 이제 거세가 유발한 결핍을 메우려 한다. 나아가 주체는 결핍 그 자체인 욕망, 어떤 특정 대상으로 메워질 수 없고 끊임없이 환유적으로 미끄러지는 욕망에 대해 착각한다. 자신이 상실한 저 대상만 소유한다면 분열되기 이전의 온전한 상태로, 결핍 이전의 조화로운 상태로 돌아갈 수 있다고 말이다. 이것이 곧 환상($\not{S} \Diamond a$)이다. 분석을 통해서 주체는 환상을 건너고, 환상을 통해 메우려 하지만 결코 메워지지 않는 구조적 분열을 경험한다.

여자 고유의 분열도 있다. 여자는 두 가지 유형의 주이상스 사이에서 분열된다. 한편으로 그녀는 거세와 언어에 상관적인 팔루스적 주이상스를 누린다. 그러나 다른 한편으로 그녀는 팔루스 너머에 있는 '다른 주이상스(jouissance Autre)', 팔루스 함수에 의해 규정될지언정 결코 완전히 종속되지는 않는 주이상스를 누린다. 여자는 이 주이상스에 대해 아무 말도 하지 않는다. 그래서 우리는 여자가 그것을 어떻게 느끼는지, 그것에 대해 어떤 지식을 갖고 있는지 알지 못한다. 다만 몇몇 신비주의자를 통해 유비적으로 추측할 따름이다. 나아가 관계 맺는 대상의 차원에서도 여자는 이중화되어 있다. 한편으로 여자는 하나의 팔루스로서의 남자 파트너와 관계 맺는다($\cancel{L}A \rightarrow \Phi$). 다른 한편으로 그녀는 상징계의 구멍과 관계 맺는다($\cancel{L}A \rightarrow S(\cancel{A})$). 관계 대상의 분열은 주이상스의 분열과 밀접한 관련이 있다. 여자는 남자 파트너 안에서 대상 a를 찾으면서 팔루스적 주이상스를 누리는 한편, 상징계의 구멍을 통해서 '다른 주이상스'를 누린다. 우리는 이 구멍을 말할 수 없고, 다만 부정적으로(apophantically) 보여줄 수 있을 뿐이다. 결국 자아의 통합은 불확실하고, 주체의 분열은 구조적이며, 여자의 분열은 말할 수 있는 범위를 넘어선다. 이렇게 분열을 세분화함으로써 정신분석은 과연 분석자에게 분열과 더불어 살아가는 요령을 배우는 계기를 제공할 수 있을까? 이런 점에서 정신분석은 하나의 분열 분석(schizoanalysis)일까?

어머니는 북에, 아이는 중국에, 그녀는 남한에 있다. 쫓기는 꿈에 나온 세 갈래 길은 결국 그녀 자신의 분열이다. 그녀와 비슷한 과정을 밟아 남한에 왔지만 그마저도 적응하지 못해 다시 캐나다로 간 언니가 있다. 속은 알 수 없지만 언니는 이제 편안한 것 같다. 아이와 북에 있는 가족을

여자는 존재하지 않는다

캐나다로 데려갈 수 있기 때문일까? 적어도 그 언니의 꿈에는 네 갈래 길 같은 것은 나오지 않을 것 같다. 반면에 그녀의 무의식은 삼중의 분열에 각인되어 있다. 삼중의 분열은 정신분석적이기보다는 오히려 지리정치학적인 걸까? 분석은 자아의 분열, 주체의 분열, 여자의 분열을 통해 그녀를 분석할 수 있을까? 사람들은 그녀에게 북한이탈주민이라는 묘한 기표를 붙이지만, 그녀는 그런 기표가 측정할 수 없을 정도로 오히려 자기 자신으로부터 이탈되어 있다. 그녀는 분석 불가능하게 분열된 주체, 전대미문의 분열의 증인이다.

행위

사랑은 실패하게 마련이다. 그것은 하나가 되는 데에 이르지 못하기 때문이다. 성관계는 실패의 행위에 속한다. 그것은 양성에게 주이상스를 조화롭게 배분하지 않기 때문이다. 무의식 또한 실패의 영역에 속한다. 그것이 실언 및 실착을 통해서만 나타나고 또 사라지기 때문이다. 그리고 분석 작업은 실패에 초점을 맞춘다. 자유연상이 중단되고 기억이 막히는 지점에서야말로 주체의 진실이 음각화되어 드러나기 때문이다. 그런데 정신분석이 가까스로 조명하는 유일하게 성공적이고 완성된 행위가 있는데, 그것은 자살이다.[103] 죽지 못해 사는 생에게는, 죽음보다 고통스러운 실패에 짓눌린 생에게는, 더 잘 실패할 길이 보이지 않는 막다른 골목의 생에게는 오직 자살만이 그 불가해한 아이러니와 함께 하나의 성공으로 여겨지기 때문이다.

여자는 존재하지 않는다

그리고 자살에 대해 말하는 것은 삶에 대해 말하는 것보다 어려운 일이다. 죽은 자는 말이 없지만, 자살자는 말을 무화시키기 때문이다.

* * *

"하와이까지라도 보내달라." 여자 혼자 미국 유학을 가는 것이 용납되지 않던 유교적인 분위기와 7남매 가운데 둘째 딸에게만 경제적 지원을 집중하기 어려운 집안 사정이 겹쳐져서 하와이까지만 보내달라는 그녀의 간절한 요구는 늘 손쉽게 묵살됐다. 그녀의 아버지는 여자가 결혼도 안 하고 외국 유학이 가당키나 한 소리냐고 했고, 어머니 역시 아버지와 한목소리를 냈다. 그러다 그녀의 어머니가 묘안을 냈다. 그녀는 딸에게 결혼을 한 뒤에 남편과 함께 유학을 가라고 했다.

함께하는 삶은 참된 삶의 통로가 될 수 있다. 하지만 어떤 공동체는 참된 삶은커녕 삶 그 자체를 부패시킨다. 그리고 부패는 느리지만 지속적으로 이어지기 때문에 어느 순간 삶은 흔적도 없이 사라질 수 있다.

그녀에게는 원래 서로 호감이 있는 남자가 있었다. 둘 다 영문학을 전공해서 책 얘기만 하면 몇 시간이 금방 흘렀다. 문학의 명구를 인용한 편지 몇 줄로도 서울과 지방의 거리를 무색하게 만들 수 있었다. 그러나 남자는 적극적이지 않았다. 나중에 그녀는 그 남자가 자신을 내세울 게 없는 평범한 대학생으로 여겨서 적극적일 수 없었다는 사실을 알게 되었다. 그녀 역시 남자를 용기 있게 만들 정도로 용기 있는 여자는 아니었다. 그렇게 관계가 흐지부지되고 맞선을 봤다. 옆집에서 오랫동안 그녀를 봐왔던 아주머니의 조카였다. 어린 시절부터 그녀를 봐왔던 아주머니는 그녀의 인성을 아주 좋게 생각했다. 그러나 인성과 품성만으로 이루어지는 맞선이 있던가? 상대방 집안의 아버지는 금융업에 종사해서 돈이 많았다. 그렇지만 아들 외에는 딱히 내세울 자랑거리가 없었다. 반면 그녀의 언니와 오빠는 의대와 법대에 다니고 있었다. 돈, 집안, 유학, 참한 신붓감을 둘러싼 거래가 형성되었다. 그녀의 어머니 역시 이 거래에 동의했다.

첫 만남에서부터 별로 끌리지 않았다. 무엇보다 예전에 호감이 있던 남자와 너무 달랐다. 하지만 어머니는 그녀를 타일렀다. 너 소원이 미국 유학 아니냐, 돈 많은 집에 시집가면 유학도 가고 편하게 공부할 수 있지 않느냐. 그녀의 오빠는 어머니와 강하게 부딪쳤다. 동생을 절대 그런 집에 시집보내면 안 된다고 경고했다. 그녀는 어쩔 줄을 몰랐다. 본래 자기주장을 강하게 내세우지 않는 성품이기도 했

여자는 존재하지 않는다

고, 달리 길이 보이지도 않았다. 그렇게 스물다섯에 결혼을 해서 남편과 유학길에 올랐다. 아이러니하게도 그녀의 집에서는 결혼 준비 비용으로 8백만 원을 썼다. 그 돈이면 박사과정 1년은 충분히 지원할 수 있는 비용이었다. 그녀의 어머니는 뒤늦게 후회한다. 그때 8백만 원을 혼수 비용이 아니라 유학 비용으로 썼더라면….

성관계는 불가능하다. 그런데 담론은 불가능한 성관계를 필연적인 것으로 만들 수 있다. 딱 맞는 짝을 규정함으로써 말이다. 딱 맞는 짝은 어른들 간의 한치 앞도 보지 못하는 욕망의 거래를 통해 만들어진다. 여차저차 이해관계가 맞아 떨어지면 전혀 어울리지 않는 짝도 천생연분이 된다. 이렇게 담론은 성관계의 불가능성을 메우려 한다. 그러나 불가능성의 간극은 근본적으로는 메워지지 않는다. 사랑의 길로도 쉽게 메워지지 않을진대 하물며 사랑 없는 결혼의 길로는 두말할 것도 없다.

신혼여행부터 삐걱거리기 시작했다. 첫날밤에 처녀혈이 나오지 않았다. 남편이 눈에 불을 켜고 달려들었다. 산부인과에 같이 가서 확인을 했다. 처녀혈이 나오지 않은 처녀였음이 확인되었다. 그런데 남편의 무의식에서도 그런 입증이 받아들여졌을까. 유학생활은 즐거웠지만 부부생활은 지옥이었다. 남편은 간간이 또 무심히 극심한 폭력을 저질렀다. 아침에 전기 고데기를 꼽아놓은 걸 깜빡 잊어버리고 수업을 다녀온 일이 있었다. 남편은 불이라도 났으면 어쩔 뻔했느냐고 제발 정신 차리라면서 고데기를 목에 가져다 댔다. 아이를 낳았는데 공부에 몰입하면 기저귀를 갈아주거나 젖을 주는 것을 새까맣게 잊어버렸다. 남편의 비난이 더욱 잦아졌다. 공부는 똑같이 하는데 육아는 그녀 몫이었다.

시댁에서 모든 생활비를 받아서 썼다. 그래서인지 모르겠지만 남편의 갑질이 시작됐다. 어느 순간부터 시댁 돈은 한 푼도 쓰기 싫어졌다. 친정 어머니에게 커튼이며 이불이며 양말이며 집에서 직접 만들 수 있는 생활용품은 모조리 만들어서 보내달라고 했다. 어떻게든 생활비를 적게 받기 위해서였다. 편하게 공부할 수 있지 않겠느냐는 어머니의 예언은 이렇게 빗나갔다.

남편은 연상의 여자와 바람도 피웠다. 그녀는 도서관으로 학생회관으로 남편을 찾아 헤매곤 했다. 그렇게 5년이 흘렀다. 그녀가 먼저 학위를 마치고 아이와 함께 귀국해서 지방대학에 전임강사로 임용됐다. 남편은 1년 뒤에 돌아와서 서울에 정착했다. 주말부부 생활이 시작됐다. 그리고 이때부터 그녀의 심상치 않은 상태는 집안 모두에게 눈에 띌 정도였다. 그렇지만 그 누구도 진정으로 그녀 곁에 있

여자는 존재하지 않는다

지 않았다. 시댁에 손주를 보여주러 갔다 올 때마다, 서울에 있는 남편 뒷바라지를 해주러 다녀올 때마다 눈에 초점이 없어지고 맥락 없이 횡설수설하는 증상이 생겼다. 친정식구들이 모두 다 같이 있는 자리에서 남편이 칫솔을 못챙겨온 그녀에게 칫솔도 안 가져왔느냐면서 소리를 질렀다. 그 순간 그녀는 얼어버렸다. 가끔 밤에 몇 시간씩 혼자길거리를 헤매다가 새벽에 집으로 돌아오기도 했다. 그녀의 아버지는 자식도 있는 여자가 어딜 밤늦게 다니느냐면서 서른 살 먹은 딸을 회초리로 때렸다. 어렸을 때처럼 그녀는 그저 아무 말 없이 맞았다. 시댁 쪽에서는 결혼하기전부터 원래 우울증이 있었던 것 아니냐고 추궁했다. 몇몇지각 있는 친척이 어머니에게 정신과에 데리고 가서 치료를 받을 것을 권했다. 하지만 정신과 방문 자체가 스스로미친 사람임을 자인하는 것으로 여겨졌던 시절이었다. 어머니 역시 이런 고정관념에서 자유롭지 못했다. 결국 그녀는 아무런 치료도 받지 않았다. 또 다른 친척은 신앙을 권했다. 세례를 받고 성당에 나갔지만 거룩한 복음 역시 그녀의 마음에 스며들기에는 역부족이었다. 우울증 약을 복용할 수 있었다면, 신앙에 몰입할 수 있었다면, 그녀는 다른 선택을 할 수 있었을까? 정신분석은 이 가정에 대해 회의적이다. 전자는 대상을 조작하는 논리이며, 후자는 의미를 주입하는 논리이다. 양자 모두 그녀의 주체성에 대한고려를 배제하는 접근 방식으로 그칠 수 있다.

주말부부 생활을 하면서 7일 중에 5일은 지방 친정집에 머물면서 학생들을 가르쳤다. 어머니가 있었으니 육아에 대한 부담도 온전히 짊어지지 않고 최소한의 연구도 가능했다. 학생들을 가르치고 책을 읽을 때 그녀는 숨을 쉴 수 있었다. 이것은 정황적으로는 그녀가 자기만의 삶의 공간을 확보하고 우울증으로부터 자신을 회복할 가능성이 있었음을 의미한다. 그러나 그녀에게 그러한 가능성은 전혀 보이지 않았다. 주말 동안 남편과 함께하는 시간이 그러한 가능성을 덮어버렸을지도 모른다. 여기서 우울증에 대한 정의가 도출된다. 우울증이란 2일간의 구속이 5일간의 자유를 짓밟을 수 있는 상태다.

주말부부로 지낸 지 3개월 즈음 되는 시점의 어느 날 밤 그녀는 또 거리를 혼자 헤맸다. 방황에 끝이란 게 있을까. 만약 끝이 없다면 없는 끝이라도 만들어야 했다. 집으로 돌아온 그녀는 짧은 메모를 남겼다. "내가 없어져야 우리 집안 식구들이 편안해진다. 내가 계속 있으면 남편한테 걸림돌이 된다." 그렇게 그녀는 아파트 옥상에서 몸을 던졌다. 미국 시인 실비아 플라스(Sylvia Plath)는 평생 자살을 고민하다 결국 오븐에 머리를 넣고 "제발 의사를 불러 주…"라는 메모를 남긴 채 자살에 성공했다. 그녀의 전공은 미국 문학이었다. 그녀는 플라스에 대해 알고 있었을까?

여자는 존재하지 않는다

* * *

　그녀의 삶과 플라스의 삶은 어떻게 겹쳐지고 구분될 수
있을까? 플라스에게는 스무 살 무렵의 수면제를 통한 자
살 기도, 이후 그 정황이 결코 우발적이지 않았던 자동차
사고, 마침내 최후의 성공으로 이어지는 일련의 과정이 있
었다. 그녀의 자살에 대한 회상으로부터 『자살의 연구』를
시작한 알프레드 알바레즈(Alfred Alvarez)는 플라스의 자살
에 대해 이렇게 말했다.

　　[플라스에게 자살은] 죽음 속으로 소리 없이 사라
　　짐이 아니며, 한밤중에 아무런 고통 없이 끝내기 위한
　　기도企圖가 아니다. 자살은 신경의 말초에 느껴지는 어
　　떤 것, 맞서 싸워야만 하는 어떤 것이며, 그녀에게 그녀
　　자신만의 삶의 자격을 부여해주는 하나의 성년식이었
　　다.[104]

　이러한 통과의례로서의 자살에 대한 감각은 그녀가 아
홉 살 때 일어난 아버지의 죽음에 기인한다. 플라스에게
성인成人이란 생존자이며, 그 이름이 무엇이든 간에 정신
의 수용소로부터 살아남은 익명의 유태인이었다. 그리고
생존자와 유태인에게는 죽음이라는 빚을 갚아야 할 의무
가 있다. 그녀의 경우 이 의무는 아버지와의 결합에 대한

충동과 연관된다. 그녀의 시「대디(Daddy)」를 보자.

그들이 당신의 시신을 묻었을 때 나는 열 살이었다. 스무 살 때 나는 죽으려 했고, 당신에게로 돌아, 돌아, 돌아가려고 했다. 나는 내 골수까지 돌아가리라 생각했다.

또 플라스의 시「벌 모임(The Bee Meeting)」은 양봉가의 모임에 대한 묘사와 죽음에 대한 주문呪文을 겹쳐지게 하면서 시적 화자를 하나의 희생물로 만든다. 그런데 플라스의 아버지는 벌 연구의 권위자였다. 결국 아버지의 죽음에 대한 상징화의 실패가 아버지와의 결합에 대한 그녀의 환상 및 행위화를 유발하는 한편, 그녀의 강박적인 글쓰기는 아버지의 죽음을 어떻게든 상징화하려는 시도였던 것이다.

반면에 그녀는 결코 죽음에 대한 지속적이고 예민한 감각 같은 것이 없었고, 가까운 이의 죽음이라는 트라우마도 없었다. 그녀는 죽음에 대해 결코 쓰지도 말하지도 고민하지도 않았다. 무엇보다 그녀의 행위는 플라스의 그것과는 달리 한차례의 시도로 충분했다. 그것은 단 한차례의 시도로 이루어진 성공이었다. 또 대학 교직을 포기하면서까지 자신의 정체성을 찾기 위해 노력했던 플라스와 달리 그녀에게는 정체성의 투쟁에 대한 어떠한 흔적도 찾아볼 수 없

여자는 존재하지 않는다

다. 그녀는 늘 순응했고, 주변 여건으로부터 벗어나 자기 것을 찾으려고 하지 않았다. 만약 그녀의 삶과 플라스의 삶에 유사성이 있다면 그것은 어머니 및 아내라는 옷이 너무도 맞지 않았던 여인이라는 점에 있다. 다만 그 맞지 않는 정도가 플라스에게보다 그녀에게 훨씬 더 컸을 뿐이다. 플라스와 그녀의 남편 테드 휴즈(Ted Hughes)에게는 갈등적인 이질성이 아니라 "견딜 수 없는 동질성"[105]이 문제였다. 반면 그녀와 남편에게는 이질성도 동질성도 없었다. 있는 것은 초점 잃은 의무뿐이었다. 또 플라스에게 두 아이의 탄생은 그녀의 말에 따르면 자신을 여자로 입증시켜준 계기였다. 반면 그녀는 아들에게 팔루스적 욕망을 투여하지 않았고 아들은 그녀의 모성성과 각별한 접점이 없었다. 아이는 그저 말랑말랑하고 똥을 싸는 유기체일 뿐이었다. 아내라는 옷도 어머니라는 옷도 너무나 맞지 않았던 여인, 그러나 그 옷을 결코 벗어던질 수 없었던 여인, 그리고 끝내 일거에 옷을 찢어버린 여인. 플라스는 「튤립(Tulips)」에서 이렇게 쓴다.

나는 얼굴이 없고, 나 자신을 지우고 싶었다.

(And I have no face, I have wanted to efface myself).

멜라니 클라인에게 자살은 육체에서 나쁜 대상을 제거하고 좋은 대상을 보존하려는 수단이다. 플라스는 좋은 대

상과 나쁜 대상이라는 구분에 새로운 대상을 도입한다. 그
것은 라캉이 프로이트적 대상의 핵심으로 여긴 것, 즉 부
재한 대상('없는 얼굴')이다. 자살은 부재한 얼굴(face)을
지우는(efface) 행위이다. 플라스보다 더 얼굴이 없었던 그
녀는 부재하지도 못했던(less-than-absent) 얼굴을 다시 지우
고(re-efface) 싶었다. 그것은 혼자서는 하와이까지도 가지
못했던 얼굴이었을까 아니면 목에 난 화상 자국이 지워지
지 않은 얼굴이었을까. "이것은 자살, 그러므로 그 누구의
실패도 아닌 익명의 성공." [106]

✳ ✳ ✳

자살에도 임상적 구분이 필요하다. 플라스의 경우가 강
박증적 자살(극복해야 할 성년식으로서의 자살)이라면,
정신분열증적 자살(탈인격화에 대한 물리적 실현으로서
의 자살)도 있을 수 있다. 그녀의 경우는 우울증적 자살이
다. 실제로는 어떤 걸림돌도 아닌 주체가 실재의 차원에
서 무가치한 걸림돌이라는 대상과 자신을 동일시하기 때
문이다. 이러한 동일시는 급진적인 행위의 시발점이 된다.
모든 급진적인 행위는 행위자를 변형시키는데, 여기서 주
체의 삶은 행위 이전과 이후로 나뉜다. 하지만 자살은 주
체를 소멸시킴으로써 행위 이후의 삶 자체를 지운다. 자살
은 파국적인 성공이다. 그것은 상징계의 한계를 넘어서,

국지화되지 않고 육체 전체를 침입하는 대타자의 주이상스라는 과녁을 맞히기 때문이다. 자살은 불법 행위(delict)다. 막다른 골목에 처한 잔존물(relict)은 불법 행위(delict)를 통해 스스로에 대한 유기(derelict)를 끝까지 밀어붙이기 때문이다. 이러한 자기 유기는 단순히 자연적, 사회적 금기에 대한 도전이 아니라 신에 대한 도전이다. 가톨릭 교회에서는 자살자가 가톨릭 묘지에 묻히는 것을 금했다. 자살자의 부패한 시신이 다른 죽은 이의 시신을 더럽힐 수 있다고 봤기 때문이다. 죽은 이가 죄인이라면, 자살자는 죄인을 더럽히는 죄인이다. "살인하지 말라"를 계율로 선포한 교회가 보기에 자살자는 살인자보다 더 극악하다. 살인은 인간에 대한 범죄에 머문다. 살인자가 죽인 희생자는 신의 뜻에 의해 죽을 운명인 것으로 사후적으로 해석되기 때문이다. 신의 뜻은 그 영역이 꽤 넓은 셈이다. 그런데 자살은 그 영역 바깥에 서려는 주체적 결단이다. 그것은 신적인 섭리에 의해 통제되지 않는 절대적인 자기 결단을 통해 신의 뜻을 위반하는 것이다.

스물네 살의 그녀는 참 밝고 수수하고 평범한 여대생이었다. 새언니에게서 핸드백과 옷을 빌려 입고 미팅을 나가기도 했다. 다만 책을 읽을 때만은 세상을 전부 잊은 듯했다. 결혼할 때 혼수를 많이 받았지만 그녀의 눈에 혼수는 전혀 들어오지 않았다. "나는 예물보다 새언니가 사준 백이 더 좋아요." 프로이트는 모든 자살을 살인으로 보았다. 그것은 스스로를 죽임으로써 내면화된 대상까지 같이 죽이는 것이기 때문이다. 그녀는 무엇을 죽였는가? 그녀는 외부 대상은커녕 내면화된 대상조차 죽일 수 있는 사람이 아니다. 법 없이도 살 여인, 법에 과잉 순응함으로써 법이 무너지는 지점을 보여준 아이러니한 여인. 그녀의 행위로 도래한 실재 앞에서 신의 뜻과 항우울제는 말을 잃는다. 그리고 분석 또한 이제부터 침묵하리라.

여자는 존재하지 않는다

자매

1933년 르망(Le Mans)시 브뤼예르(Bruyère)가 6번지 랑슬랭(Lancelin) 가족 저택. 랑슬랭가에서 하녀로 일하는 자매는 당황했다. 수리공에게서 찾아온 지 이틀밖에 안 된 다리미의 퓨즈가 끊어졌고 그 때문인지 정전이 되었기 때문이다. 부인과 아가씨가 외출에서 돌아오기 전에 정전을 해결해야 했지만 뾰족한 수가 없었다. 부인에게 야단맞을 것을 두려워하던 차에 부인과 아가씨가 집으로 돌아왔다. 자매가 두 여인을 맞이하러 계단을 내려가기도 전에 아니나다를까 부인은 노발대발하기 시작했다. "집이 왜 이래!" 익숙한 훈계를 잠자코 듣던 언니는 일을 그만두고 동생과 함께 떠나겠다고 말했다. 부인은 더욱 흥분했고 "넌 아무 데도 못 가"라고 말하면서 언니에게 손찌검을 하려 했다. 그리고 그 순간 자매의 삶의 퓨즈도 끊어졌다.

늘 흰 장갑을 끼고 먼지가 묻는지 안 묻는지 살펴보는 방식으로 집 안 청소 상태를 점검하던 부인에게 쌓였던 분노가 폭발한 것일까? 언어적 폭력에는 어느 정도 내성이 생겼지만 물리적 폭력만큼은 참을 수 없었기 때문일까? 자매는 망치, 칼, 양철 물병을 번갈아 사용하면서 부인과 아가씨를 난도질했다. "이제 제대로 됐어(En voilà du propre)!" 먼지를 청소하던 하녀들이 마님과 아가씨를 깨끗하게(propre) 쓸어냈다. 동생이 처음 랑슬랭가에 함께 일하러 왔을 때 언니는 몇 가지 주의사항을 알려주었다. "예, 주인님", "아니오, 주인님", "예, 마님", "아니오, 마님"이라는 말만 할 것, 주인님과 마님의 성을 불러서는 안 된다는 것. 그리고 그녀는 이렇게 덧붙였다. 주인에는 세 부류가 있다. 실제로 주인인 인물, 남들이 주인으로 대접해주는 인물, 그리고 자기 자신을 주인이라고 믿는 인물. 물론 자매의 범죄에 깃든 잔혹성은 이 모든 부류의 주인을 아연실색하게 만들기에 충분했다.

* * *

라캉은 1933년 초현실주의 잡지 『미노타우로스(Le minotaure)』에 기고한 글에서 자매의 범죄를 편집증적 살해로 규정한다.[107] 이 시기의 라캉에 따르면 편집증은 세 가지 특징을 갖는다. 자신이 위대하다고 믿거나 자신이 박해를 받

여자는 존재하지 않는다

는다고 믿는 인지적인 망상, 공격적인 충동 및 그에 기인한 살해 시도, 망상의 만성적이고 점진적 완성이 그것이다. 나아가 라캉은 정신병적 구조에 대한 두 가지 입장을 소개한다. 한 가지 입장은 정신병을 선천적인 결함과 유전적인 소인이 발전한 것으로 본다. 다른 입장은 정신병이 세 가지 국면을 갖는다고 본다. 지각이 순간적으로 동요하는 경험, 주체가 그 경험을 합리적으로 설명하려는 시도로서의 망상, 망상적인 확신이라는 동기에 의해 촉발되는 범죄 행위가 그것이다. 라캉은 자신이 이 두 가지 입장의 불충분함을 보완하기 위해서 새로운 입장을 제시했다고 주장한다. 그에 따르면 정신병의 세 가지 국면 모두에서 사회적 관계성과 긴장이 핵심적인 역할을 한다. 가령 공격적인 충동은 날것 그대로 표출되는 것이 아니라 복수, 이상향의 승인, 속죄 및 자기 처벌과 같은 사회적 문맥과의 상호작용 하에서 굴절되어 표출된다. 따라서 범죄의 근본 동기인 망상은 결코 범죄 행위를 통해서는 그 논리—망상은 우리가 생각하는 것보다 훨씬 논리적이다—를 규명할 수 없다. 결국 망상이 공격성으로 표출되고 공격성이 범죄로 해소되는 두 차례의 굴절이 작용하는 한에서, 또 망상의 진화 및 표출 과정에서 사회적 관계성이 고려되어야 하는 한에서, 망상의 논리는 우리가 생각하는 것보다 복잡하다.

자매의 범죄가 갖는 맥락의 복잡함을 풀어나가기 위해

한 가지 가설을 제기해보자. 망상妄想은 망상網狀에 기인한다. 자매의 범죄는 수많은 관계가 그물같이 뒤얽혀서 구성된 콤플렉스가 드러난 결과다. 그들의 범죄는 사회적 관계뿐만 아니라 상상적, 상징적, 실재적 관계가 착종되면서 일어난 행동화이다. 이 망상網狀적 관계의 실타래를 들여다보자.

＊ ＊ ＊

우선 자매 관계의 배타적 결속이 있다. 여기에는 얼마간의 맥락이 있다. 자매의 부모님은 서로 사랑하지 않았을 뿐만 아니라 아이를 원하지 않았다. 부모의 욕망이라는 표식에 각인되지 않은 모든 아이는 자기 실존에 심연의 그림자가 드리워져 있음을 직감한다. "나는 왜 태어났는가?" 나아가 아버지는 어머니로부터 첫째 딸(자매는 각각 둘째와 셋째다)을 성추행했다는 의심을 받았고, 어머니는 냉담하고 압제적이었다. 부부가 이혼하면서부터 자매는 고아원에서 자랐다. 첫째는 수녀원에 들어감으로써 가족과의 인연을 끊었다. 결국 둘째에게는 정을 나눌 대상이 동생밖에 없었다. 이러한 배타성은 둘이 랑슬랭가에서 함께 지내면서부터 더욱 강화되었다. 자매는 휴일에도 바깥 활동을 하지 않고 둘이서만 붙어 지냈다. 라캉은 자매의 케이스를 '감응성 정신병(folie à deux)'으로 진단한다. "진정한 샴쌍둥이의 영혼을 가진 그들은 영구적으로 닫힌 세계를 만들어냈다."[108]

　감응성 정신병에서는 능동적인 한 인물이 지닌 망상이 수동적인 인물에게 전달되면서 둘이 같은 망상을 공유한다. 자매는 거의 모든 것을 그들끼리만 함께했다. 심지어 사건 직후 자매가 따로 작성한 진술서마저 흡사했다. 언니는 랑슬랭가에 1927년 2월에 고용되었고, 동생은 1927년 4월에 고용되었는데, 사건 이후 경찰서에서 받은 조사에서 언니는 자기가 1927년 4월에 고용되었다고 대답했다. 자매간에는 약간의 거리도 없으며, 언니는 동생과 과잉 동일시된 상태로 샴쌍둥이처럼 붙어 있었다. 언니가 곧 동생이고, 동생이 곧 언니다.

　이러한 배타적 둘의 관계에 수많은 관계가 중첩된다. 감응성 정신병이 부부관계에 흔히 발병한다는 통계에 주목하라. "나는 전생에 내 동생의 남편이었음에 틀림없다"는 언니의 발언은 단순히 망상적 발언에 그치지 않는다. 연애 경험이 전혀 없었던 그들은 근친상간적 성애 관계를 갖고 있었다. 사건 직후 서로 다른 감옥에 수감된 언니에게서 보이는 절망감은 실연한 남성의 그것에 가까웠다. 이후 이상 행동이 심해지자 동생과 잠시 재회할 수 있었는데 그때 그녀는 동생에게 이렇게 말했다. "나를 원한다고 말해

줘!" 여기서 언니는 남편 혹은 남자 연인이고, 동생은 아내 혹은 여자 연인이다. 상당수의 부부 및 연인 관계에서 그러하듯, 자매의 부부/연인 관계도 보호 관계로 확장된다. 동생이 성희롱을 당했다는 사실을 안 언니는 동생을 지켜주리라고 맹세한다. 또 자매는 1931년 8월 르망시의 시장(maire)을 방문해서 자신들이 박해받고 있음을 호소하면서 어머니(mère)가 동생에 대해 갖고 있는 후견인 권리를 해제시켜달라고 요구한다. 언니는 어머니로부터의 후견 해제(emancipation)를 통해 동생을 해방(emancipation)하러 온 기사騎士인 셈이다.

배타적 둘의 관계는 또한 모녀 관계를 함축한다. 랑슬랭가에서 일한 지 얼마 지나지 않아 동생이 어머니를 보고 싶어 해서 자매는 어머니를 방문했다. 언니의 안색이 좋지 않은 것을 본 어머니가 언니에게 몸이 좋지 않은지 물었다. 언니의 답변은 싸늘했다. "어렸을 때는 관심도 없었으면서 이제 와서 왜 신경 쓰는 척을 하죠?" 언니가 동생을 사랑하고 보호할 때 그녀는 자기 자신에게 결핍된 어머니의 사랑을 동생에게 준다. 그럼으로써 그녀는 자기 자신의 결핍을 메우려 한다. 그녀가 불행한 동생의 모습에서 보는 것은 사랑이 결핍된 자신의 이미지며, 행복한 동생의 모습에서 보는 것은 그러한 결핍으로부터 피난처를 찾은 자신의 이미지이다. 이러한 상상적인 관계를 연출하는 데에는

여자는 존재하지 않는다

역할 배정이 필요하다. 여기서 언니는 어머니고, 동생은 딸이다.

절묘하게도 이러한 모녀 관계를 거울처럼 비추는 관계가 있다. 그것은 부인과 아가씨의 모녀 관계다. 우선 부인과 아가씨가 각각 자매와 맺는 관계부터 살펴보자. 1929년 10월 어머니와의 연을 끊은 뒤에 자매는 부인이 눈앞에 있을 때를 제외하고는 부인을 엄마라 불렀다. 역으로 시장에서 우연히 만난 엄마를 보고는 부인이라고 불렀다. 어머니에 대한 감정이 부인에 대한 감정으로 옮겨가는 이러한 모성적 전이(transfert maternel)의 강도는 자매가 어머니와 연을 끊는 과정이 매끄러웠던 만큼 더욱 강했을 것이다. 이미 어머니의 대체자가 있었기에 어머니의 상실은 문제되지 않았다. 그러나 이러한 전이는 치명적이다. "더 (encore)!"로 표현되는 어머니에 대한 사랑의 요구가 강했던 만큼 "다시(encore)!"로 표현되는 부인의 재청소 명령에 대한 반감 역시 강해지기 때문이다.

아가씨라는 제3자와 자매의 관계에 대해 말하자면, 아가씨는 동생과 나이대가 비슷했고, 따라서 둘은 신분 격차라는 긴장에도 불구하고 좀 더 사적으로 친밀해질 여지가 있었다. 그러나 제3자로서의 아가씨의 존재는 언니에게 질투심을 자극했고, 이는 배타적 둘의 관계에 대한 언니의 집착을 심화시켰다. 정념적인 질투에 기반을 둔 이러한 삼자 관계 말고도 세 여성의 육체가 서로 감응하는 실재적 관계도 존재한다. 사건 당일 자매와 아가씨 모두 생리 중이었다. 따라서 자매가 아가씨의 엉덩이를 잘라내는 것은 성적인 피와 죽음의 피를 뒤섞는 행위이며, 여기서 성과 죽음의 내밀한 유착 관계(유성 생식 존재에게는 필연적인 관계)가 암시된다. 또 범행 이후에 자매는 월경을 하지 못하게 되었는데, 이것은 정신신체적(psychosomatique) 월경 이상에 해당한다. 죽은 자와 죽인 자의 육체가 착종된 것이다.

✳ ✳ ✳

그러나 보다 핵심적인 것은 자매 둘과 주인 모녀 둘이 갖는 4자 관계다. 라캉은 한편으로 언니의 관점을 우선시한다.

> 절망적인 범죄 경험이 또 다른 자기 자신을 그녀에게서 떼어놓기 전에 그녀는 얼마나 긴 고통의 길을 지나왔겠는가?[109]

그에 따르면 자매의 범죄는 언니의 박해망상적 고통을 범죄라는 수단으로 해소하려는 시도에 해당한다. 그리고 범죄로 고통을 해소했으니 처벌은 자연스러운 결과다. 범행 직후 자매는 달아나지 않았고 경찰을 기다리면서 침대에서 꼭 붙어 있었다. 자매는 자신들의 형벌을 경감하려는 시도를 거부하기도 했다. 이렇게 자기 처벌과 편집증의 연관성이 입증된다. 여기서 한 가지 논점을 끌어내자. 공격하는 자는 고통받는 자다. 그리고 고통받는 자는 반드시 고통을 유발한다. 그러나 고통을 유발하면서 더 큰 고통을 씻어냈으니 공격하는 자는 처벌을 기꺼이 받아들인다. 언니에게 살해란 박해받는 더 큰 고통을 해소하는 반작용이며, 이를 통해 그녀는 동생이라는 또 다른 자아로부터 분리된다. 그런데 박해망상이 실재적 효과를 낳는 상상적 고통이라면 이러한 고통은 상징적 틀에 의해 매개되지 않을까? 이어서 라캉은 이렇게 지적한다.

> 자매는 그들 병의 신기루를 주인 여인들의 이미지와 뒤섞었다. 그들이 잔학한 카드리유(quadrille)* 속으로 끌어들인 커플에게서 결코 보고 싶지 않았던 것은 그들 자신의 고통이었다.[110]

여기서 라캉이 도입하지 않은 구분, 즉 언니와 언니의 또 다른 자아로서의 동생 간의 2자적 거울 관계와 자매와 주인 모녀 간의 4자적 거울 관계 간의 구분을 도입해보자.

[*] 사인무四人舞.

자매의 범죄 행위에서 전례 없이 독특한 양상은 그들이 모녀의 눈을 뽑았다는 것이다. 프로이트는 눈과 실명을 남근과 거세 콤플렉스로 환원시켜 해석한다. 눈을 뽑는 것은 누군가를 거세시키는 것과 같다. 여기서 네 번째 부류의 주인이 추가된다. 주인은 거세시킬 수 있는 자다. 이제 자매는 더 이상 종이 아니다. 기존의 주인을 거세시키러 온 새로운 주인이다. 그렇다면 자매가 모녀에게서 결코 보고 싶지 않았던 자신들의 고통은 무엇일까? 그것은 라캉이 말하듯 단순히 신기루적인 상상적 고통이 아니라 모녀의 이상적인 이미지가 역설적으로 더욱 부각시키는 자신들의 참혹한 현실, 즉 주종 관계에서 오는 상징적이고 실재적인 고통이 아니었을까?

부인이 아가씨를 알뜰살뜰하게 챙기는 모습이나 아가씨가 부인의 편을 드는 모습에서 보이는 자매의 박탈감은 단순히 애정 결핍이나 상상적인 소외가 아니다. 통계는 당시 하녀 계층의 정신병 발병률과 자살 비율이 다른 계층에 비해 이례적으로 높았음을 보여준다. 또 범행 직후 언니는 이렇게 말한다. "여주인들의 피부를 갖고 싶었어요. 대신 그들이 우리 피부를 갖고요." 피부 윤곽이 육체 이미지로서의 자아를 형성한다는 점을 감안할 때 피부 교환의 아이디어가 상상적임은 분명하다. 그러나 자매가 그들 자신에게 허용한 유일한 사치 품목이 옷이었다는 점, 동시에 아

여자는 존재하지 않는다

무리 비싼 옷을 사 입더라도 메울 수 없는 피부의 격차가 존재한다는 점에 주목하자. 이 격차를 오롯이 극복하기 위해서는 더 비싼 옷을 사 입는 것이 아니라 그 격차를 야기하는 육체 자체를 파괴하는 수밖에 없다.

자매의 사건 이후 프랑스 사회는 다양한 반응을 내놓았다. 극우파는 사회는 가해자가 피해자로 둔갑되는 임상 실험실이 아님을 강조했고, 극좌파는 착취당하는 수만의 하녀들이 노동자와 연대하여 투쟁할 것을 종용했고, 법무부 소속 전문가들은 자매의 책임과 유죄를 강조했으며, 자매의 사건이 일어난 지 거의 30년이 지난 뒤에 철저히 계급 문제의 시각으로만 사건을 바라본 사르트르와 보부아르는 자매가 괴물들을 제조하는 무시무시한 체제의 순교자임을 강조하다가 자매의 감응성 정신병에 관한 자료를 접하고 나서 자신들의 논평이 계급 갈등에 치우쳤음을 인정하기도 했다. 우리로서는 자기 자신과 아내가 자매와 일절 대화를 나누지 않았다는 랑슬랭 씨의 발언에 주목하면서 다음을 확증하자. 말이 부재한 곳에는 누적된 긴장이 실재적 파괴로 회귀한다.

결국 자매의 범죄에는 배타적 둘의 관계, 연인/부부 관계, 보호 관계, 모녀 관계, 삼자 관계, 육체적 감응 관계, 2자적 거울 관계, 4자적 주종 관계가 뒤얽힌 채 난무하고 있다. 편집증(paranoia)이란 바깥(para)에 있는 정신(nous)을 뜻한다. 망상網狀적 관계가 정신을 바깥으로 탈구시키는 망상妄想을 낳는 것은 자연스러운 일이 아닐까? 그리고 이러한 자연스러운 일이 극도로 복잡한 일처럼 보이는 것, 이것이 바로 동생이 "삶의 미스터리"라고 부른 것이 아니겠는가. 자매의 이름은 크리스틴 파팽(Christine Papin, 1905-1937)과 레아 파팽(Léa Papin, 1911-2001(?))이다.

여자는 존재하지 않는다

라비스망

예술가는 작품을 통해 정신분석가를 앞서고 정신분석가가 나아갈 길을 예비한다. 왜냐하면 예술은 우리가 상실한 주이상스의 흔적을 창조적으로 재형상화하기 때문이다. 그래서 문학이란, 마르그리트 뒤라스(Marguerite Duras)가 말하듯, "쓰인 것에 접근 불가능한 것, 갓 태어난 아기와 같은 내 폐쇄된 살갗의 가장 깊은 곳에 여전히 숨겨져 있는 많은 것에 다가가기 위해 글쓰기를 활용하는 것이다." [111] 여기서 뒤라스의 『롤 베 스타인의 환희(Le ravissement de Lol V. Stein)』에 대한 라캉의 오마주가 나온다. 궁정풍 사랑에 빗대어 말해보자. 뒤라스가 숭고한 귀부인이라면, 라캉은 그녀의 문학을 예찬하는 기사다. 뒤라스는 라캉이 없이도 라캉의 가르침을 이미 알고 있다. 그래서 라캉은 자신의 오마주가 그저 "문자의 실천이 무의식의 작용 방식과 수

렴하는지"[112]를 보여주는 데에 있다고 말한다. 문학이 문자의 실천이라면, 정신분석은 기표의 실천으로서 무의식의 작용 방식을 탐구한다. 그런데 후기 라캉이 상징계와 실재를 더욱 촘촘하게 엮어감에 따라 기표와 문자는 뒤얽히게 된다. 따라서 문학과 정신분석은 문자에서 만난다.

✳ ✳ ✳

기표가 차이의 체계 안에서 움직인다면, 문자는 동일성의 완고함에 근거한다. 기표가 구조적 연쇄를 통해 드러난다면, 문자는 글쓰기 행위에 의해 드러난다. 그런데 역설적으로 글쓰기는 지우기를 동반한다. 글쓰기는 무엇을 지우는가? 그것은 대상을 지운다. 나아가 그 대상에 결부된 관념 또한 지운다. 순수한 의미의 글쓰기란 구체적인 지시 대상 및 그 대상에 결부된 기존 관념이 사라질 때 등장한다. 따라서 라캉은 '리투라테르(Lituraterre)'라는 신조어를 창안했다. '문학[리터리처](Literature)'이란 '리투라테르', 즉 (구체적 대상과 기존 관념의) '지우기[리투라](litura)'이다. 그리고 '지우기[리투라](litura)'는 '연안[리토랄](littoral)'에서 일어난다. 연안은 바다와 육지가 구분되고 겹쳐지는 모호하고 유동적인 경계다. 바다와 육지는 명확히 구분되는 동시에 끊임없이 서로의 경계선을 넘나든다. 연안에 대한 우리의 접근에서 바다와 육지는 곧 지식과 주이상스에 해

여자는 존재하지 않는다

당한다. '지우기[리투라]'가 일어나는 '연안[리토랄]'에서
는 기표의 분절로서의 지식과 육체의 주이상스 간의 구분
및 접촉이 일어난다.

마지막으로 '문자[레터] (letter)'에 대한 조이스적 변용,
즉 '쓰레기[리터] (litter)'를 상기하자. 문자는 언어에 의해
생산되지만 언어로 환원되지 않는 잔여물 혹은 주이상스
를 실어 나르는 찌꺼기 대상과 관계된다. 다시 말해 문자
는 구체적인 현실 속 대상이 아니라 언어의 대상 살해 이
후 언어를 벗어나는 실재의 조각을 실어 나른다. 요컨대
리투라테르란 문학적 글쓰기가 리투라, 리토랄, 리터와 연
관되어 있음을 말한다. 문자의 작용은 지우기이며, 문자의
작용 장소는 지식과 주이상스의 경계선이며, 문자의 옆에
는 실재의 잔여물이 동반된다. 문학은 현실을 재현하는 것
이 아니라 실재의 잔여를 보여준다.

문자가 그 윤곽을 그려내는 것은 지식 안의 구멍의
가장자리입니다.[113]

따라서 정신분석은 문자의 실천으로서의 문학작품을
'문자 그대로(à la lettre)' 읽어야 한다. 여기서 주의하자. '문
자 그대로'란 결코 문자에 어떤 투명하고 일의적인 의미가
담겨 있음을 뜻하지 않는다. 오히려 그것은 우리가 작품을

읽을 때 문자가 극대화시키는 기표의 효과, 즉 말놀이, 신조어, 중의성, 애매성, 모호성과 더불어 작품을 읽어야 함을 뜻한다.

문자가 담론을 쓰기에 적절한 도구라는 사실이 그 자신과 다른 단어로 받아들여진 어떤 단어를 문장 안에 있는 또 다른 단어를 가지고 지칭하는 것을, 따라서 기표의 몇몇 효과를 상징화하는 것을 부적절하게 만드는 것은 아닙니다.[114]

문자는 기표의 효과를 상징하는데, 그 효과란 기표 간에 어떠한 유희도 일어날 수 있음을 뜻한다. 기표는 모호함을 유발하는 효과를 갖는데, 이것이 문자가 상징하는 바이다. 문자는 작가에 의해 의도된 하나의 의미 혹은 독자에 의해 투사된 고정된 의미 바깥에서 늘 새롭고 불확정적이며 결론 없는 읽기를 유발한다. "문자 그대로 그 모든 모호성과 더불어." 이것이야말로 정신분석의 문학 읽기일 것이다.

* * *

뒤라스의 『롤 베 스타인의 환희』는 그 제목의 모호성에서부터 열린 읽기를 유발한다. 우선 '환희'로 번역된 '라비

여자는 존재하지 않는다

스망(ravissement)'이라는 기표 자체가 중의적이다. 그것은 한편으로는 '황홀', '환희', '법열'을 뜻하고, 다른 한편으로는 '강탈', '약탈', '유괴'를 뜻한다. 또 '롤 베 스타인의 환희'에서 '의'로 번역된 'de'는 주격적 속격으로도 목적격적 속격으로도 읽힐 수 있다. 즉 그것은 한편으로는 롤이 경험하는 라비스망이기도 하고, 다른 한편으로는 롤에 대해 일어나는 라비스망이기도 하다. 또 롤 베 스타인의 원래 이름은 롤라 발레리 스타인(Lola Valérie Stein)이다. '롤라(Lola)'에서 '아(a)'가 빠진 롤은 앞에서 뒤로 읽을 때나 뒤에서 앞으로 읽을 때 둘 다 똑같이 읽힌다. 이런 점에서 롤은 역행점(point de renversement)이 함유된 "이중화된 공간"[115]을 구현한다. 즉 그녀는 병의 입구와 출구, 내부와 외부가 구분되지 않는 위상학적 대상인 클라인병(bouteille de Klein)과 같다.*
또 스타인(Stein)이 독일어로 '돌'을 뜻한다는 점에 착안할 때 우리는 그녀의 이름에서부터 실연의 상처로 인해 무감각한 돌처럼 굳어버린 여인을 떠올릴 수 있을 것이다.

티 비치(T. Beach)의 어느 무도회장. 롤은 자신의 약혼남 마이클 리처드슨을 무도회장에 새로 등장한 여인 안 마리 스트레테르로부터 강탈[라비스망]당한다. 이것은 물론 리

[*] 따라서 작품 속 자크 홀드의 다음과 같은 말은 옳다. "내 생각에 롤 베 스타인은 갈수록 조금씩 더 알 수 없는 사람이 되어버릴 수도 있었다."[116]

처드슨과 스트레테르 사이에서 순식간에 타오른 환희[라비스망] 때문이었다. 리처드슨은 스트레테르와의 첫 번째 춤을 끝내고 롤에게 돌아온다. 두 번째 춤을 끝냈을 때 그는 롤에게 돌아오지 않고, 스트레테르와 함께 사라진다. 주목할 점은 롤이 당시 무도회장에서 어떠한 고통도 표출하지 않는다는 사실이다. 단순히 충격이 너무 커서 표출할 수 없었던 걸까? 여기서 관건은 고통의 크기나 강도가 아니라 오히려 고통에 대한 무능력이다.

고통에 대한 무능력을 살펴보기에 앞서 롤의 주체적 이력부터 살펴보자. 어떤 사건도 주체가 그 사건을 수용하는 방식 및 입장과 분리해서 고려될 수 없다. 롤이 아닌 어떤 주체는 무도회장 사건에 대해 롤과 전혀 다른 방식으로 대응할 것이다(가령 리처드슨이 롤에게 스트레테르에게 사로잡힌 자신을 구해줄 것을 암묵적으로 요구했을 때 롤은 미소를 지었을 뿐이지만, 다른 주체는 그렇게 하지 않을 수 있다). 이런 점에서 라캉이 지적하듯 롤의 라비스망에서 관건은 무도회장 사건 자체라기보다는 주체적 매듭이다. 어린 시절부터 롤에게는 "뭔가 결여된 것이 있었다."[117] 그녀는 독특하게 불완전했고, 부드럽게 무관심했으며, 우정이나 즐거움을 추구하지 않았고, 소녀다운 눈물을 보인 적도 없다. (뒤라스의 문체 덕분이기도 하지만) 롤은 특성 없는 여자, 익명성이 두드러진 여자다. 그녀는 어디를 가

더라도 자기 자리에 있지 않았다. 그녀는 부재와 침묵의 여인이다. 롤의 친구 타티아나가 증언하듯, "롤이 '거기' 있다고 하기엔 뭔가 부족한 듯했다."[118] 무도회장 사건 이후의 자기 자신에 대해 롤은 이렇게 말한다. "나는 누가 내 자리에 있는지 이해가 안 돼요."[119] 롤의 이름에 재차 주목하자. 롤라(Lola)라는 여인이 거기(là) 있지 않을 때 그녀는 롤이 된다. 라(la)가 결여된 롤라(Lola)는 롤(Lol)로 불리는 것이다.

거기에 있지 않다는 것은 분석적으로 말해 상징적 거세가 불완전하게 일어났음을 뜻한다. 롤에게서 이것은 감정의 차원, 육체의 차원, 사랑하는 방식의 차원에서 드러난다. 타티아나가 보기에 "롤의 남다른 점은 바로 감정이 머무는 곳"[120]이었다. 그런데 리처드슨을 상실한 이후 롤은 무도회장 사건을 강박적으로 회상하고 곱씹는다. 마치 세계의 종말을 순수한 시간 속에서 재건축하듯이 말이다. 강박증적 사고는 하나의 기표를 다른 기표로부터 고립시키고, 하나의 기표를 그것에 부착된 정동으로부터 고립시킨다. 이내 그 기표는 강박증자의 감옥이 되고, 떼어내진 정동은 자취를 감추고 은밀한 장소에 머문다. 나중에 그 정동은 주로 병리적인 양가감정으로 출몰한다. 롤이 자신의 새 연인 자크 홀드에게 이렇게 말하듯이 말이다. "난 당신을 사랑하는데도 당신을 사랑하지 않아요."[121]

상징적 거세의 미비함은 육체의 차원에서도 드러난다. 거세는 주체가 자신의 육체를 소유할 수 있게 해준다. 육체의 소유는 우리가 "내 눈", "내 위장"이라고 말하듯 미분화된 육체를 분화된 기표를 통해 분절함으로써만 가능하다. 거세를 통해 우리는 무의미한 몸 그 자체(실재적 육체)가 아니라 어떤 신체 부위 및 그 부위의 매력 혹은 고통(상징화된 육체)과 관계한다. 그런데 롤에게는 상징적 거세를 통한 육체의 소유가 불완전하게 일어났다. "그녀는 아직 이 몸이 어디에 있어야만, 정확히 어디에 그 몸을 갖다 둬야만 몸이 불평하기를 그칠까 궁리한다."[122] 끝으로 불완전한 거세는 치명적인 정념과 나르시시즘적 이미지에 근거한 사랑의 방식을 낳는다. 타티아나는 롤이 리처드슨에 대해 가진 예외적으로 광적인 열정에 의구심을 표한다. 장 베드포드와의 무미건조한 결혼 생활에서 롤이 실천했던 것은 "의미를 알 수 없는 절대적인 정념의 독백"[123]에 다름 아니었다. 또 정념이 사랑과 죽음의 결합인 한에서 롤과 리처드슨의 사랑이 "죽은 사랑의 냄새까지"[124] 풍기는 것은 우연이 아니다. 라캉 역시 롤의 사랑에 깃든 나르시시즘적 차원을 놓치지 않는다. 그녀의 사랑은 "소타자가 여러분에게 옷을 입혀서 옷을 입게 된 여러분 자신에 대한 이미지, 그리고 그 옷이 사라졌을 때 옷 아래에 있는 것이 되게 하는 것"[125]에 관련된다. 롤의 사랑은 롤 자신의 이상적인 이미지 및 상상적 소타자와의 이자관계를 통해 맞춘

여자는 존재하지 않는다

옷과 같다. 그것은 벌거벗은 상태에 대해 완전히 눈을 돌리고 있는 사랑, 나체일 때조차 보이지 않는 옷을 입고 있는 사랑, 눈 뜨고 있을 때에도 눈먼 사랑이다. 요컨대 롤의 주체성은 불완전한 상징적 거세를 중심으로 형성되고, 이는 세 가지 차원(감정, 육체, 사랑)에서 드러난다.

* * *

고통에 대한 무능력이라는 문제로 돌아오자. 연인의 동요, 사랑의 위기, 실연의 상처에서 고통은 필수 불가결하다. 오직 고통만이 주체가 완전한 광기로 무너지는 최종적인 파국을 방지할 수 있기 때문이다.[126] 무감각은 고통보다 더 위험한 신호이다. 이런 점에서 롤의 문제는 지나친 고통이 아니라 고통의 부재다. 그녀는 아파할 능력을 상실한 여인이다. 그녀의 주체성에서는 고통에 대한 상징적 기능이 작동되지 않기에 그녀는 말을 잃는다. 여기서 뒤라스는 결정적인 걸음을 내딛는다. 롤이 말을 잃은 것은 그녀가 구멍-말에 관계하기 때문이고, 구멍-말은 비참한 대상에 다름 아니다. 롤이 말없이 찾았던 것은 "구멍 한가운데가 파여 거기에 다른 단어들이 모두 묻혀 있을 그런 갱도를 가진 '구멍 단어'였으리라. 이 단어는 말은 못해도 반향을 불러일으키게 하는 것은 가능했으리라. […] 이 단어는 부재한 탓에 다른 모든 단어를 무용지물로 만들어버리고 오염시키니 그것은, 이 살㉳ 구멍은 한낱 해변에서 발견된 죽은 개이기도 하다."[127] 라캉은 아폴리네르(Apollinaire)를 따라 롤의 무의식에 부재했던 기표, 고통에 무능력했던 롤이 말할 수 없었던 기표를 제시한다. 그것은 "나는 슬픔을 느낀다(Je me deux)"이다. 이것은 고대 불어의 '슬퍼하다(douloir)'가 재귀적 용법으로 사용된 문장으로, 여기서 문자가 상징화하는 기표의 모호성 효과가 다시 등장한다. "나는 슬픔을 느낀다"는 "나는 나 자신을 둘로 만든다(Je me deux)"로 읽힐 수 있다.

차츰 롤은 무감각과 무관심에서 벗어나면서 고통을 통과하는 듯한 인상을 준다. 그러나 어떤 고통은 통과(passe)하더라도 여전히 막다른 골목(impasse)에 남아 있다. 무도회장 사건 이후 롤은 우연히 어떤 남자를 만난다. 정확히 말해 그 남자의 시선과 만난다. 그는 리처드슨과 전혀 닮은 구석이 없었지만 그녀는 그의 시선에서 리처드슨의 시선을 본다. 롤은 그에게서 리처드슨의 시선이 발산되고 있다고 확신한다. 그의 이름은 자크 홀드이며, 롤의 친구 타티아나는 홀드와 연인 사이다. 롤은 과거에 리처드슨이 자신에게 사랑의 맹세를 했던 부아 호텔에서 홀드와 사랑을 나눈다. 동시에 롤은 호텔 근처의 호밀밭에 누워서 홀드와 타티아나의 정사 장면을 멀리서 습관적으로 바라본다. 이렇게 삼각관계의 매듭이 반복된다. 최초의 삼각관계가 '리

여자는 존재하지 않는다

처드슨-스트레테르-롤'이었다면, 두 번째 삼각관계는 '타티아나-홀드-롤'이다. 그런데 둘 간에는 차이가 있다.

첫 번째 삼각관계에서는 새롭게 형성된 커플이 제삼자인 롤을 순식간에 배제시켜 버렸다. 그래서 롤은 무도회장 사건 이후 어떤 환상에 매몰되었다. 그 환상에서 리처드슨은 스트레테르의 검은 드레스를 벗기고 있다. 롤은 이 장면에서 자신이 배제되는 것을 받아들일 수 없었다. 반면 두 번째 삼각관계에서 롤은 홀드가 타티아나의 드레스를 벗기는 장면에 멀리서나마 참여하게 된다. 나아가 배제됨을 당했던 롤은 더 이상 배제되지 않고 오히려 장면을 연출한다. 롤은 타티아나와 헤어지겠다는 홀드를 간절히 만류하고, 결국 홀드는 롤의 기획에 공모하게 된다. "그녀는 인상적이리만큼 집요함을 가지고 구축하는 중인 전망 속에 나를 포함시키고 있는데, 나는 저항하지 않을 것이다."[128] 최초의 롤이 연인의 라비스망으로 석화되었다면, 나중의 롤은 환상을 실연하면서 라비스망을 구현한다. 그녀는 "아무것도 비춰주지 못하는 거울이지만 그 앞에서 자신이 원한 대로, 자신이 제외되어 있는 것을 감미롭게"[129] 느낀다. 그렇지만 여기서 롤은 관음증자가 아니다. 즉 그녀는 물신화된 응시를 타자에게 부과하는 주체가 아니다. 그녀는 응시를 부과하는 것이 아니라 오히려 응시라는 대상 자체가 된다. 그리고 이 대상은 홀드를 불안하게 만들고, 타티아나를 기만하고, 그들의 이자적 연인 관계에 균열을 낸다.

* * *

라캉은 눈과 응시의 분열을 말한다. 눈이 과학적 인식에 관련된다면, 응시는 리비도적 투여에 관련된다. 눈이 주체가 소유한 유기적 기관이라면, 응시는 주체와 분리될 수 있는 실재적 대상이다. 우리는 인식의 주체의 입장에서 눈으로 대상을 지각하는 한편, 우리가 결여하고 있는 응시라는 대상에 의해 욕망의 주체가 된다. 응시 때문에 우리는 모든 것을 균등하게 보는 것이 아니라 우리가 보고 싶은 것만 보게 된다. 나아가 응시는 이미지의 매끈한 전체성을 교란하는 비가시적인 얼룩이다. 그것은 눈을 가진 주체가 바라보기 전에 이미 그 주체를 바라보고 있지만 그 자체로는 보이지 않는 지점에 위치한다. 그래서 "타티아나 칼은 호밀밭에 있는 거무스레한 형체를 보지 못한다."[130] 이렇게 '롤=대상=응시=거무스레한 형체'가 성립된다. "장미에게 이유가 없듯(Die Rose ist ohne warum)", 그 어떤 실연에도 이유는 없다. 마찬가지로 롤이 호밀밭의 회색 형체로 누워 있는 데에도 아무 이유가 없을 것이다. "그녀는 여전히 거기, 거기 호밀 밭에, 혼자 호밀밭에, 그 누구에게도 왜 그러고 있는지 이유를 밝힐 수 없을 그런 태도로 거기 있었

여자는 존재하지 않는다

다."[131]

　라비스망이 사랑에 관여하는 한에서 사랑은 둘의 무대
가 아니라 셋의 유희이자 삼각관계의 변주다. 설령 사랑
의 주체란 없고 오직 사랑의 희생자만 있다 하더라도[132] 사
람들은 삼각관계로 인해 사랑에서 희생자와 가해자를 말
할 수 있다. 그런데 롤은 희생자인 동시에 가해자이다. 사
랑의 황홀로 인해 실연을 당한 자가 타인의 사랑을 유괴
한다. 배제를 당했던 제삼자가 얼룩으로서 삼각관계를 지
휘한다. 그렇다면 롤은 과연 어디까지 실연의 상처에서 치
유된 것일까? 이 점과 관련하여 롤이 "그녀가 원하는 **모든**
(필자의 강조) 것에 대해 내게 말할 수 있다"[133]는 홀드의
생각은 오산이다. 롤은 결코 모든 것에 대해 말할 수 없다.
실연의 주체가 지울 수 없는 실재를 품고 살아가는 것은
오직 모든 것을 말할 수 없는 한에서이기 때문이다. 롤은
자신이 홀로 버려지는 일이 재발할까 봐 두렵다고까지 말
할 수 있다. 그러나 아무리 말을 되찾는다 하더라도 구멍-
단어의 구멍은 완전히 메워지지 않는다. 이런 점에서 라
캉은 자크 홀드가 롤에 대해 취하는 태도, 즉 이해의 파토
스—"당신의 치유를 위해 나는 당신이 겪은 상처를 공감
합니다"—를 경계해야 한다고 지적한다. "이해받는 것은
롤에게 맞지 않고, 그녀는 라비스망에서 구제되지 않습니
다."[134] 뒤라스의 텍스트도 같은 것을 암시한다. 고통에 대

한 무능력과 라비스망의 후폭풍이 겹치는 곳에서 주체는 결코 이해받을 수 없고 구제될 수 없다. 따라서 롤은 자신이 원하는 모든 것에 대해 말할 수 있지만 "타티아나 칼에 대해 말하지 않는다."[135] 어떻게 말할 수 있겠는가? 삼각관계에서 실질적으로 배제되어 있는 타티아나가 장차 마주할 일을 생각한다면 말이다. 타티아나는 과거의 롤처럼 비참한 실연을 겪을 것인가? 타티아나는 롤이 말할 수 없는 실재다. 그리고 롤은 여전히 슬프다. 롤에게 슬픔을 느끼는 것이란 둘로 분열되는 것이었다. 롤은 가해자와 피해자로 분열되어 있다. 롤이 타티아나에게서 홀드를 유괴한 가해자일 수 있는 것은 그녀가 지울 수 없는 실연의 흔적을 안고 살아가는 피해자인 한에서이다. 기표의 모호성을 활용해 이렇게 말하자. 롤이 롤라(Lola)인 한에서 롤라는 라비스망의 롤러(roller)를 굴린다. 이 롤러에서 당사자와 제삼자, 가해자와 피해자는 서로 돌고 돈다.

작품의 마지막 문장에서 "사물로부터 유배된, 당신이 감히 건드리지 않는, 그렇지만 당신을 먹잇감으로 만드는 상처 입은 인물"[136]인 롤은 여전히 호밀밭에 잠들어 있다. 회색 형체로서, 보이지 않는 암점으로서, 이미지를 교란하는 응시로서, 사랑에서 필연적인 제삼자로서, 삼각관계의 희생자 및 가해자로서, 배제당할 수도 있고 연출할 수도 있는 제삼자로서, 제삼자의 장소가 비참하고 또 감미로운 장

여자는 존재하지 않는다

소임을 보여주면서, 그리고 무엇보다 구제 불가능한 라비
스망의 모호한 얼룩으로서.

거절에서 절멸로

어떤 여자는 남자의 구애를 거절할 수 있다.

어떤 여자는 사회의 요구를 거절할 수 있다.

그리고 어떤 여자는 존재 그 자체를 거절한다. 하나의 절멸을 불러오면서.

라캉을 따라 우리는 폴 클로델(Paul Claudel)의 3부작 역사극 중 첫 번째 작품인 『인질(L'Otage)』의 주인공 시뉴(Sygne)에게서 그와 같은 거절을 찾을 수 있다. 그 어떤 '아니오'보다 멀리 나아가 끝내 심연을 개방하는 '아니오'를 말이다.

* * *

때는 1812년. 시뉴는 삼십대 여성이다. 그녀는 쿠퐁텐

여자는 존재하지 않는다

(Coûfontaine) 귀족 가문의 후예로, 그녀의 집안은 프랑스 혁명기를 거치면서 모든 재산과 특권을 상실했다. 자코뱅 공포정치 시기인 1793년 그녀의 아버지와 어머니는 그녀의 눈앞에서 처형당했다. 그녀의 사촌 조지(George)는 영국으로 건너갔지만, 그녀는 프랑스에 남아 집안의 영지를 재건하기 위해 애쓴다. 시대는 변했지만 그녀는 집안의 명예를 되살리는 데에 자신의 삶을 바친다. 라캉이 지적하듯 여기에는 단순히 그녀의 성격적인 완고함이 아니라 영지에 대한 신비로운 애착이 있을지도 모른다.

극의 서두에서 조지는 어떤 노인과 함께 프랑스로 돌아온다. 돌아온 조지는 시뉴에게 그의 파란만장한 영국 생활에 대해 말한다. 그의 아내는 그를 배신했고, 그의 두 딸은 죽었다. 시뉴와 조지는 이제 집안사람 중에 오직 둘만 남았음을 재확인한다. 그리고 시뉴는 이렇게 말한다. "쿠퐁텐 아드숨(Coûfontaine adsum, 네, 쿠퐁텐 여기 있나이다)."* 여기서 시뉴와 조지 사이에 늘 잠재되어 있었지만 드러나지 않았던 것이 출현한다. 사랑은 그 어떤 위계나 분류에도 구속되지 않고 제멋대로 일어나지 않던가? 주로 자식에 대한 부모의 사랑을 일컫는 용어지만 넓게는 가족 간의 사

[*]   이 구절은 쿠퐁텐 집안을 상징하는
문장紋章에 일종의 가훈처럼 새겨져 있으며,
클로델은 이 문장을 무대에서 눈에 띄게 배치할
것을 지시했다.

랑을 뜻하는 스토르게(storge)가 남녀 간의 정열적인 에로스(eros)와 겹쳐지게 된다. 스토르게와 에로스의 이러한 뒤얽힘은 결코 근친상간이 아닐 것이다. 집안 어른들이 모두 부재한 상황에서 시뉴가 조지의 어머니-아내가 되고 조지가 시뉴의 아버지-남편이 된다는 점에서 스토르게와 에로스 간에는 어떠한 위화감도 없다. "나와 결혼해주겠소?", "기사처럼 맹세할게요", "여인이여 고대의 형식에 따른 서약을 받아주시오. 쿠퐁텐, 나의 영예를 받아주시오!" 이렇게 그들은 서로에게 충실한 사랑을 맹세한다. 그리고 극이 진행됨에 따라 조지가 데려온 노인은 지상에서의 신의 대변자인 교황이라는 사실이 드러난다. 조지는 나폴레옹 치하에서 옥살이를 하던 교황을 빼내어 보호해주고 있었던 것이다.

2막에서는 세 번째 주요 인물인 투생 튀르뤼르(Toussaint Turelure)가 등장한다. 튀르뤼르는 겉으로는 혁명파를 대변하지만 실제로는 적절한 때에 권력을 장악하는 데에만 관심이 있는 기회주의자다. 특기할 것은 그가 1793년에 쿠퐁텐 일가를 처형하는 데에 일조했다는 점이다. 조지와 교황 모두 시뉴의 집에 은신하고 있음을 알고 있던 튀르뤼르는 시뉴에게 협박 같은 구애를 한다. 자신이 그녀를 오랫동안 연모해왔으며, 만약 그녀가 자신의 청혼을 받아들이지 않으면 두 사람을 파멸시킬 것이라고 말이다. 시뉴는

여자는 존재하지 않는다

고해 신부 바딜롱(Badilon)에게 한탄한다. "이 짐승 같은 자를 남편이라 불러야 한다니요! 그를 받아들이고 내 뺨을 내주어야 한다니요! 저는 거부하겠어요! 아니라고 말하겠어요!"[137] 당연한 일이다. 그녀의 가문을 파멸시킨 그를 받아들이는 것은 그녀가 자신의 삶을 바쳐 재건하려 했던 가문의 영광을 스스로 파괴하는 일이다. 나아가 그녀가 사랑하는 조지와의 평생의 언약마저 저버리는 일이다. 여기서 바딜롱 신부는 어떠한 강요 없이 그녀에게 다음을 주지시킨다. 만약 그녀가 튀르뤼르를 거부하면 모든 신도들의 아버지인 교황이 적군의 손에 넘어가게 된다. 물론 그것은 그녀도 이미 알고 있는 사실이었다. 결국 시뉴는 불가해한 체념과 자발적인 결단을 통해 튀르뤼르의 청혼을 받아들인다.

라캉은 여기서 관건이 결코 바딜롱이나 교황이 대변하는 종교적 가치의 아이러니한 위력이 아니라고 말한다. 시뉴는 삶을 희생한 것이 아니라(그녀는 이미 가문을 위해 삶을 희생했다) 존재 그 자체를 희생한다. 시뉴는 '두 번째 죽음'이라는 한계를 넘어선다. 즉 물리적 생명이 아니라 쿠퐁텐이라는 기표에 의해 부여된 그녀의 상징적 존재를 포기한다. 여기서 안티고네가 기입된 고전적 비극과 시뉴가 기입된 현대적 비극 간의 첫 번째 차이가 드러난다. 안티고네는 아테(Até), 즉 미망迷妄에 빠져 크레온이 제정한 세속의 법을 무시하고 가족인 오빠를 매장해야 한다는 신적인 법을 따른다. 반면에 시뉴는 조지와 함께 누릴 수 있는 사랑의 기쁨뿐만 아니라 그녀의 존재가 기입된 법 일체를 거부한다.

3막은 2년이 지난 시점을 보여준다. 나폴레옹은 유배되고, 튀르뤼르는 파리 주변 지역에 대한 통치권을 확보함으로써 왕정 체제의 회복을 꾀한다. 그러나 실제로는 자신이 정치적 권력을 휘두를 수 있는 입헌군주정 체제에 왕을 종속시키고 싶을 뿐이다. 나아가 그는 조지가 모든 재산과 가문의 권위를 자신의 첫째 아들에게 양도할 것을 요구한다. 그리고 시뉴를 자신의 대리인으로 지정한다. 조지는 튀르뤼르의 요구를 받아들이지만 그를 죽이기로 결심하고 튀르뤼르에게 총을 쏜다. 튀르뤼르 역시 조지에게 총을 쏘고 둘은 몇 발을 주고 받는다. 조지는 죽지만 튀르뤼르는 죽지 않는다. 시뉴가 몸을 던져 조지가 쏜 총을 튀르뤼르 대신 맞았기 때문이다.

극의 마지막 장면은 두 가지 버전이 있는데 클로델이 극의 퍼포먼스를 위해 쓴 두 번째 버전이 보다 흥미롭다. 거기서 시뉴는 일련의 요구를 거절한다. 시뉴는 자신을 용서해달라는 튀르뤼르의 요구를 거절한다. 그녀는 튀르뤼르와 그녀 사이에서 태어난 아이를 마지막으로 보기를 거절

여자는 존재하지 않는다

한다. 그녀는 신의 병사가 되라는 바딜롱 신부의 요구를 거절한다. 여기서 튀르뤼르는 이렇게 말한다. "일어서서 아드숨을 외쳐봐! 시뉴! 쿠퐁텐 아드숨! 쿠퐁텐 아드숨!" 시뉴는 잠시나마 일어나려고 하다가 다시 주저앉는다. 극은 초점 없이 고정된 그녀의 눈동자를 보여주며 막을 내린다.

라캉에 따르면 그녀의 행위는 "절대적인 자기 유기, 결코 어떤 희생이라 불릴 법하지 않은 것에서 끝까지 나아가는 결단"[138]이다. 시뉴는 왜 뛰어들었을까? 분명한 것은 그녀가 결코 '아무리 그래도 튀르뤼르는 내 남편이니까 내가 구해야지' 따위의 팔루스적 논리에 따르지 않는다는 점이다. 희생은 대개 어떠한 팔루스적 대의를 겨냥한다. 가문에 대한 충성이든 정의에 대한 헌신이든 신에 대한 경배든 말이다. 그러나 시뉴의 희생은 희생의 대의를 무색하게 만들고 희생 자체에 구멍을 내는 불가해한 희생이다. 우리가 얻는 것은 "아니 도대체 왜?"라는 경악과 심연일 뿐이다. 그것은 일체의 의미와 법을 넘어선다. 끝내 시뉴는 튀르뤼르의 수중에 넘겨진 기표이자 그녀가 삶을 바쳤던 기표인 '쿠퐁텐 아드숨'에 대해 침묵한다. 그녀는 사랑의 맹세와 가문의 영광을 저버리고 튀르뤼르의 아내가 된 자기 자신을 삭제함으로써 '쿠퐁텐 아드숨'이라는 상징적 기표가 처절하게 실패하는 실재를 체현한다. 숨이 멎는 시점에 그녀는 하나의 절대적인 '아니오'를 체현한다. '네'와 '아니오'의 이항대립으로부터 빠져나온 '아니오', 기표의 그물에서 빠져나온 '아니오'를 말이다.

여기서 현대의 비극과 고대의 비극 간의 또 다른 격차가 드러난다. 총알받이가 되기 위해 뛰어들기 직전의 시뉴의 얼굴에서는 일종의 경련, 틱이 일어난다. 이것은 시뉴가 사드의 희생자들이 자신들이 겪는 모욕에도 불구하고 결코 잃어버리지 않는 아름다움, 안티고네가 자신의 희생에도 불구하고 끝내 보존하는 아름다움이라는 경계를 넘어서는 것을 뜻한다. 역겨운 사물과 치명적인 주이상스에 대한 최종적인 방어선을 구축하는 아름다움이라는 경계를 말이다. 주이상스란 단순히 삶을 넘어선 죽음이 아니라 죽지 않는 삶의 과도함이다. 아직 죽지 않은 시뉴의 얼굴 경련에 담긴 삶의 일그러진 표정(grimace de la vie)은 죽은 안티고네의 늘어진 혀에 담긴 죽음의 일그러진 표정(grimace de la mort)보다 더 급진적으로 아름다움을 일그러뜨린다. 고대의 비극이 아름다움만큼은 넘어서지 않는다면, 시뉴는 단순히 선악을 넘어선 것이 아니라 미까지 넘어선다.

현대의 비극과 고대의 비극 간의 또 다른 격차에 주목하자. 시뉴는 그녀의 영혼을 받아줄 신에게 호소하지도 않고 자신을 신에게 희생물로 봉헌하지도 않는다. 그녀가 실제로 바딜롱 신부의 말을 어떻게 받아들였는지, 그 말이 튀

여자는 존재하지 않는다

르뤼르와 혼인하는 데에 어떤 영향을 미쳤는지는 아무도 알 수 없다. 시뉴는 단순히 신에 의해 버림받거나 고통스러운 시험에 빠지는 것이 아니다. 오히려 그녀는 신이 죽었다는 것을 보여준다. 우리를 불행에 빠트리고 또 불행으로부터 구원해줄 신은 이제 없다.

> [그녀는] 욥의 불행과 체념보다 더 멀리 나아갑니다. 욥은 그가 받을 만하지 않은 불행에 짓눌리지만 현대 비극의 여주인공은 그녀가 혐오하는 부정의不正義 자체에 대해 책임을 지도록 요구됩니다. 마치 그것이 하나의 주이상스인 것처럼 말입니다.[139]

이러한 주이상스는 아버지의 무능함과 상관적이다. 극에서 교황은 신도들의 아버지이자 지상에서의 신의 대리자를 상징한다. 그러나 그는 아무런 효력이 없는 공허한 교리와 구태의연한 계율을 반복할 뿐이다. 요컨대 아버지-교황의 명령의 '아니오'가 철 지난 상징계의 테두리에 머무른다면, 시뉴의 심연의 '아니오'는 그 테두리의 폐허를 파고든다. 신은 죽었고 아버지는 무능하다.

* * *

『세미나 8권』에서 라캉은 클로델의 3부작을 다루는 데에 네 차례의 수업을 할애한다. 하지만 그는 클로델이 여자가 무엇인지에 대해 진일보한 아이디어를 갖고 있지 않다는 아이러니한 지적을 한다. 그렇지만 라캉은 곧바로 클로델의 또 다른 작품 『정오의 분할(Partage de midi)』만큼은 주목할 만한 예외이며 이 작품의 주인공 이세(Ysé)는 진정한 여자가 무엇인지를 보여준다고 말한다. 이세는 실재적인 여자 혹은 실재로서의 여자를 구현한다. 이세는 말한다. "나는 불가능한 어떤 것이에요." 그렇지만 우리가 보기에 시뉴와 이세 간에는 본질적인 차이가 없다. 둘 다 기표의 한계를 넘어서는 지점을 보여주기 때문이다. 다만 이세는 시뉴의 거절(Versagen)에 담긴 'Ver-'의 기능, 즉 기본어의 의미를 강하게 하는 기능을 좀 더 밀고 나갈 뿐이다. 거절을 밀고 나갈 때 무엇이 등장하는가? 그것은 절멸(annihilation)이다.

이세는 이렇게 말한다. "잘 모르겠지만 나는 내 안에 어떤 유혹을 느껴요. […] 그리고 나는 이 유혹이 나에게 오지 않도록 기도해요. […] 내가 어떤 종족 출신인지 이해하도록 하세요! 그건 나쁜 것, 미친 것이고, 나와 모든 것에 대해서 폐허이고 죽음이고 영벌이기 때문이에요. 바로 이것이 내가 도저히 저항할 수 없는 유혹이 않을까요?"[140] 따라서 그녀가 여자에게는 남편이 필요하고, 그녀에게 자신을 이끌어줄 남자가 있기를 바란다고 말한다 하더라도, 이것은 그녀가 늘 안고 살아가는 자기 이탈, 끔찍한 자유, 치명적인 절멸에의 유혹으로부터 스스로를 보호하기 위해서이다. 극이 진행됨에 따라 이세는 세 명의 남자를 배반한다. 처음에는 자신에 관해 아무것도 이해하지 못하는 남편 드 시즈(De Ciz)를, 그다음에는 절대성을 희구하는 메사(Mesa)를, 마지막으로는 메사로부터 그녀를 떼어놓지만 결국에는 그녀 자신이 배반할 알마릭(Almaric)을 말이다. 이세는 메사에게 말한다. "나는 홀로 존재하고, 여기에는 거부된 세계가 있지요. 타인에 대한 우리의 사랑이 무슨 소용이 있을까요? 또 여기에는 동시에 단념된 과거와 미래가 있어요. 나는 가족도 아이들도 남편도 친구도 없어요. [⋯] 우리가 욕망하는 것은 창조가 아니라 파괴예요!"[141] 따라서 이세의 배반에 대한 콜레트 솔레르(Colette Soler)의 해석은 적확하다.

> 그녀는 물론 배반하지만, 그것은 하나의 대상을 또 다른 대상을 위해 배반하는 것이 아니다. 오히려 그녀는 팔루스 함수에 의해 기입된 결여에 응답하는 모든 대상을 배반한다.[142]

한 여자 혹은 한 남자와 함께하기 위해 다른 여자 혹은 다른 남자를 버리는 것, 그리고 이러한 일련의 대체 과정을 계속하는 것은 팔루스적 논리, 즉 상징적 결여와 그 결여를 메우려는 대상 간의 게임에 따라 이루어진다. 반면 이세의 절멸은 결여와 대상 간의 게임 바깥으로 나가는 것, 일체의 대상을 폐기하는 것을 뜻한다. 그것은 기존의 팔루스적 가치(아이, 남편, 가족, 국가, 세계)를 철저히 전복시킨다. 그것은 상징적 결여가 아니라 실재적 심연과 관계하는 것이다.

시뉴의 거절과 이세의 절멸이 던지는 임상적 메시지란 무엇일까? 라캉의 지적처럼 에우리피데스의 비극에서 우리는 여성의 욕망(더 정확하게는 주이상스)이 생생하게 드러나는 것을 알 수 있다. 그리고 아이러니하게도 사람들은 에우리피데스의 여성 혐오를 지적한다. 에우리피데스는 혐오스러운 여성적 광기를 자신의 글쓰기를 통해 길들이려고 했던 것일까? 하지만 시뉴의 거절과 이세의 절멸이 불러일으키는 실재 앞에서 당혹스러워하고 주춤하는 것은 분석가 역시 마찬가지다. 그녀들은 다음과 같은 임상적 과제를 제기한다.

우리 분석가들의 모든 어려움은 다음으로 귀결됩니다. 우리는 주체가 실종된 기표를 발견할 수 있어야 하는 한에서 그 자리(Φ의 비어 있는 자리)를 차지하는 법을 알아야 합니다.[143]

기표의 결여로부터 시달리는 그녀들에게 분석가는 기존의 기표나 이상적인 이미지를 제공하지 않는다. 분석가는 행방불명된 기표의 탐지가 일어날 수 있는 공터를 가까스로 그러나 집요하게 지킬 것이다.

폴리아모리스트

『세미나 21권』에서 라캉은 결혼과 사랑은 상호 간의 기만이지만, 여자는 거기에 결코 속지 않는다고 말한다.[144] 그런데 『세미나 21권』의 제목이 말하듯, 속지 않는 자는 속는 자보다 현명하거나 약삭빠른 자가 아니다. 오히려 속지 않는 자는 방황한다(les non-dupe errent). 기만으로서의 사랑에 속지 않은 그녀는 어떻게 방황하게 되었던가?

* * *

그녀의 사전에 배신이란 없었다. 애인을 배신하는 사람들은 모두 연애시장에서 퇴출시켜야 한다고 믿었다. 이런 신념 때문에 남자친구 외의 다른 남자에게 호감이 가는 스스로를 발견하고는 죄책감을 느끼기를 반복했다. 그렇게 호감 가는 남자를 하나, 둘, 셋⋯ 떠나보냈다. 그것은 마치 열매를 맺지 못한 씨앗과 같았다. 씨앗이 뿌리를 내리고 잘 성장했더라면 멋진 열매가 맺어질 수 있었을 것이다. 그녀의 연애 대부분은 호감 가는 뉴페이스의 등장으로 종결되었다. 기존 관계에 큰 문제나 불화가 없었음에도 말이다. 결국 씨앗이 열매를 맺는 것을 보지 못하는 것과, 새로운 씨앗을 움틔우기 위해 기존의 소중한 나무를 잘라버려야 하는 것 간의 양자택일밖에 없었다. 이 양자택일은 그녀를 지치게 했다. 늘 다른 사람을 만나보고 싶다는 욕망을 억누르며 지냈다.

물론 그녀의 욕망을 장난으로 가볍게 넘기면서 인정해준 남자도 있었다. 다른 남자들은 그녀가 남자 연예인에 대한 욕망을 표현하면("살면서 저런 애들이랑 한번 만나봐야 되는데") 고깝게 들었지만, 그는 그녀의 욕망을 재밌게 생각하고 귀엽게 받아주었다. 아마도 자신에게 돌아오리라는 확신이 있었기에 그랬을 것이다. 그녀가 자기 아닌 다른 남자에게도 매력적인 여자라는 점을 잘 알고 있고 또 그 때문에 그녀를 더욱 사랑하는 사람이었기에 그랬을 것이다. 둘은 사랑에 충실했다. 권태롭지 않게 관계를 이끌어나가려고 노력했고, 사랑을 예술로 만들고자 했다. 그렇지만 여전히 호감 가는 남자들을 하나둘 떠나보내야 했던 것은 똑같았다. 반복되는 씨앗 버리기에 말로 할 수 없는 쓸쓸함과 아쉬움을 느꼈다. 그렇게 그와 4년을 만났다.

* * *

어느 날 그녀는 단골집에 혼자 술을 마시러 갔다. 옆 테이블에 남녀가 앉아 있었다. 몇 마디 섞고 보니 둘이 사촌 지간이라는 사실을 알게 되었다. 합석을 해서 셋이서 함께 마시기 시작했다. 남자 혼자 있었더라면 관심을 껐을 텐데 둘 다 성격도 좋고 가정환경도 좋아 보여서 더 마음이 열렸다. 무엇보다 지금껏 한 번도 만나보지 못했던 훈훈한 외모의 남자였다. 얼마 뒤 남자의 사촌누나가 먼저 자리에서 일어났다. 강렬한 스파크가 튈 정도는 아니었지만 남자와 대화를 나누는 것이 즐거웠다. 단골집에서 나와서 둘이 2차를 가기로 했다. 그런데 길을 걷던 중 남자가 그녀에게 키스를 했다. 처음 있는 일이어서 당황스러웠지만 술의 힘을 빌렸다. 에라 모르겠다. 그녀도 같이 했다. 가벼운 스킨십이나 뽀뽀까지는 용인할 수 있지만 점막 간의 접촉부터는 무조건 바람으로 간주해야 한다는 평소 신조가 무너지는 순간, 그가 말했다. "우리 집에 같이 갈래?" 머릿속에서 지진이 일어났다. 내가 이런 남자랑 언제 또 얽혀 볼까. 같이 가고 싶은 마음이 굴뚝 같았다. 그래도 말을 해야 할 것 같았다. "나 남자 친구가 있어."

그 말을 하는 동시에 "남자친구 있는 게 뭐 어때서, 괜찮아"라고 말해주기를 내심 바랐다. 나중에 일이 잘못되어도 남자가 책임져줄 것만 같았다. 그녀의 억압이 한계에 도달한 상황이었다. 4년 동안 너무나 훌륭한 나무를 키워 열매를 맺었지만 버린 씨앗들이 너무나도 많았다. 이 와중에 멋진 남자가 다가왔으니 모든 걸 다 놓고 싶은 심정이었다. 이미 점막 간의 접촉으로 절반은 놓아버린 상황이기도 했다. 다만 남자친구가 있다고 털어놓은 것은 마지막 남은 양심의 표현이었다. 그러나 기대와 달리 그의 눈빛은 순식간에 싸늘해졌다. "남자친구가 있다고?" 그는 홱 돌아서 택시를 잡고 가버렸다.

술에 취한 채 집까지 혼자 걸어갔다. 말로 표현하지 못할 비참함이 밀려왔다. 새로운 관계의 가능성을 포기하지 않고 키스에 응했으니 바람은 바람대로 피우고, 최소한의 양심을 지키기 위해서 남자친구가 있다고 진실을 털어놓았으나 상대방은 사라졌다. 바람은 절반의 성공에 그쳤고, 양심 어린 고백은 버림받는 결과로 이어졌다. 바람은 피웠는데 제대로 피우지 못했고, 양심은 지켰는데 남은 건 없었다. 이미 스스로의 원칙을 어기고 남자친구도 배신한 여자가 우두커니 서 있었다. 뜨거운 밤이라도 보냈다면 시원하게 나쁜 X의 길을 갔을 텐데.

터벅터벅 걸어가며 울면서 15년 지기 올빼미 친구에게 전화를 했다. 언제까지 양심의 가책을 느끼면서 이렇게 살아야 하나. 평생 한 사람과는 사랑하지 못하는 걸까. 다른 사람들은 멀쩡하게 연애하는 것 같은데 나 혼자만 이런 문제로 고민하는 걸까. 가만히 듣던 친구가 그녀에게 폴리아모리(polyamory)에 대해 알려주었다. 전화를 끊고 지푸라기라도 잡는 심정으로 검색을 했다. 먹구름이 걷히고 광명이 솟았다. '완전 내 얘기다. 이렇게 해야 해. 왜 이걸 아직까지 몰랐을까.'

* * *

다음 날 영화 〈아내가 결혼했다〉를 봤다. 손예진에 대한 동일시가 순식간에 일어났다. '저거다. 내가 갈 길이다.' 수많은 모노아모리스트(일대일 연애주의자)들, 특히 남성 모노아모리스트들이 김주혁과 동일시하면서 손예진을 'XX 중의 XX'로 여긴다는 것을 나중에 알게 되었다. 반면에 그녀에게 폴리아모리는 구원의 기표였다. 하나의 전대미문의 기표가 무의식의 새로운 장을 개척하기도 한다. 죄책감이 사라지고 해방감이 밀려왔다. 그렇지만 개념을 아는 것과 삶에서 직접 실천하는 것은 다른 문제였다. 정말 내가 폴리아모리스트로 살아갈 수 있을까. 4년이나 사귄 남자친구는 어떻게 해야 할까. 그가 아무리 포용적이라 하

여자는 존재하지 않는다

더라도 폴리아모리만큼은 절대 받아줄 수 없을 것 같았다. 그래도 용기를 내서 말했다. 그는 의외로 담담하게 그녀가 다른 사람도 만나고 싶어 하는 성향이라는 걸 알고 있었다고 말했다. 그리고 다른 사람도 만나라고 하면서 본인은 그녀와 함께하는 걸로 충분하다고 말했다. 두 번째 구원이 찾아온 것이다.

그렇지만 폴리아모리를 실천하는 것은 쉽지 않았다. 많은 시행착오가 있었다. 서로 호감을 느끼던 남자에게 폴리아모리스트라고 말했더니 그건 용납 못한다는 대답이 돌아왔다. 그런 경우가 두 번 반복되었다. 두 명의 남자 모두 본인만 만나기를 바랐다. 폴리아모리로 정체화하는 것과 폴리아모리를 성공적으로 실현하는 것은 다른 문제라는 것을 깨달았다. 나중에 남자사람친구와 대화를 하다가 그녀는 모노아모리스트인 남자들 대부분이 현재 애인 말고도 다른 사람을 만나고 싶은 욕망이 있다는 것은 인정하지만 자신의 애인이 다른 남자를 만나는 것만은 도저히 용납하지 못한다는 것을 알게 되었다. 그들에게는 애인이 다른 사람을 만나는 것 자체가 그들 자신을 무너뜨리는 일이었다. 어쨌든 두 명의 뉴 페이스와의 관계는 오래가지 못했다. 뉴 페이스의 요구 때문에 남자친구와 헤어지고 뉴 페이스와 일대일로 만났다가 뉴 페이스와 헤어지고 남자친구와 다시 만났다. 지금은 기존의 남자친구와도 헤어졌다. 폴리아모리 문제가 아니라 다른 문제들이 겹쳐져서 말이다.

　본인이 폴리아모리에 잘 맞다는 확신과 폴리아모리스
트로서 살아가야겠다는 결심이 더욱 굳어졌지만 그녀는
아직 폴리아모리 관계를 경험한 적은 없다. 맞는 사람을
만나기가 쉽지 않다. 상대방이 매력적인 폴리아모리스트
라면 금상첨화겠지만, 대부분의 경우 모노아모리스트에
게 폴리아모리를 납득시켜야 하는 과제를 떠안게 된다. 그
녀의 분석에 따르면 폴리아모리와 모노아모리는 서로 다
른 관점으로 자기 자신과 상대방과 관계를 바라본다. 대부
분의 모노아모리스트는 연인이 다른 사람을 만날 경우 본
인이 무언가 부족해서 그렇다고 생각하면서 자존심에 상
처를 입는다. 거세가 나르시시즘에 상처를 주는 것만큼이
나 폴리아모리스트는 모노아모리스트에게 상처를 준다.
사람들은 본인이 누군가에게 완벽한 사람이 될 수 없다는
것을 쉽게 받아들이지 못한다. 머리로는 알고 있지만 곧바
로 부정하고 만다. 연인이 다른 사람을 만나는 것이 본인
의 가치 저하로 여겨지기 때문이다. 반면에 그녀는 이렇게
생각한다. "나는 너한테 사랑받을 자격이 있어. 그리고 멋
진 내가 택한 너 역시 멋진 사람이기 때문에 나 말고 다른
사람들도 너를 사랑할 수 있을 거야. 그래서 나는 그 가능
성을 열어두고 싶어. 나 혼자 너를 독점하기에는 너는 너
무 아까운 사람이고 나 역시 너에게만 갇혀 있기에는 너무

아까운 사람이니까."

* * *

모든 정동은 세계의 관성적 법칙에 따라 형성된다. 그리고 이 세계에서 컴퍼션(compersion)은 아주 낯설고 기이한 정동으로 비춰진다. 연인이 다른 사람을 만나서 기뻐하고 행복해하는 모습을 바라보고 공감하고, 나아가 그런 연인의 모습을 보는 나 역시 기쁨과 행복에 젖어드는 것은 그다지도 기이한 일일까. 그녀는 공감과 사랑의 사이에 컴퍼션이라는 새로운 사랑-사이가 정착되기를 바란다. 그래서 그녀는 배타적인 관계를 움켜쥐고 있기보다는 대체 불가능한 유대를 형성하기 위해, 어떤 사람을 오래 더 잘 만나고 사랑하기 위해 폴리아모리를 실천한다. 그리고 보다 많은 사람들이 폴리아모리를 직접 실천하는 것과는 무관하게 폴리친화적인(poly-friendly) 관점으로 사랑과 관계를 바라보기를 희망한다.

모노아모리의 기만에 속지 않은 그녀의 방황은 어떻게 흘러갈까? 라캉은 무의식 바깥의 실재에서 방황하는 것보다는 무의식에 속는 편이 낫다고 말했지만 그녀는 폴리아모리의 바다에서 방황하는 쪽을 택했다. 그녀에게 모노아모리는 컴퍼션에 입각한 공동체의 가능성을 질식시키는 일종의 허구이다. 결혼이 존재하지 않는 성관계를 존재하는 것처럼 설정하는 허구인 것처럼 말이다.[145] 사람들은 종종 모계사회, 가부장제 사회 이후에 도래할 사회는 지금보다 훨씬 더 다양한 파트너십이 공존하게 될 것이라고 예측한다. 사랑의 가능성에 있어서 성과 수에 제약이 없는 공동체, 그녀는 이 공동체의 일원이자 이 공동체를 도래하게할 주체가 되고자 한다.

여자는 존재하지 않는다

자본주의 기계

새벽 2시. 하루가 어떻게 가는 줄도 모르게 끝났다. 진이 다 빠졌다. 오늘 하루만 진행한 수업이 다섯 개. 방학 중에는 해외에 있는 아이들까지 들어오기 때문에 정신없이 바쁘다. 여름 대목은 주류업계에만 있는 것이 아니다.

몇 년간 대형 어학원에서 가르치다 우연찮은 계기에 학원을 박차고 나왔다. 열악한 강사 처우라고만 생각했던 것이 알고 보니 학원장의 사기였다. 열심히 가르치기만 했는데 이런 일이. 쓴 교훈을 얻었다. 소송을 진행해서 받지 못한 급여를 받아냈지만 다른 학원으로 가고 싶지는 않았다. 모아두었던 돈으로 청담동에 작은 공부방을 차렸다. GRE에 대한 수요는 한정적이기 때문에 SAT와 토플까지 강습 영역을 넓혔다. 처음에는 동네 작은 과외교습소 수준이었

던 것이, 아이들 몇 명이 아이비리그를 들어가고 입소문이
난 뒤부터는 더 이상 일개 공부방이 아니게 됐다. 강남 어
머니들 사이에서 강사 정보가 흐르는 속도는 빛보다 빠르
다. 학생 수를 생각해서라도 규모를 넓힐 필요가 생겼다.
요즘 그녀는 정식 학원 설립 절차를 알아보고 있다.

어렸을 때부터 그녀는 언어가 좋았다. 문장이 아무리 길
고 복잡하더라도 정확하게 분석만 한다면 세상에 이해하
지 못할 문장이란 없다고 생각했다. 어떤 사람들에게는 죽
도록 괴롭다는 단어 숙어 암기와 문법 공부도 전혀 괴롭
지 않았다. 나이 들어 배운 일본어도 배운 지 얼마 되지 않
아 JLPT 1급을 땄다. 그녀는 언어 기계다. 그리고 그녀가
가르치는 아이들 앞에서 언어 기계는 시험의 신으로 승격
한다. "내가 시키는 대로만 하면 무조건 고득점 받을 수 있
어." 얼마 전 그녀의 실력과 카리스마에 반한 어떤 어머니
가 아이의 장기적인 인생 멘토링을 의뢰했다. 가르칠 시간
도 부족해서 정중히 고사했다. 언어가 좋아서 언어학자가
되고 싶었던 그녀는 어떻게 언어학자 대신 SAT의 신이 되
고 인생 코디네이터로 낙점되는 데에 이르렀을까?

✴ ✴ ✴

그녀가 어렸을 때 그녀의 아버지는 기업의 부사장이었

다. 그녀는 어린 시절에 흙을 밟아본 기억이 거의 없다. 부족함이 없던 삶이 아니라 부족함이 무엇인지 아무런 감도 느끼지 못했던 삶, 그 삶이 중학교 때 흔들렸다. 아버지가 지인에게 보증을 잘못 서주는 바람에 일순간에 재산을 날리고 빚더미를 안게 됐다. 그런데 기나긴 조직생활과 부사장 직함이 무색하게도 아무도 그녀의 아버지를 도와주지 않았다. 재산을 잃은 것은 둘째 치더라도 사람을 잃은 것, 더 정확히 말해 곁에 있던 사람이 떠나간 것이 아니라 사실 처음부터 그 누구도 곁에 없었다는 사실에 대한 깨달음이 그녀의 아버지를 더욱 아프게 했다.

아주 서서히 아버지가 멘탈을 회복하는 동안 집안을 다시 일군 영웅은 어머니였다. 그렇지만 모든 영웅에게 상처가 있듯, 어머니에게도 증상이 남았다. 빚 독촉에 너무 시달린 탓이었을까. 어머니는 가끔 자녀들을 마치 빚쟁이처럼 대할 때가 있었다. 경제 사정에 비해 무리한 요구가 아닐 때에도 그녀의 거절 방식은 독특했다. 그것은 단순히 냉정한 거절이 아니라 패닉 상태에서 밀쳐내는 거절이었다. 어머니는 돈에 있어서 극도로 방어적인 태도를 취했다. 돈이 최고라고 직접적으로 말하지는 않았지만, 어머니에게는 돈이 목숨이라는 감각이 깊게 배어 있었다. 삶의 곡절이 아로새긴 증상적인 후유증이었다. 그리고 어머니가 어떤 불안에 사로잡혀 있는지를 아이들보다 더 잘 몸으로 느끼는 사람은 없다. 물론 아이들이 느끼는 강도는 제 각기 다르다. 그녀는 예전에 첫째 오빠와 막내 동생과 얘 기하다가 그들이 어머니의 불안에 대해 자신만큼 섬세하 게 파악하지 못한다는 사실을 알게 되었다. 그들이 무감각 한 것일까 아니면 그녀가 예민한 것일까. 어머니가 가졌던 '돈=목숨'에 관련된 불안감이 그녀에게 가장 깊숙하게 침 습해온 것일까. "흙을 밟지 않은 어린 시절"은 진정 그녀에 게서 나온 기표가 맞을까? 집안의 몰락을 한탄하던 그녀 의 어머니가 이따금 반복적으로 내뱉은 기표는 아니었을 까? "그렇게 널 키운 시절이 있었는데…."

정신없이 바쁜 그녀가 수업이 끝난 뒤 찾는 곳은 24시 간 운영하는 고급 마사지숍. 척추협착 때문에 재활운동을 해야 하지만 꽉 찬 수업 일정으로 도저히 운동할 시간과 체력이 없기 때문에 마사지로 대체하고 있다. 그렇지만 그 녀에게 마사지는 단순한 대체물이 아니라 유일한 낙이고, 하루 중 가장 행복한 시간을 선사해준다. 마사지 중독자가 있다면 자신이 아닐까라고 생각하기도 한다. 늦은 밤 시간 의 마사지숍에는 소위 직업여성들이 많이 드나든다. 그녀 들의 이야기는 옷과 가방을 브랜드 별로 비교하는 것이 대 부분이고, 패션에 관심 없는 그녀가 알지 못하는 얘기가 대부분이다. 그렇지만 저 사람들도 그녀처럼 힘들게 일하 기는 매한가지고, 직업여성이 따로 있는 것이 아니라 직업

있는 여성은 모두 힘들다는 생각이 들었다. 이런 동질감은
어디서 나오는 것일까?

종종 그녀의 화통한 성격과 튼튼한 경제력을 보고 접근
하는 남자들이 있지만 연애에는 전혀 관심이 없다. 그녀
가 관심 있는 것은 연애가 아니라 오히려 노후다. 이십대
때는 나이 들어 옆에 아무도 없으면 외로울 것 같아서 결
혼의 불가피성에 대해 공감했다. 하지만 지금 그녀가 가장
끔찍하게 여기는 것은 나이 들어 돈이 없는 자신의 모습이
다. 그녀는 개를 싫어한다. 개가 싫고 외로움이 두려운 여
자가 늙기 전에 남자랑 하는 것이 결혼인 걸까. 최악을 피
해 차악을 선택하는 것 같아서 씁쓸했다. 그런데 어느 순
간 결혼이 결코 불가피하지 않다는 것을, 최악과 차악이
아니라 만족스러운 최선이 있다는 것을 깨달았다. 돈이 곧
최선이었다. 어차피 옆에 아무도 없다는 것을 아버지의 경
험으로부터 쓰라리게 보고 배운 탓일까. 아니면 좀처럼 흔
들리지 않고 늘 의연했던 어머니에게서 돈의 위력을 체감
한 탓일까. 아니면 마사지가 주는 통증 완화 및 심신 안정
효과에 사로잡힌 탓일까. 돈이 최상의 해법으로 부상했고,
그녀는 오늘도 꽉 찬 스케줄을 소화하고 늦은 시각에 마사
지숍으로 향한다.

* * *

　자본주의란 무엇일까? 마르크스의 분석에 따르면 자본
주의에서는 자본가(부르주아)가 잉여 가치, 즉 상품의 교
환 가치와 상품을 만드는 데 실제로 투입된 가치(노동력
및 생산력) 간의 차이를 획득함으로써 자본가와 노동자
(프롤레타리아) 간의 구조적 불평등이 유발되고, 모든 가
치의 척도인 화폐에 의해 확립되는 상품 간의 관계가 다른
모든 인간적, 사회적, 역사적 관계를 파괴하고 재규정한
다. 라캉은 이러한 마르크스의 관점을 확장시키며 재정의
한다.

　　오직 다음과 같은 단 하나의 사회적 증상만 있습니
　　다. 실제로 모든 개인은 프롤레타리아입니다. 즉 모든
　　개인은 사회적 유대, 달리 말해 상블랑(semblant)을 만들
　　어떠한 담론도 갖고 있지 않습니다.[146]

　서로 적대하는 두 계급이 있는 것이 아니라 오직 한 가
지 계급(프롤레타리아)만 있다. 그런데 이때 프롤레타리
아란 무산자로서 자본가에 의해 착취당하는 자가 아니라
자신의 욕망을 착취당한 자를 말한다.

　　욕망의 착취가 자본주의 담론의 커다란 창안입니

다.[147]

　자본주의를 특징짓는 것은 상징계의 거부, 거세의 거
부입니다.[148]

　자본주의에 의한 욕망의 착취(및 거세의 거부)는 이중
적이다. 모든 주체가 구조적 결여($)로 인해 욕망의 부담을
떠안아야 한다는 정신분석의 가르침과는 달리, 자본주의
는 욕망을 요구로 환원하면서 특정 대상만 소유할 수 있다
면 욕망의 파도를 잠재울 수 있다는 환영을 조장한다. 가
령 30평 아파트에서 40평으로 이사를 갔지만, 진정 결핍
된 것은 집으로 표현되지만 집 너머에 있는 그 무엇일 것
이며, 이사를 통해 해결되었다고 믿었던 욕망은 실제로는
건드려지지도 않을 수 있다. 또 다른 한편 자본주의는 결
핍을 그 본질로 하는 욕망 대신에 고삐 풀린 주이상스를
선사하고, 나아가 주이상스를 반드시 열망해야 한다는 초
자아적 명령을 내린다. 이로 인해 가장 자발적으로 느껴
져야 할 쾌락이 주체가 견딜 수 없으면서도 또 반드시 수
행해야 하는 강제 노역처럼 느껴진다. 요컨대 자본주의에
서 욕망이 요구와 주이상스로 대체되는 한, 모든 이는 프
롤레타리아이다. 혹자는 그래도 일부 특권층은 쾌락을 누
리고 있고 누구나 그런 호화로운 삶을 동경하지 않느냐고
물을 수 있다. 이에 대해 분석은 그것은 당신의 결핍에 근
거한 투사적 박탈감이며 그럴듯한 쾌락이 무분별한 향락

(jouissance)을 동반할 때 쾌락은 삶 자체를 삼켜버릴 것이라고 답변할 것이다.

라캉에게 담론이란 사회적 유대를 만드는 기능을 뜻한다. 그런데 자본주의는 담론을 만들 가능성을 붕괴시킨다. 그것은 모든 사회적 유대를 원천적으로 봉쇄한다. 자본주의 체제에서 상사와 부하, 스승과 제자, 남편과 아내, 형제자매 및 부모자식 등 수많은 관계의 드라마가 종종 화폐 드라마로 종결되는 것은 우연이 아니다. 유대란 없고, 서로 고립된 프롤레타리아의 백치 같은 주이상스만 있는 것이다. 라캉은 네 가지 담론—주인 담론, 대학 담론, 히스테리 담론, 분석가 담론—에 이어 자본주의 담론을 제기한다. 그런데 '자본주의 담론'은 일종의 형용모순으로 보인다. 자본주의의 위력이 담론의 형성 가능성을 차단하는 데에 있는데, 그러한 자본주의가 만드는 어떤 담론이 있다는 말이기 때문이다. 이 모순을 풀어보자.

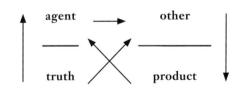

라캉의 담론 공식에서 행위자(agent)는 자신이 알지 못하

는 진리(truth)에 의해 추동된 채로 타자(other)와 관계하고, 이 타자는 특정한 생산물(product)을 만들어낸다. 이렇게 보면 행위자와 타자가 관계하는 것처럼 보이지만, 사실 이 관계는 관계의 불가능성에 물들어 있다.

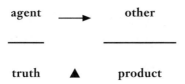

겉보기에 행위자와 타자 간에 관계가 있는 것 같지만 이 관계는 진리와 생산물의 비관계에 근거한다. 가령 대학 담론의 경우 교과서적 지식(행위자)이 학생(타자)에게 전달되어 학생이 자신의 해석이 깃든 불확실한 레포트(생산물)를 제출한다고 해보자. 그런데 이 레포트는 지식을 근거 짓는 근본적인 사상(진리)과 연관되어 주체적으로 사유되기보다는 지식(행위자)의 잣대로 객관적인 점수가 매겨진다. 진리와 결과물에는 아무런 관계가 없다. 따라서 담론은 근본적인 비관계에 의해 한계 지워진 유대이다. 자본주의 담론은 이러한 담론의 구조를 절묘하게 비튼다.

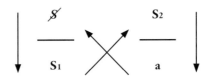

담론 일반과 자본주의 담론 간의 차이점에 주목하자. 자본주의 담론에서는 행위자에서 타자로 나아가는 화살표가 삭제되고, 행위자는 자기가 알지 못하는 진리에 의해 추동되는 것이 아니라 자신이 익숙한 진리에 손쉽게 다가간다(화살표가 $\emptyset$에서 S_2를 향하지 않고 아래쪽의 S_1으로 향하는 것을 보라). 결핍에 시달리는 분열된 주체($\emptyset$)는 주인이라는 타자와 관계하는 히스테리증자와 달리, 타자와 관계하지 않는다. 오히려 주체는 시장이라는 주인기표(S_1)와 관계하고, 시장은 어떠한 주체적 결핍도 해결할 수 있는 무한정한 보고로 간주된다. 시장은 억압된 진리의 자리에 있으면서 보이지 않는 손으로 기능하고, 주체적 결핍을 대상적 생산으로 막는 역할을 한다. 무리한 경제활동으로 인해 척추질환을 얻은 주체($\emptyset$)가 병을 마주하고 탐구하는 것이 아니라 병을 회피하면서 마사지숍(S_1)에서 유일한 낙을 찾듯 말이다. 그런데 시장에서 특정 상품이나 서비스(S_1)를 구매하자마자 그것은 이내 다른 상품이나 서비스와 차이의 그물망(S_2)을 형성하고 있음이 드러난다. 숍에 누워 있는 그녀에게 이따금 들려오는, 수많은 브랜드에 대한 비교가 보여주듯 말이다. 내가 구매한 제품과 서비스

여자는 존재하지 않는다

는 그것을 구매하고 향유하는 순간 사라지고 이내 또 다른 제품과 서비스가 등장한다. 이런 이유로 모두가 만족을 좇지만, 그 누구도 구조적인 불만을 떨칠 수 없다. 그 결과는 수많은 제품과 서비스의 생산일 뿐만 아니라 "주이상스의 결여(manque-à-jouir)의 늘어난, 따라서 만족할 수 없는 생산"[149]이다. 주체가 누릴 수 있는 것은 차선적인 대체물인 잉여-주이상스, 즉 일차적인 주이상스의 상실에 대해 부분적으로 만회된 끄트머리 주이상스이다. 잉여-주이상스(plus-de-jouir)는 "더 이상(ne plus) 즐길 수 없음"으로 읽힐 수 있다는 점에서 주이상스의 결여와 같다. 그리고 잉여-주이상스는 특정한 상품 및 서비스(a)를 통해 전달되고, 상품 및 서비스는 늘 주체를 유혹하고 압박한다. 사지 않으면, 누리지 않으면 사회의 낙오자가 될지도 모른다는 기이한 죄책감과 불안을 유발하면서 말이다. 그리고 잉여-주이상스에 사로잡힌 주체가 또다시 시장의 문을 두드리면서, 이 모든 과정은 똑같이 반복된다.

주목할 점은 자본주의 담론에는 화살표가 단절된 지점이 없다는 사실이다. 즉 거기에는 어떠한 비관계의 흔적도 없다. 모든 것은 어떤 장애물에도 부딪히지 않고 자본의 흐름과 재화의 유통 속에서 순환한다. 자본주의는 사물인터넷에 앞서서 '초연결성'을 실현한다. 그렇지만 연결되어 있다고 해서 계산, 냉소, 고립, 불안이 깃들 여지가 없는 것은 아니다. 자본주의적 관계란 수요-공급, 인풋-아웃풋, 기브 앤드 테이크의 법칙을 통해서만 이루어지기 때문이다. 그녀가 최선을 다해서 가르치는 학생과의 관계에서든, 그녀에게 최상의 행복을 선사해주는 마사지 테라피스트와의 관계에서든 말이다. 비관계가 배제된 곳에 등장하는 것은 어떤 유대가 아니다. 그녀의 아버지가 모든 유대의 허망함에 좌절했다면, 그녀는 모든 유대의 불필요성을 깨달아버렸다. 유대를 시도하지 않으니 허망함을 느낄 필요가 없다. 유대가 없어도 모든 것이 자연스럽게 잘 작동하는 담론이 있는 한에서 말이다. 따라서 자본주의 담론은 결코 형용모순이 아니다. 그것은 유대 없는 유대, 함께하면 할수록 더욱더 고립되는 유대를 제공하는 담론이다. 여기서 라캉은 아이러니를 덧붙인다.

> S_1과 $\cancel{S}$의 작은 전도만으로도 자본주의 담론을 순조롭게 움직이게 하는 데에 충분합니다. 자본주의 담론은 더할 나위 없이 잘 움직이지만, 실제로 그것은 너무 빨리 달립니다. 그것은 자신을 완성시키기(se consomme) 때문에 스스로 소진되는(se consume) 것입니다.[150]

자본주의는 그 크나큰 성공 때문에 사라질 것이다. 자본주의적 삶이란 무언가를 이루는 것과 무언가를 태워버리는 것이 구분되지 않는 삶이다. 그래서 언어 기계의 역량

여자는 존재하지 않는다

을 사교육 시장에서 꽃피우기 시작한 그녀는 유대 없는 유대를 맺으며 자신의 삶을 소모하고 있다. 그리고 그 삶은 순조롭게 움직이는(run on wheels) 담론 위에서 이루어지는 것만큼이나 혹독하고 고되다(hell on wheels).

* * *

정신분석가 스텐 판호이레(Stijn Vanheule)는 자본주의 담론과 관련하여 변별적인 임상을 이렇게 정리해낸다.[151] 신경증의 경우 자본주의 담론은 (성적) 비관계와 무의식을 경시하려는 구실로 작동하기 때문에 분석 작업은 신경증자가 히스테리 담론으로 이동하는 방향으로, 즉 자신의 증상과 삶의 문제에 집중하는 방향으로 나아가야 한다. 관건은 주체의 모든 관심이 주체의 결핍을 메워줄 것으로 (잘못) 가정되는 시장(S_1)에 쏠려 있는 상태에서 주체 자신의 결핍($\not{S}$)과 마주하는 쪽으로 옮겨가는 데에 있다. 명품 브랜드 품평을 통해 공허함을 가리는 것 혹은 마사지 테라피를 통해 재활을 연기하는 것을 중단할 수 있도록 말이다. 반면 정신병의 경우 분석 작업은 자본주의 담론이 유대 바깥에 홀로 있는 정신병자로 하여금 대타자의 주이상스의 대상으로 전락하는 것을 막아주는 역설적인 방편으로 작용할 수 있음을 감안해야 한다. 관건은 소비주의적인 방식일지언정 타자와 (비)관계하는 과정을 통해 주체가 자기만의 유대 방식을 만들어낼 수 있는지에 달려 있다. 고립된 노후에 대한 불안과 두려움을 진정으로 극복하게 해줄 수 있는 것은 개 대신 선택된 남자나 돈이 아니라 오직 단독적인 공동체의 설립으로 이어지는 주체적인 사랑임을 깨달으면서 말이다.

오늘도 아이 한 명 한 명에게 최선을 다했던 그녀에게 수고가 많았다는 격려를 보내자. 그렇지만 그 격려가 빈약하고 손쉬운 위로로 전락하는 것을 경계하면서 그녀가 근본적인 차원에서 자신의 삶에 대한 질문을 던지기를 기다려보자. 적어도 우리는 '여자는 비전체'라는 공식을 가까스로 지켜내면서 다음과 같은 점에서 그녀에게 동의할 수 있다. 힘들지 않은 어떤 예외적인 여자란 없다. 모든 여자가 힘들다는 그녀의 직감은 사실이다. 모든 여자가 자본주의 기계가 되는 한에서 말이다.

권력 안에서 권력에 맞서

"언니, 나 이거 좀 붙여줘." 월요일인데 어쩐지 조용하더라니. 환자들이 밀려든다. "잠깐만 밖에서 대기해주세요." 체력이 떨어지기 시작한다. 당이 필요하다. "선생님, 치료코드 II 환자분 오셨어요." 어제는 오래간만에 모인 친구들과 술자리가 밤늦게까지 이어졌다. 먼저 일어날걸. 놀 때는 좋았지.

그녀는 대형병원 3년 차 물리치료사. '아픈 사람은 예민하다'를 주문처럼 외우던 신입 시절이 번개처럼 지나갔다, 멘탈도 어느 정도 강해졌다, 라고 믿고 싶지만 확실치 않다. 치료실에서 일하다 보면 물리치료사에 대한 환자들의 인식을 알 수 있다. 물리치료사는 의사의 오더대로 저주파 치료기를 "붙이고 떼주는 애들"로 보이는 걸까. 독일의 경우 물리치료사는 의사로부터 독립된 권한을 가지고 활동한다. 물론 우리나라는 그렇지 않다. 이런 현실이 의사와 물리치료사에 대한 환자들의 차별적인 태도로 반영되는 것일까. "선생님"으로 불리는 일은 거의 없다. "어이", "저기요", "아가씨", "언니". 선생님으로 불리기를 바라지는 않지만 "어이"랑 "아가씨"는 좀 순화를…. "어이, 나 이거 빨리 떼달라고!" 그래도 "어이"는 여전히 양반에 속한다. 언젠가 도수치료 중이었는데 "넌 그 따위로 생겨서 어떻게 일하냐"는 소리를 들었다. 오후 내내 멘탈이 돌아오지 않았다.

환자들의 갑질이 조직의 논리와 손을 잡을 때가 있다. 한번은 무릎 환자가 왔다. 그날 국가대표 축구경기 중계가 있었고 멀리 떨어진 TV에서 중계방송이 흘러나왔다. 학생은 치료를 잘 받고 돌아갔다. 그런데 그날 밤 병원 게시판에 이런 글이 올라왔다. "XXX 선생님 슬리퍼 너무 질질 끌면서 걸으셔서 뭔가 성의가 없어 보였어요. 또 선생님이 치료보다 축구 중계에 더 관심 있어 보였어요." 평소랑 똑같이 치료를 했을 뿐인데, 졸지에 오프사이드가 뭔지도 모르는 그녀가 축구 팬이 됐다. 다음 날 아침 바로 윗선에서 연락이 왔다. 같은 치료실에서 일하는 몇몇 선생님들과 같이 불려갔다. "앞으로 조심하겠습니다." 간단한 시말서를 썼다. 시말서를 쓸 때까지만 해도 괜찮았는데 그날 밤 처

여자는 존재하지 않는다

음으로 퇴사 충동이 올라왔다. 고객도 고객 나름이지. 그렇지만 퇴사 충동은 순식간에 수그러들었다. 퇴사退思해보니(물러나 생각해보니) 퇴사退社는 장난이 아니다. 이번 달 카드 값도 내야 되고, 어차피 퇴사해 봤자 곧 다른 병원으로 입사할 운명인 것을.

프로이트의 손자는 실패를 던지며 '포르트(Fort, 없다)'와 '다(da, 있다)'를 반복적으로 말하면서 어머니에 대한 상실감을 상징화했다. 우리 시대의 젊은이들은 '입사'와 '퇴사'를 반복적으로 실행하면서 카드 값의 부담감을 상징화한다. 비슷한 처지의 남자친구에게 전화를 걸어 위로를 청했다. 남자친구와는 4년째 만나고 있다. 서로 사랑하지만 우리 생애에 결혼이란 없다. 설령 남자친구와 헤어지더라도 새로운 연애는 하겠지만 결혼은 사절. 그녀는 생각한다. 모든 아버지가 외롭다면 모든 어머니는 불쌍하다. 식구들을 위한 어머니의 헌신, 요즘 세대가 따라 하기에는 너무 벅찬 일이다. 출산율 한 명은 필연이 아니었을까. 그것은 여성들의 경제력 향상이 아니라 어머니-되기의 불가능성에 기인하지 않을까.

다음 날 아침, 같은 층 치료실 전체 회식이 잡혔다. 반갑지 않은 일이다. 회식 자체가 싫다기보다는 마주하기 껄끄러운 인물이 있어서 그렇다. 겉으로는 어려운 일 있으면 언제든지 찾아와서 얘기하라고 너그러운 아버지처럼 행동하지만, 뒤로는 온갖 사람들을 평가하고 험담하고 다니는 이중적인 꼰대. 아버지 세대처럼 강압적인 회식 문화까지는 아니지만, 회식 자리에서 "X선생, 또 몸 사리고"라고 말하는 것도 늘 눈꼴사납다. 요즘 그녀는 같은 치료실에 새로 들어온 선생님들과 협력하는 문제에 신경을 많이 쓰고 있다. 3년 차로서 신입 선생님들에게 이러저러한 지시를 해야 할 때가 있다. 그럴 때 본인도 꼰대처럼 말하고 행동하는 것은 아닌지 신경이 쓰인다. 병원은 하나의 특수한 세계다. 그리고 이 세계가 아픈 이들을 더 잘 보살피게 이끄는 것은 꼰대의 리더십이 아니라 질서를 만들어가는 데에 동참하면서 사라지는 윤활유임을 그녀는 믿는다. 지방에 살지만 매번 서울까지 올라와서 페미니스트 집회에 참석하는 친구에게 꼰대에 관해 얘기해줬더니 그녀보다 더 강력하게 규탄해줬다. 속은 시원했지만 페미니스트 친구처럼 명시적으로 저항하는 것은 그녀의 스타일이 아니다. 물론 그녀의 저항에의 의지가 친구의 그것만큼 강하지 않은 것은 아니다. 혁명 투사까지는 아닐지언정 부당한 권위에 대한 비판 정신만은 아직 죽지 않은 그녀다. 뭔가 다른 방식이 없을까.

여자는 존재하지 않는다

* * *

권력이란 무엇일까? 여자와 권력의 관계는 무엇일까? 『세미나 22권』에서 라캉은 많은 사람들이 권력이나 지식과 같은 남성적 범주에 매혹되는 반면, 여자들은 권력과 지식에 아무런 관심이 없고, 여자들에게 그 범주들은 하찮은 것이며, 여자들의 힘은 모든 범주를 측정 불가능하게 넘어선다고 말한다.[152] 동시에 여자들은 권력과 지식에 대해 잘 알고 있으며, 무의식이라는 난처한 지식에 대해 남자보다 덜 말려들고 덜 당황한다. 라캉은 멜라니 클라인과 같은 여자 분석가들은 무의식을 더 편안하고 능숙하게 다룬다고, 여자 분석가들이 무의식에 접근하는 방식에서 일종의 야만[잔혹](sauvagerie)을 엿볼 수 있을 정도라고 말한다. 이로부터 여자가 모든 척도(mesure)의 무용성을, 광기와 뒤얽힌 자유를 체현한다는 점이 재차 강조된다. 마지막으로 라캉은 분석가가 체현한다고 여겨졌던 '어느 누구든지(n'importe laquelle)'*가 전체를 향한다면, 여자는 비전체를 향한다고 지적한다.

　여기서 여자를 상징적 질서를 무한히 넘어서는 광기의

[*]　분석가가 '어느 누구든지'에 해당하는 이유는 분석자가 분석 작업 중에 그리고 분석 작업이 끝난 후에 분석가의 개인적인 특징에 대해 아무것도 알지 못하기 때문이다.

대변인으로 설정하는 표준적인 테제에 머무르기보다 비전체의 모호한 위력을 상기하자. 비전체는 상징적 질서 안에 있으면서도 그것으로부터 부분적으로 빠져나간다. 비전체로서의 여자는 여전히 권력과 지식에 물든 무의식에 얽매여 있지만, 전적으로 얽매여 있지는 않다. 여자가 "공동체의 아이러니"(헤겔)인 까닭은 그녀가 권력 안에서 권력에 맞서는 유격전에 능하기 때문이 아닐까? 문명과 사회가 법과 양심을 설정하고, 인간 동물이 문명화 및 사회화를 통해 법과 양심을 내면화하는 한에서, 초자아는 주체의 구성 요건에 해당한다. 그런데 절반 정도만 주체이고 나머지 절반은 탈주체적 효과에 열려 있는 여자의 경우 초자아의 권력은 반감된다. 여자는 "보편적 양심처럼 쉽게 초자아화하지(se surmoite) 않는다."[153] 분석가가 자아의 덫을 경계한다면, 여자는 초자아의 논리를 간파한다. 여기서 초자아가 자아 이상의 완성형이라는 점을 상기하자. 오직 이상적인 것으로 자리매김할 수 있는 것만이 우리를 관찰, 판단, 처벌할 수 있다. 오직 아버지의 너그러움을 가장하는 자만이 은밀하게 우리를 험담하고 평가할 자격을 갖추게 되는 것이다. 조직의 윤활유를 겨냥하는 그녀는 초자아의 형상을 구현하는 꼰대에 저항하는 예외적인 주체가 될 수 있을까?

오늘날 권력은 결코 광장과 거리에서 투쟁하고 시위해

야 할 가시적인 대상을 통해서만 구현되는 것이 아니다. 권력은 에어리언-화 된다. 그것은 우리 자신의 삶 내부로부터 은밀하게 새어 나오는 일상 속의 괴물이다. 권력은 침대에서, 쉬는 시간에, 회식 자리에서, 명절 모임에서, 농담을 통해, 시선과 목소리 톤으로, 댓글과 클릭 수로, 우리가 알지 못하는 사이에, 누가 누구에게 행사하는지도 모르는 채 작용한다. 직업에 대한 사회적 인식을 반영하는 호칭, 환자들의 무감각한 갑질, 조직의 자기 방어적 방침, 평범한 남편과 살았음에도 불구하고 불쌍하게 다가오는 어머니의 삶, 매일 밝게 인사하는 꼰대를 통해 드러나는 미시적 복합체가 권력의 진정한 형상이다.

＊ ＊ ＊

회식 자리. 여느 때처럼 사기 진작용(사기 저하용)으로 일장연설을 끝낸 뒤 이내 술이 오른 그가 말한다. "X선생, 오늘 술이 잘 안 받나 봐? 새로 오신 선생님들이랑 한잔 하면서 친해져야지."

여기서 슬라보예 지젝이 든 사례를 상기하자. 전근대적 권위주의적 아버지들이 할머니 댁에 가기 싫다고 말하는 아이에게 "무조건 가야 된다"고 말한다면, 탈근대적 탈가부장적 아버지들은 "할머니가 너 얼마나 사랑하시는지 너도 알잖니"라고 말한다. 이제 아이는 할머니 댁에 가야 할 뿐만 아니라 할머니를 사랑하기까지 해야 하는 것이다. 이는 라캉이 밝혀낸 초자아의 구조와 연관된다. 초자아는 단순히 금지의 작인이 아니다. 초자아는 "안 돼"가 아니라 "즐겨라"라고 명령한다. 그것은 허용하는 동시에 금지한다. 겉으로는 유화적이지만 실제로는 더 두꺼운 족쇄를 채우는 것이다.

꼰대의 논리도 이와 유사하다. 새로 온 선생님들과의 친목 도모라는 명분으로 즐겁지 않은 술자리 문화를 강요하기 때문이다. 이를테면 그것은 강도의 논리보다는 꽃뱀의 논리에, 부성적 초자아보다는 모성적 초자아에 가깝다. 그것은 법을 설정하기보다는 한계 없는 범죄를 겨냥하고, 직접적인 공격이 아니라 교묘한 간계를 부리는 '절반의 [여성적] 초자아(surmoitié/superegohalf)'에 가깝다. 여기서 권력 안팎에 걸쳐져 있는 그녀의 대응은 고분고분하게 순응하는 것—"선생님들, 저분이 좀 별나서 어쩔 수 없어요, 그냥 마셔요"—도, 떠들썩하게 대항하는 것—"당신이 뭔데! 우리가 알아서 잘 친해질 겁니다!"—도 아닐 것이다. 그것은 마시겠다는 것도 아니고 안 마시겠다는 것도 아닌 제3의 대응, 비독재적인 만큼이나 음흉한 그 요구를 내부로부터 붕괴시키는 대응일 것이다.

여자는 존재하지 않는다

말해진 것(dits)은, 말하기(dire)에 의해 탈존하는 것으로부터만 완성되고, 반박되고, 비일관적인 것, 증명 불가능한 것, 결정 불가능한 것이 될 수 있다.[154]

괴델의 불완전성 정리[*]에서처럼, 그녀의 말하기는 내용상 말해진 것으로는 긴지 아닌지를 결정할 수 없는 아이러니한 말하기($S(\cancel{A})$)일 것이다. 그것은 마치 공부를 열심히 하라는 초자아의 명령을 온전히 수용하지도 강건히 거부하지도 않은 채 너무 공부를 열심히 하다가 쓰러지고 마는 학생의 태도와 같다.

어차피 내일 되면 기억도 못할 테고 또 복도에서 웃으면서 인사할 테니, 퇴사에 대한 무망한 꿈을 접은 마당에 말이라도 시원하게 해야겠다. "과장님, 여기 선생님이랑 저랑 토하면 다 치워주실 거죠?"

[*] 어떤 체계의 무모순성을 그 체계 내부로부터 증명할 수 없다.

수도자

소등 시간. 그녀는 하루의 일과를 마치고 감사의 기도를 드린 후 침상에 눕는다. 눈을 감은 그녀에게 세 얼굴이 떠오른다. 한 명은 요즘 읽고 있는 성녀 마르가리타 마리아 알라코크(Marguerite-Marie Alacoque)의 얼굴. 다른 한 명은 같은 공동체에서 생활하고 있는 수녀님의 얼굴. 그리고 그 사이에 깃든 신의 얼굴. 그녀는 되뇐다. 신비, 공동체, 신은 따로 떨어져 있는 것이 아니다.

*** *** ***

프로이트는 그의 친구이자 작가인 로맹 롤랑(Romain Rolland)의 신비주의적인 명상 체험에 대해 의구심과 호기심을 동시에 느꼈다. 과학에서 얻을 수 없는 것을 결코 과학

여자는 존재하지 않는다

바깥에서 헛되이 찾지 말라는 경구로 요약되는 프로이트의 과학주의는 신비주의에 대해 신중한 거리를 두면서도 신비주의에 다가가려는 노력을 완전히 포기하지는 않았다. 물론 프로이트에게 신이란 정신분석적 술어를 통해 환원적으로 설명될 수 있었다. 신은 개인적 강박증이 집단적으로 공유된 형태이거나 아이를 보호해주는 전능한 아버지 형상에 대한 환영적인 소망이거나 원시 부족에서 아들들에 의해 살해된 부친이 죄책감과 양심의 형태로 회귀한 효과*에 다름 아니었다. 이러한 입장 때문에 프로이트에게 롤랑의 체험은 매력적이고 까다로운 수수께끼로 보였을지도 모른다. 프로이트는 서한에서 이렇게 쓴다.

> 나는 당신의 인도 덕분에 그리스적 균형에 대한 사랑, 유대적 냉철함, 속물적 소심함의 어떤 혼합이 나로 하여금 여태 접근하지 못하게 했던 인디언 정글로 침투하기 위해 노력하고자 합니다. [⋯] 허나 타고난 성향의 한계를 넘어서는 것은 쉬운 일이 아니군요.[155]

라캉에게서 우리는 정반대의 성향, 즉 균형과 냉철함 너머에 있는 것에 대한 대범하고 과감한 접근을 목도한다.

[*] 라캉은 이를 "아버지는 죽었지만 아버지의 이름은 남아 있다", "신이 죽으면 모든 것이 허용되는 것이 아니라 금지된다"는 경구로 정식화한다.

신비주의 담론은 쓸모없는 잡담이나 공허한 장광설이 아니다. 라캉은 우리가 여성적 주이상스에서 신의 얼굴을 읽어낼 수 있다고, 팔루스를 넘어선 주이상스란 신비주의자들이 그에 관해 아무것도 알지 못함에도 불구하고 성교 바깥에서 감각적으로 생생하게 경험하는 황홀경에 비견될 수 있다고 말한다.

> 신비주의는 진지한 어떤 것입니다. 몇몇 사람들(주로 여성들 혹은 십자가의 성 요한과 같은 뛰어난 이들)은 […] 너머에 있는 주이상스가 있을 수 있음을 느낍니다. 그들이 소위 신비주의자들입니다.[156]

나아가 그는 베르니니의 〈성녀 테레사〉에서 그녀가 정체불명의 오르가슴을 느끼고 있음을 지적한다. 성녀 테레사를 보면 신을 진정으로 열망하는 이는 신이 그에게 베푼 은혜를 향유하려는 의지를 제외한 모든 의지를 잃어버린다는 것을 알 수 있다. 이때 영혼은 마치 육체를 떠난 것처럼 보이지만, 그는 결코 죽은 것이 아니다. 그는 다만 현세와 다른 영역에 머물고, 여기서는 자연의 빛이 아닌 계시의 빛이 쏟아진다. 십자가의 성 요한은 테레사 성녀의 이러한 영적 직관을 전체(Todo)와 무(Nada)의 변증법으로 풀어낸다. 신이라는 영광스러운 전체에 다가가기 위해서는 모든 세속적인 것에서 이탈하는 무의 길을 걸어가야 한다.

두 신비주의자에게서 공통적인 핵심은 자아의 전적인 무화[겸양](anéantissement)이다.

* * *

그녀가 영적 독서 시간에 읽는 알라코크 성녀는 자아의 무화에 있어서 아주 멀리까지 나아간 인물이다. 일반적으로 알라코크 성녀는 '예수 성심(Cor Jesu Sacratissimum)', 즉 예수가 그녀에게 발현하여 자신의 심장을 꺼내 보여주는 환시를 경험한 인물로 알려져 있다. 성심은 인류를 향한 그리스도의 무한한 사랑을 상징한다. 오늘날 교회는 예수 성심 대축일을 지정하여 성심에 대한 신심을 배양하는 행사를 거행하고 있다. 그런데 알라코크 성녀는 극단적인 고행을 실천한 인물이었다. 그녀는 열 살 때부터 금식을 하고, 그릇 파편 위에서 잠을 자고, 자신의 죄스러운 몸을 결박하기도 했다. 『세미나 7권』에서 라캉은 나병 환자의 발을 씻은 물을 기쁘게 다 마신 폴리뇨의 안젤라(Angela de Folignio)와 더불어 알라코크 성녀가 영적 고양의 상태에서 병자의 배설물을 먹은 에피소드를 짧게 언급한다.[157] 라캉에게 이 일화는 쾌락원칙 너머에 있는 주이상스를 예시한다. 여기서는 기표의 구조 한가운데에 있는 텅 빈 구멍, 즉 말할 수 없는 사물(das Ding)이 드러난다. 주체 안에 있으면서도 주체에게 낯선 어떤 비인간적인 잔혹함이 분변 성애적인 베일에 싸여 드러난다. 알라코크 성녀의 전기를 읽어보자.

> "이질에 걸린 환자를 간호하고 있었는데 토할 것 같
> 은 느낌을 받았다. 주께서 나를 몹시 질책하셨고 나는
> 잘못을 시정하지 않을 수 없었다. 나는 환자의 것에 내
> 혀를 오랫동안 담갔고 내 입을 그걸로 가득 채웠다."
> [⋯] 만약 신의 뜻에 의해서가 아니라면 그 어떤 것도
> 먹을 수 없다는 점을 신이 그녀에게 상기시켜주지 않았
> 더라면 그녀는 병자의 배설물을 삼켰을 것이다.[158]

이렇게 신비는 자아의 무화에 그치지 않고 거룩함과 역
겨움의 구분을 무화시킨다.

그녀는 생각한다. 어쩌면 중세 전기 작가들은 미신과 신
비를 착각했을지도 모른다. 그들에게는 병리와 신비를 식
별할 눈이 없었을지도 모른다. 그렇지만 알라코크 성녀의
환시는 당대에 숱한 의심을 받았음에도 불구하고 끝내 공
인되었다. 그녀에게는 병리적 도착과 성심의 현시가 공존
한다. 교회는 그 둘을 떼어내어 '병리성'을 삭제하고 '성스
러움'만을 천명해야 할까. 물론 모든 신비에서 병리가 발
견되는 것은 아니다. 십자가의 성 요한의 삶에서 우리는
가난, 고행, 금욕을 볼 수 있을지언정 그러한 병리는 찾아
볼 수 없다. 성 요한의 신에 대한 열렬한 사랑이 그가 아무

여자는 존재하지 않는다

도 모르게 홀로 감당했을지도 모르는 뿌리 깊은 병리를 승화시키는 도구로 기능했던 걸까. '사랑의 박사'는 신에 대한 사랑을 통해 자신의 증상(symptôme)을 증환(sinthome)이라는 성흔(stigmata)으로 완성시키고 주체화할 수 있었던 걸까. 하루하루 치열하게 지속되고 맹렬하게 희구되는 무의 삶이 병리로부터 그 어떤 영향도 받지 않게 해주는 것은 무엇일까. 그것은 성녀 테레사가 말한 계시의 빛일까. 빛이 아니라 오히려 어둠일 것이다. 십자가의 성 요한은 두 가지 밤을 말한다. 그것은 암흑(tinieblas)의 밤과 어둠(oscuras)의 밤이다. 첫 번째 밤에서 우리는 은총에 대한 집착으로 눈이 멀어 있다. 두 번째 밤에서 우리는 은총의 어두운 내부에 그저 앉아 있을 뿐이다. 그리고 관상과 묵상이 깊어짐에 따라 두 번째 밤은 첫 번째 밤을 감싼다. 신에게로 나아가는 길은 빛이 어둠을 몰아내는 길이 아니라 어둠이 암흑을 어루만지는 길이다. 여기서 질문해보자. 신은 병리와 신비를 구분할 수 있지만, 인간에게는 양자가 뒤얽혀 있다. 그럼에도 어둠이 암흑을 어루만지듯, 신비는 병리를 어루만질 수 있을까.

* * *

그녀가 속한 공동체는 바깥 외출을 극히 예외적인 상황에서만 허용하고 있으며, 외출할 때에는 둘씩 짝지어 다니라는 규칙을 갖고 있다. 공동체 삶에서 오는 인간관계 스트레스와 노동에서 오는 육체적 긴장 때문이었을까. 다른 많은 수도자처럼 그녀에게도 만성적인 근골격계 질환이 있고 그녀는 한 달에 두 번씩 같은 공동체에서 생활하는 노老수녀님과 함께 병원을 통원하며 재활치료를 받고 있다. 그런데 수녀님은 반드시 당신의 일정에 치료 일정을 맞춰주기를 원한다. 또 멀리 떨어진 병원을 다녀오는 긴 시간 동안 그녀는 수녀님의 말을 들어주고, 수녀님을 부축하고, 수녀님의 식사 시중을 들어야 한다. 수녀님은 당신 손가락은 까닥하지 않으면서도 모든 것이 당신 편의대로 이루어지기를 바란다. 신 앞에서는 모두가 절대적으로 평등한 자매이지만 인간이 함께하는 공동체인지라 관습과 전통에 근거한 위계질서가 작동한다. 몇 번은 괜찮았지만 통원 기간이 길어질수록 그녀의 피로감은 늘어간다. 사실 노수녀님이 함께하기 어려운 분이라는 점은 공동체에서 공공연한 일이다. 수도자들 간에 유일하게 자유롭게 대화를 나누는 공동 휴식 시간에 수녀님이 소리를 지르는 경우가 있다. 왜 본인한테 그런 식으로 말을 하느냐고. 그러면 이내 분위기가 싸늘해진다. 그녀는 종종 중립적인 언어 표현을 본인을 겨냥한 공격으로 받아들인다. 나중에 오해하신 거라고 상황을 설명하려 들면 더 큰 호통이 돌아오기 때문에 잠자코 있는 편이 낫다. 가끔 누구라도 납득할 수밖에 없는 방식으로 말씀드리면 그녀는 자신도 모르게 우

여자는 존재하지 않는다

울감과 죄책감에 빠져드는 것 같다. 함께 병원을 다녀오면서 약간씩 대화의 폭을 넓힌 끝에 그녀는 수녀님이 극도로 억압적인 어린 시절을 보냈다는 것을 알 수 있었다. 물론 구체적인 사정은 알 수 없다. 다만 이런 이유로 요즘 그녀는 인류 공동체를 위한 기도보다 자매 한 명과 부딪히며 사는 것이 얼마나 더 어려운지 새삼스럽게 느끼고 있다. 도스토예프스키 또한 다음과 같은 역설을 제기한 바 있지 않은가. 인류에 대한 환상적인 사랑이 깊어갈수록 내 옆에 있는 사람에 대한 실천적인 사랑은 불가능하게 된다고.

* * *

라캉은 종교가 의미를 통해 실재, 즉 잘 작동하지 않고 빗나가고 어긋나는 것을 은폐하는 데에 기여한다고 지적한다.

종교는 인간을 치유하기 위해 고안됩니다. 인간이 작동하지 않는 것을 인식하지 않도록 말입니다.[159]

잘 작동하지 않는 것으로서의 실재에 의미를 덧씌움으로써 종교는 증상을 억압하는 상상적인 기제로 작동한다.

증상을 의미에, 종교적 의미에 흠뻑 젖게 함으로써

사람들은 증상을 그럭저럭 억압할 것입니다.[160]

종교는 증상이 그 자체로는 무의미한 것임에도 불구하고 의미를 통해 재구성되고 심지어 의미를 먹고 자란다는 사실을 알지 못한다. 이에 반해 분석 작업은 모호함(vague)을 통해 기존 의미 체계에 개입하고 그것을 교란시킨다. 이를 통해 증상이 결국 무의미한 허상임을 일깨우는 물결(vague)을 자아낸다.

분석 실천에서 분석가가 의미를 가지고 작업을 하는 것은 오직 의미를 축소시키기 위해서일 뿐입니다.[161]

그녀는 생각한다. 물론 사회적으로 기능하고 문화적으로 통합된 제도권 종교는 의미의 하수인이 될 수 있다. 이때 종교는 인간관계의 네트워크, 심적 안정의 도구, 죽음에 대한 마음 공부의 장, 세속화된 현대가 놓지 못하는 최후의 초월성의 보루로 기능한다. 그러나 종교가 관상 공동체 안에서 실천될 때 수도자들은 주체적 실재가 의미로 봉합되는 것이 아니라 오히려 증상으로 생생히 드러남을 일상적으로 마주한다. 상징화되지 않은 찌꺼기로 드러나는 노수녀님의 증상처럼 말이다. 상징화의 첫걸음은 말하기이다. 그녀는 노수녀님과 함께하는 병원 통원 길에서 수녀님에게 말하기의 공간을 열어주려고 한다. 그리고 일과의

여자는 존재하지 않는다

규칙에 어긋나지 않는 한에서 많은 대화를 시도하려고 한다. 어떤 점에서 이것은 아이러니다. 수도회는 대침묵 시간을 아침저녁 일과로 규정할 정도로 침묵을 중시하기 때문이다. 수도회에서 침묵은 말의 중단이 아니다. 침묵은 하느님의 현존과 만나는 행위, 수동적이면서도 능동적인 신비의 행위다. 이런 점에서 병리를 말하게 하는 것과 신비 속에서 침묵하는 것 간에는 긴장이 존재한다. 이러한 긴장을 어떻게 해소할 수 있을까? 노수녀님의 병리를 어떻게 은총의 신비와 만나게 할 수 있을까?

라캉의 대타자가 그녀에게 도움이 된다. 대타자가 신과 말하기에 접목되는 한에서 말이다.

> 진리의 장소로서의 대타자는 우리가 '신적인 존재'라는 용어, 신이라는 용어에 부여할 수 있는 환원 불가능하지만 유일한 장소입니다. 신은 신-신말*-말하기(le dieu-le dieur-le dire)가 생산되는 장소입니다."[162]

신은 우리가 고통을 호소하고 죄를 회개하고 구원을 청하는 장소(종교적 계시의 신)나 우주의 원리가 기계적, 필

[*] 주체의 진리를 보증하는 것은 말하기를 통해 드러나는 대타자 혹은 말씀으로서의 신이라는 논점을 부각하기 위해 신(Dieu)과 말하기(dire)를 조합한 라캉의 신조어.

연적 이성을 통해 정초되는 장소(철학자들의 신)가 아니다. 신은 말하기를 통해 구성되는 장소다. 우리가 말을 하는 매 순간 신으로서의 대타자의 장소가 정립되고, 여기에는 무한한 기표가 보고實庫처럼 내장되어 있다. 따라서 기표는 나와 대화하는 상대방(상상적인 소타자)이 아니라 나의 무의식적 욕망과 진리가 형성되는 대타자에 관련된다. 그리고 대타자의 대타자는 없기 때문에 말을 궁극적으로 보증할 수 있는 초월적 존재와 같은 것은 없다. 달리 말해, "태초에 말씀이 계시었다." 기표로서의 말씀에는 어떠한 상위의 심급도 없다. 우리는 말씀을 통해 존재의 결여 속에서 살아간다. 따라서 기표의 질서가 진화론이 아니라 창조론을 따르는 것은 우연이 아니다. 라캉은 중세 신학자 성 빅트로의 리샤르(Richard of St. Victor)의 구분, 즉 자기로부터의 존재와 다른 것으로부터의 존재에 관한 구분을 참고한다. 이에 따를 때 기표는 다른 어떤 것이 아니라 그 자체에서 나온다. 기표는 무로부터(ex nihilo) 창조되는 것이다.

> 기표가 무에 참여한다는 것은 분명하지 않습니까? 창조론이 말하듯 완전히 독창적인 것은 무로부터 만들어지지 않습니까?[163]

말씀이신 하느님은 말하기로부터 구성되고, 말하기란 새로운 기표를 생산하는 창조 행위이다. 그리고 우리는 오

여자는 존재하지 않는다

직 무의식을 더 잘 말하기, 진실을 말하기를 통해서만 기
존의 무의식적 구조의 변화 가능성에 도달할 수 있다.

* * *

그녀는 '신말'이 노수녀님의 주체적 변화의 도구, 나아
가 수도생활의 새로운 원동력이 되기를 바란다. 그녀는 노
수녀님이 '신말'을 통해 병리의 심연과 은총의 기적이 만
나는 지점을 체험하기를 바란다. 이를 통해 하느님에 대한
사랑과 이웃 사랑이 결코 분리된 길이 아님을 그녀 자신이
체험하고 실천하고자 한다. 그녀는 하느님에 대한 사랑과
이웃 사랑에 관한 라캉의 도발적인 관점을 적극적으로 받
아들인다. 신적인 사랑은 정녕 나르시시즘, 즉 우리의 존
재에 대해 갖는 상상적인 사랑에 불과한 것일까? 이웃은
사랑의 대상이 아니라 내 안에 있으면서도 내 바깥에 있는
치명적인 사악함을 유발하는 사물일까? 알라코크 성녀 및
성 요한은 신적인 사랑이 나르시시즘이라기보다는 오히
려 자아의 무화에 관련된다는 사실을 그녀에게 일깨워준
다. 또 노수녀님과 함께하는 공동체 생활은 그녀에게 관상
공동체마저도 이웃의 비인간적 얼굴 및 이웃에 대한 나 자
신의 공격성을 제어해 나가는 난제에서 자유롭지 않다는
점을 보여준다.

그녀는 베네딕토 성인과 『마태복음』을 떠올린다. 베네딕토 성인은 집 없이 떠도는 배고픈 나그네가 있으면 언제든지 쉬고 갈 수 있도록 수도원 앞에 작은 집을 짓도록 했다. 『마태복음』 25장은 이 세상에서 가장 보잘것없는 이에게 해준 것이 곧 그리스도에게 해준 것이며 이 사랑의 실천만이 구원의 표징임을 역설한다. 그녀는 노수녀님에게서 나그네와 보잘것없는 이의 형상을 바라본다. 교회는 신과 이웃에 대한 사랑을 자애[애덕](charitas)라 부른다. 그런데 노수녀님에 대한 그녀의 사랑은 결코 자애(charité)가 아니다. 그것은 오히려 찌꺼기애(décharité)다. 그녀가 노수녀님의 신말이 드러나는 대타자의 역할을 떠맡는 동시에 결국 그 대타자의 존엄이 폐기되는 찌꺼기의 상블랑(semblant)이 되는 한 말이다. 신이 신말을 통해 드러나면서 사라지는 한, 신은 현존하는 동시에 부재한다. 신말에서 신은 비非신이다. 신말은 신의 비-신이 신-비의 신임을 드러낸다. 아나그램(anagram)을 통해 이렇게 말하자. 신말에 깃든 사라지는 신-비-신. 신말은 침묵 곁에서의 말하기이며, 병리와 신비를 오직 간접적으로만, 달리 말해 보로메오적으로 연결시키는 매개체다. 라캉은 "유일하게 지탱 가능한 신은 삼위의 신"이며, 자신이 "보로메오 매듭을 갖고 삼위일체의 실재라 불릴 법한 형식을 제공했다"고 말한 바 있다.[164] 이제 그녀는 자신의 수도생활에서 새로운 삼위일체가 제시되는 것을 느낀다. 그것은 성부-성자-성

여자는 존재하지 않는다

령이나 상상계-상징계-실재가 아니지만 그것들만큼이나 상호의존적인 삼항, 즉 신비-신말-병리의 매듭이다. 밤이 깊어간다. 삼위일체의 신비 속에서 세 얼굴이 희미하게 또렷하다.

상담사

거의 해리성 인격장애에 가까운 반응이다. 아이는 그녀와 함께 있지만 사실은 전혀 함께하고 있지 않다. 질문을 해도 반응하지 않을 때가 많다. 자기에 대한 감각이 미약하다. 가끔 자신의 과거에 대한 말이 나오면 아이는 소스라치면서 불안에 휩싸인다. 특히 자해에 대한 이야기가 나올 때 더 그렇다. 우리를 결코 속이지 않는 실재의 정동으로서의 불안은 아이의 주체적 진실에 이르는 통로가 될 수 있지만, 동시에 불안에 대한 접근 방식에서 상담사는 극도로 신중하고 조심해야 한다. 자칫 진실에 이르기 전에 상담이 중단될 수도 있기 때문이다. 너무 조급하지 않게, 그러나 두 번 다시 찾아오지 않을지도 모르는 바로 그 적확한 타이밍에 핵심 역동을 움직여야 한다. 여전히 어렵다, 상담은.

여자는 존재하지 않는다

* * *

그녀가 있는 반에는 왕따가 없었다. 아이들이 말도 안 되는 이유를 대서 희생양을 괴롭히기 시작하면 그녀는 곧장 그 희생양에게 다가갔다. 친구에게 손을 내밀고, 옆에 앉아서 수업을 같이 듣고, 점심시간에 밥을 같이 먹었다. 그래서 희생양에게도 친구가 있다는 것을 아이들에게 보여주었다. 그러다 보니 가끔 그녀 자신이 제2의 희생양으로 전락하기도 했다. 그러나 개의치 않았다. 설령 본인이 희생양이 되더라도 누군가 부당하게 희생양이 되는 것을 그대로 지켜보고만 있을 수 없었다. 친구들끼리 위해주어야지 왕따 시키면 안 된다고 훈계하는 선생님들의 말은 아무 소용이 없는 탁상공론임을 그녀는 알고 있었다. 인간 동물의 공동체는 어떻게든 왕따라는 픽션을 만들어낸다. 그렇지만 그 픽션은 너무나 강력해서 단순히 도덕적으로 제어될 수 있는 것이 아니다. 오직 왕따와 함께하는 것만이 세상에 왕따란 없음을 보여줄 수 있다. 그녀가 그렇게 했듯 말이다.

왕따란 결국 전체와 일자의 조합으로 이뤄진 남성적 논리의 변용을 통해 형성된다. 보편적으로 거세당한 아들들이 예외적인 특권을 갖춘 아버지의 권위에 종속되던 중 자신들의 열등한 지위를 만회하기 위해 예외적인 희생양을 설정한 데에서 왕따가 출현하기 때문이다. 반면에 예외 없음과 비전체의 조합으로 이뤄진 여자의 입장에 따르면 우리가 종속되어야 할 예외도, 우리가 멸시해야 할 예외도 존재하지 않기 때문에 모두가 다 조금씩 왕따에 해당되고, 따라서 실체화된 왕따란 허구에 불과하다. 결국 그녀는 학창 시절 때부터 알고 있었던 셈이다. 여자가 존재하지 않는 것만큼이나 왕따란 존재하지 않는다는 것을. 그리고 모든 아이들이 귀한 동시에 저마다 문제적이라는 것을.

대학에서 아동청소년 상담학을 전공하고 청소년 상담사 자격증을 땄다. 5년간 건강한 청소년, 소년원 청소년, 위센터 청소년을 만나는 일을 했다. 단순히 아이들의 이야기를 듣는 것이 아니라 아이들과 함께 울고 웃고 뒹굴고 부딪혔다. 그들의 삶에 스며들고 녹아들었다. 실습이 아니라 생활이었다. 임상 경험이 아니라 유대 형성이었다. 어차피 청소년이 좋아 시작한 공부였고 일이었고 삶이었다. 보람도 있었고 기쁨도 컸지만 그만큼 아프기도 했고 힘들기도 했다. 가장 힘들었던 것은 어디에도 의지할 곳 없는 아이에게 아무것도 해줄 수 없는 자신의 무력함에 마주해야 했을 때다. 그녀는 아이의 누나도, 부모도, 친척도 아니었다. 그저 스쳐 지나가는 상담 선생님이었다. 현실적인 도움을 줄 수 없었다. 그녀가 해줄 수 있었던 것은 그저 곁을 내주는 것뿐이었다. 너무나 미안했다. 본인이 잘못한 것은 없지만 아이를 좀 더 잘 돌보지 못했다는 자책에서 오는 미안함, 어떤 결과물을 통해서도 메울 수 없는 미안함. 힘들어하던 그녀를 보며 어떤 이들은 사랑이 전부는 아니라고, 그녀의 방식에는 경계가 없다고 말했다. 정신분석가 장 알루슈(Jean Allouch)는 사랑의 과잉을 실천하는 분석가를 반反-분석가(contre-analyste)라 부른다.[165] 반-분석가는 사랑을 증여하려는 자신의 내밀한 주이상스로 인해 오직 무의식의 담론을 개방하고 유지하는 것만을 겨냥하는 분석 작업의 근본 동기를 추월해버린다. 사랑은 불타오르지 않으며 오히려 축축하고 습기 찬 것이라는 플라톤의 직관과 달리, 반-분석가의 사랑은 이글이글 타오르는 사랑이다. 그렇다 보니 프로이트와 라캉이 경계했던 치료에의 야심(therapeutic ambition), 회복에의 충동(reparative drive), 부모 노릇에 대한 충동(parental drive)으로 치우칠 여지가 크고, 이러한 야심과 충동은 종종 미안함과 자괴감의 형태로 전환되어 돌아오게 마련이다.

그로부터 몇 년이 흘렀다. 그녀의 삶도 흘렀다. 사랑하는 남자와 결혼을 해서 아이를 낳았다. 엄마로서의 삶이 상담에 또 다른 차원을 부여했다. 엄마가 행복하면 아이가 행복해진다는 것을, 진정한 금수저란 오직 정서적 금수저라는 것을 체험으로 느꼈다. 개인 상담소도 열었다. 다년간의 상담 경험과 정신분석적 이론을 결합해서 분석과 직관을 적재적소에 활용하는 자신만의 스타일을 정립했다. 여전히 어렵지만 하루하루 즐겁게 최선을 다한다. 일과가 끝나고 지하 주차장으로 내려오면서 당일 진행했던 상담만 생각하다 보니 주차장에서 좀처럼 한 번에 차를 찾지 못하는 편이다. 부모님이 이혼을 했다. 남편에게는 말하지 않았지만 매일 공원에서 말 못할 상실감으로 울었다. 그 순간 센터에서 만난 아이들이 떠올랐다. 아이들이 받는 충격은 오죽했을까. 어설픈 공감과 값싼 위로를 경계해야겠다고 생각했다. 나아가 그녀가 아이들을 도와주려 했던 것이 아니라 아이들이 그녀에게 가르침을 주었음을 알게 되었다. 즉, 아이들을 위한다고 했지만 결국 모든 것은 그녀 자신을 위한 것이었음을 깨달았다. 아이들을 돌보면서 어린 시절의 자신을 돌보고 있었음을, 아이들에게 자신의 결핍과 상처를 투사하고 있었음을 깨달았다. 자신의 상처를 아물게 하고 자신의 상처를 따스하면서도 냉철하게 바라볼 수 있는 여유가 있는 자만이 타인의 상처를 어루만질 수 있음을 느꼈다. 또 상담이 사랑에 관련된다면 그것은 사랑이 주는 것이 아니라 주는 것 이상의 것, 열어주는 것, 하나의 공백을 개방하는 것인 한에서임을 알게 되었다. 이제 그녀에게 상담이란 사랑을 주는 주이상스를 절제하는 동시에 마음을 비우는 것이다. 직업적인 루틴, 치료에의 욕망, 구원에의 환상, 미래에 대한 기대, 과거에 대한 기억, 동일시와 연민, 이 모든 것을 비우는 것이다. 여전

여자는 존재하지 않는다

히 그리고 당연히 내담자를 치료하려는 욕망은 강력하게 작동한다. 그렇지만 그럴 때마다 그녀는 자신을 타이른다. 욕망아 조급해하지 마렴. 내담자는 꼭 완전한 치유를 바라는 것이 아니라 그저 끝까지 최선을 다해주기를 바란다는 걸 잊으면 안 돼. 주거나 받을 수 있는 것이 아니기에 이제 그녀의 사랑에는 대상이 없다. 그리고 모든 위대한 사랑은 사랑도, 치유도 요구하지 않으며 어떤 너머를 욕망하기에 그 사랑은 또한 하나의 씨앗을 뿌려주는 것으로 만족할 줄 안다. 이렇게 그녀는 반-분석가를 통과해서 반-분석가를 넘어섰다.

* * *

예전에 센터에서 만난 아이가 어떻게 찾았는지 전화를 하고는 상담을 받으러 왔다. 어떤 사정이 있는 아이인지 대충 알고 있기 때문에 상담료를 받고 싶지 않았다. 오히려 상담이 끝나고 뭐라도 사 먹이고 싶은 마음이 굴뚝 같았다. 그렇지만 그렇게 하지 않았다. 상담에 방해가 될 수도 있기 때문이었다. 다른 내담자들과 똑같이 상담료도 받았다. 아이가 단순히 그녀가 보고 싶어서 온 것이 아님을 잘 알고 있다. '그래도 혹시 이 선생님이라면' 하는 실낱같은 희망으로 찾아온 것이다. 아이와의 상담이 끝났지만 상담일지를 읽는 그녀의 고민은 점점 더 깊어간다. 모든 사심을 버린 채로 어떻게 또 하나의 소중하고 존엄한 마음이 잠시나마 온전히 머무르는 공간을 열어젖힐 수 있을까.

삶의 기로에 서 있는 청소년들을 숱하게 만났고 또 계속 만나고 있다. 그들을 만나면서 든 확신은 아이의 모든 문제가 곧 부모의 문제라는 것이다. 부모의 폭력, 부모의 갈등, 부모의 억압, 부모의 방임이 아이의 내면과 증상과 미래에 미치는 영향력은 절대적이다. 부모들에게는 아이들의 가출, 절도, 폭력, 성매매, 자해가 비행이나 일탈로 보이겠지만 그녀가 보기에 그것은 부모가 남긴 흔적에 다름 아니었다. 그리고 부모의 변화는 그녀의 역량 바깥의 문제였다. 그녀가 씨앗 뿌리기에 전념하다 보면 간혹 아이의 상태가 좋아지는데 이 경우에는 반드시 부모의 자각과 변화와 노력이 그 배후에 있었음을 확인할 수 있었다. 또 단순히 경제적으로 불우한 가정환경만이 문제의 원인이 되는 것도 아니었다. 그녀의 상담 경험에 따르면 고위층 및 전문직 부모를 둔 자녀의 경우 거리의 비행청소년만큼이나 삶의 기로에 서 있지만 단지 그 문제의 양상이 다를 뿐이다. 비행청소년이 공격성을 일탈 행위로 드러내는 반면에 그 아이들은 죄책감에 짓눌린 채로 공격성을 자기 자신을 향해 표출한다. 마치 강박증자의 사디즘적 공격성이 바깥으로 표출되는 대신에 죄의식을 동반한 채 내부를 향하는 것처럼 말이다. 프로이트의 2차 지형학을 통해 말해보자.

여자는 존재하지 않는다

초자아가 비대해지고 충동의 힘과 초자아의 가학성이 결합되면 자아는 초자아와 충동 양쪽으로부터 짓눌린다. 그러면 자아는 설 곳이 없어지고, 살고 싶다고 몸부림을 친다. 그리고 그 몸부림의 결과가 자해로 드러난다.

정신분석가 카리나 바수알도(Carina Basualdo)가 보고하는 사례는 청소년 자해의 관건이 증상에 대한 현상적인 식별이 아니라 말의 장소에 대한 구조적 진단임을 보여준다.[166] 그리고 말의 장소를 점유하고 있는 것은 대개 부모이다. 바수알도가 만난 소녀는 사귀던 남자친구에게 강간(viol) 당한 후에 버림을 받았고 얼마 뒤에 자신이 임신했음을 알게 되었다. 그녀의 어머니는 이를 '위반(violation)'이라고 지칭했다. 왜냐하면 아버지가 집에서 남자친구와 자는 것을 금지했기 때문이었다. 강간은 파국적인 트라우마가 아니라 법의 위반이었다. 강간을 당한 자가 위반자가 되는 대타자의 논리 앞에서 그녀는 답변할 말이 없었다. 그녀는 강간과 위반을 동일시하는 부모의 욕망이 촉발하는 불안에 휩싸였다. 그리고 불안을 잠재우기 위해 자해를 했다. 정맥에서 피가 나왔다. 피가 나오는 걸 보니 마음이 누그러졌다. 피를 보지 않으면 도저히 잠을 이룰 수 없을 때도 있었다. 자해 직후 소녀에게 찾아온 것은 죄책감과 허무함이 아니라 해방감과 안도감이었다. 분석가와의 작업을 통해 전이가 설정되고 말의 장소에 대한 탐색이 시작되자 소녀는 자신의 자해를 '처벌(punition)'로 명명했다. 왜 처벌이 아니겠는가? 소녀의 자해는 법을 위반한 대가를 치르는 속죄 의식이었으니 말이다. 자해는 부모라는 타자의 욕망에 대해 아무런 답변도 찾을 수 없었던 그녀가 자신의 피라는 육체적인 실재를 통해 답변하는 방식이었던 것이다. 이 사례에서 분석 작업은 자해라고 하는 고립된 장면과는 '또 다른 장면(autre scène)'을 설립해야 한다. 이 장면에서 분석가의 말하기는 기표의 연쇄적인 개방성을 가동시켜야 한다. 분석가는 기존의 의미작용(강간=위반)을 굳어지게 하지 않는 말하기를 제시해야 한다. 그럼으로써 자해를 할 때는 "아무런 생각도 나지 않는다"는 소녀가 생각을 할 수 있도록, 생각을 통해 피라는 육체적 실재와 자기 파괴적 충동을 잃어버릴 수 있도록 해야 한다.

그녀가 지금 마주하고 있는 아이도 수차례의 자해 이력이 있다. 해리성 반응을 보일 정도로 상태가 좋지 않다. 아이의 상담일지를 읽고 몇몇 실마리를 연결시키고 분석을 한다. 그녀의 목표는 아이가 자해라는 고독한 장면 바깥으로 걸어 나올 수 있게 하는 것이다. 한 시간 내내 아무 말도 안 할 때도 있지만 그 누구보다도 절박하다. 살려달라는 소리 없는 외침이 들릴 것만 같다. 그녀는 중학교 때 왕따 친구의 손을 재빠르고 용기 있게 잡았던 바로 그 감각으로 아이의 마음속으로 들어간다. 아이의 슬픔, 아이의 고통,

아이의 불안이 그 어느 때보다 생생하다. 이 모든 감각을 그녀가 품고 가기로 한다. 아이의 진실을 경외하기로 한다. 그녀는 말한다. 이제 사랑은 상담 속에서 기적으로 피어올라라.

분석가

이제 그녀는 그가 자신을 처음 만났을 때의 나이가 되었다. 그녀는 그를 떠올리고, 그와 함께했던 자신의 삶을 떠올린다. 그를 만났고, 분석을 했고, 사랑했고, 동행했고, 이별했던 자신의 삶을, 그리고 그녀의 곁에 머물렀던 그의 삶을 떠올린다. 그는 어떤 사람이었고, 그들의 삶은 어떠했던가?

그는 모든 것에 개방적이었고 모든 사람들을 편견 없이 대했다. 사람들을 대하는 그의 편견 없는 자세가 사람들을 자유롭게 만들기도 했다. 인간관계에서 보통 걸림돌이 되는 모든 것이 그에게는 부재한 것처럼 보였다. 물론 이것은 그가 정신분석적 실천의 윤리 및 원리를 일상에서 체화한 결과였겠지만, 다른 한편으로 분명히 그의 천성의 일부

여자는 존재하지 않는다

이기도 했다. 그에게는 심리학이 없었다. 어떤 배후의 음모나 이면의 동기도 없었다. 그는 다른 사람의 심중을 헤아리려고 노력하지 않았다. 그는 늘 자신이 원하는 것을 직설적으로 요구했다. 제자가 발표를 할 때 머뭇거리면 바로 본론으로 들어가라고 말했다. 환자가 자신의 진실을 앞에 두고 어긋나는 것을 결코 좌시하지 않았다. 그에게 무의식이란 심오한 깊이가 아니라 표면의 뒤틀림이었다. 무의식은 저 깊숙한 곳의 에너지가 아니라 다 드러나 있지만 결코 우리가 알아보지 못하는 무엇이었다.

그의 손가락에는 이상한 장치가 끼워져 있었다. 그녀가 그게 무엇인지 묻자 그는 자초지종을 말해주었다. 예전에 그의 분석실에 두 명의 강도가 침입한 적이 있었다. 그때 그는 제자 무스타파 사푸앙(Moustafa Safouan)과 수퍼비전 중에 있었다. 강도들은 돈을 요구했고 그에게 권총을 겨누었다. 그는 전혀 당황하지 않은 채로 자신은 늙었고 죽는 게 두렵지 않으며 그들이 자신을 위협해서 특별히 더 얻어낼 것은 전혀 없다고 말했다. 그러자 둘 중 한 명이 그의 턱을 가격했고 턱뼈가 부러졌다. 상황을 모면하기 위해 사푸앙이 강도들에게 수표를 써주자 그들은 수표를 받고 사라졌다. 턱뼈 골절은 그에게 오랫동안 고통을 가져다주었고 그때 이후 그는 브라스 너클*을 손가락에 끼우고 다니기 시작했다.

그는 무서운 집중력과 결단력을 갖고 있었다. 그는 자신의 욕망이 과녁으로 삼은 것을 향해 앞만 보고 곧장 달려갔다. 운전대 앞에서 그는 광폭 운전자였다. 고속도로에서는 시속 190km로 질주했다. 그가 운전하는 차를 타는 것은 고행이었다. 속도를 늦추라고 말하는 것은 전혀 소용이 없었다. 하루는 그의 의붓딸이 차가 너무 빨리 가서 경치를 볼 수 없다고 말하자 그는 이렇게 말했다. "더 집중해." 하루는 휴일 저녁 교통량이 많은 시각에 유유히 갓길로 운전하다가 적발되어 경찰서에 가게 되자 그는 이렇게 말했다. "응급 상황이었어요." 스키를 탈 때도 마찬가지였다. 알프스산에 위치한 티뉴(Tignes) 스키장에서 그가 뽐낸 유일한 기교는 직선 활강이었다. 이미 몇 년 전에 스키장에서 직선 활강 도중에 다리가 부러진 적이 있었음에도 말이다. 연구에 몰입할 때 그의 주변에는 마치 중심이 텅 빈 소용돌이가 형성되는 것 같았다. 그의 사유가 공간의 회절을 유발하기라도 하듯 말이다. 그는 사람들에게 자신의 별자리가 양자리라는 것을 상기시키곤 했다. 양자리를 가진 사람들은 일단 목표를 설정하면 그 목표를 향해 어떤 두려움도 없이 놀라운 집중력을 발휘해서 끝까지 나아가는 의지를 갖고 있다고 한다.

---

[*] 손가락 관절에 씌운 호신용 무기.

그는 종종 여자들은 재앙, 골칫거리라고 농을 했다. 그녀 또한 그에게 하나의 홍수였음에 분명했다. 물론 그녀라는 홍수가 밀려들어올 때 그는 아무런 방벽도 치지 않았다. 그렇지만 그에게는 그녀 말고도 종종 또 다른 여자-홍수가 찾아왔다. 언젠가 그는 기트랑쿠르(Guitrancourt)에 그녀가 아닌 다른 여인 T와 머물렀다. 또 움브리아(Umbria) 방문이 예정되자 T에 대한 애정과 그녀에 대한 필요 사이에서 분열된 그는 T를 낙심시키기도 싫었고 그녀 없는 여행도 싫었기 때문에 셋의 동반 여행을 제안했지만 그의 해결책은 실현되지 않았다. 어느 날 그의 배신으로 인해 그녀의 화가 폭발하자 그는 끈기 있게 화를 받아주었다. 여성적인 분노를 견디는 그의 방식은 놀라울 정도여서 그녀는 그의 수동성이 남성성의 징표라고 생각하게 되었다. 그렇지만 그는 자신이 배신한 것이 아님을 강조하곤 했다. 그는 그녀에게 비정열적이고 지적인 사랑(amour-goût)을 느낀다고 말했다. 그렇지만 그녀는 그건 미지근한 사랑이며 자신은 정열적으로 사랑받고 싶다고 말했다. 그리고 자신이 그의 첫 여자는 아닐지라도 마지막 여자이길 원한다고 말했다. 그리고 언젠가 그는 그녀에게, 장 콕토(Jean Cocteau)의 『포토막(Potomak)』을 포함해서, 사랑의 클리셰를 조롱하는 작가들의 책을 권했다.

비록 관습적인 한계에 얽매이지는 않았지만 그는 자신

의 길을 늘 가로막는 실재에 마주칠 수밖에 없었다. 실재란 극복 불가능한 것, 우회 불가능한 것, 협상 불가능한 것이었다. 생탄(Sainte-Anne) 병원의 채플에서 그는 자신이 벽을 향해 말을 하고 있으며 이것이 그의 청중에게 어떤 주이상스를 가져다준다고 말했다. 자신의 말을 전혀 알아듣지 못하는 타자에게 말하고 있었던 그는 벽에 대고 말을 하고 있었던 셈이다. 달리 말해 그의 대화 상대방은 타자가 아니라 실재였다. 일상생활에서 그는 실재의 견딜 수 없음을 향한 분노를 자주 표출하곤 했다. 못이 구멍에 맞지 않을 때, 도로의 빨간불이나 철도의 건널목에서 기다려야 할 때, 레스토랑에서 음식이 곧바로 나오지 않을 때 그는 화를 냈고 성질을 부렸고 참을성을 잃었다. 특히 레스토랑에서 종종 그는 땅이 꺼지도록 한숨을 내쉬었고 그러면 다음 방문 때 음식은 좀 더 빨리 나왔다. 한편 그의 장녀 카롤린(Caroline)이 교통사고로 죽었을 때 그는 무너졌다. 그녀는 그가 주체할 수 없이 흐느끼는 것을 보았다. 그는 딸을 몹시 사랑했다. 그는 손자, 손녀를 보면서 딸의 집에서 식사하는 것을 즐겼다. 그녀가 보기에 그의 삶에는 딸의 죽음 이전과 이후라는 명확한 분기점이 있었다. 생기와 쾌활함이 완전히 사라진 것은 아니었지만 이때부터 그의 기본적인 정서가 어둡게 변했다.

임상 실천에서 그는 주체의 진실에 관해서 결코 타협하

여자는 존재하지 않는다

지 않았다. 그는 주체의 실재적 지점을 완고하게 고집했다. 그는 생탄 병원에서 환자를 만나기를 매우 좋아했다. 거기서 그는 정신의학적 배경과의 접점을 유지할 수 있었다. 어느 날 여자로 대우받기를 요구한 환자에게 그는 본인이 원하든 원하지 않든지 간에 환자는 남자이며 어떤 수술로도 여자가 될 수 없다고 강조했다. 심지어 그는 그 환자를 "영감"이라고 부르기도 했다. 그가 보기에 각자의 불가능성과 씨름하는 것은 인간의 운명이자 조건 그 자체였다. 각자 서로 다른 문제와 투쟁한다는 점에서 모두 고독하지만, 그러한 투쟁이 불가능성에 맞서고 있다는 점에서 모두는 똑같은 처지에 있었다. 어느 날 여자로 살아가면서 겪는 부당한 대우에 대해 말하는 그녀에게 그는 이렇게 말했다. "당신만 그런 건 아니지만, 그렇다고 해서 당신이 혼자가 아닌 건 아니지." 환자에 대한 사례 발표가 끝나고 치료의 가망이 없음을 말하는 데에 있어서도 그는 한 치의 주저함이 없었다. 환자가 나가고 난 뒤에 그는 저 사람은 "망했다"고 말하기도 했다. 심지어 그는 종종 환자 본인에게 "당신은 망했어요"라고 말하곤 했다. 그런데 아이러니하게도 이 말이 환자의 불안을 누그러뜨리는 효과를 가져오기도 했다.

우스꽝스러운 장면도 있었다. 그가 보통 사람들이 아는 단어를 모를 때가 종종 있었다. 이를테면 환자가 포퓰러원

(Formula One)에 대해 말하자 형식주의에 취미가 있었던 그는 또 다른 망상적인 구성물을 포착하기라도 한 듯 심각한 표정으로 포뮬러원이 어떻게 구성되는지를 물어보기도 했다. 물론 그의 재기, 화려함, 도발, 과장, 댄디스러움과 더불어 그의 우스꽝스러움은 단순히 삽화적인 것이 아니라 그의 인격과 행동의 구성적인 일부였다. 그녀가 보기에 이러한 우스꽝스러움은 그의 유아스러움의 자연스러운 귀결이었다. 그녀는 종종 그가 다섯 살 아이라고 말했다. 프로이트에 따르면 다섯 살은 아이가 지칠 줄 모르는 호기심으로 성욕에 관한 이론을 세우는 시기에 해당한다. 그런데 그는 본인이 다섯 살 때 신을 저주했다고 말했다. 그렇지만 그녀가 보기에 그의 정신적 나이는 다섯 살에 머물렀다. 나중에 그는 레스토랑의 옆자리에 앉은 사람에게 느닷없이 이렇게 말했다. "제가 비밀이 하나 있는데요, 사실은 제가 다섯 살이에요."

『앙코르』 세미나가 이루어지던 시기 즈음에 그녀는 그에게 신비주의에 대해 계속해서 물었다. 어느 날 그녀는 그에게 아빌라의 성녀의 심리적 구조에 대해 물었다. 그는 성녀의 사례가 신에 대한 에로토마니아[애정망상](erotomania)라고 말했다. 세미나에서 그는 신비주의 또한 하나의 재앙이라고 말했다. 여기서 '여성성=신비주의=재앙'이라는 도식이 세워질 수 있을 것이다. 또 어느 날 그녀는 그에게 쾌락원칙 너머와 죽음충동에 대해 이런 질문을 던졌다. "죽음에 대한 욕망은 자려는 욕망 쪽에 놓여야 하는가 아니면 깨어나려는 욕망 쪽에 놓여야 하는가?" 이 질문을 아주 흥미롭게 여긴 그는 긴 침묵에 빠져들었고 그녀에게 즉흥적인 답변을 내어놓았다. 그녀는 그 답변을 노트에 기록해두었고 여전히 그 노트를 소중히 간직하고 있다. 오래간만에 노트를 꺼내서 읽는 그녀에게 그 노트는 지칠 줄 모르게 역동적인 그의 사유의 흐름을 반영하는 징표와 같다. 그는 막다른 골목에 이를 때까지 생각을 밀고 나간 뒤에 새로운 접근 방식을 택하고 그 방식마저 또 다른 장벽에 부딪힐 때까지 밀고 나갔다. 핵심은 돌파라기보다는 오히려 하나의 구멍을 이루는 불가능성과 대면하는 것, 나아가 그러한 대면을 통해 실재와 동행하기를 끝도 없이 반복하는 것에 있었다. 순수한 의미에서의 극복 혹은 돌파와 같은 것은 없었다. 불가능성과의 대면 및 반복 그 자체가 돌파에 다름 아니었다.

그즈음부터 그는 보로메오 매듭에 몰두하기 시작했다. 나중에 그의 세미나는 흡사 '매듭 논평소'로 전환되었다고 해도 과언이 아니었다. 그의 매듭 조작을 위해 그녀는 백화점의 해군 장비 코너에서 정기적으로 밧줄을 사서 그에게 가져다주었고 그는 그것을 자르고 묶으면서 실재에 대한 탐구를 지속해나갔다. 그는 환자의 자유연상을 들으면서도 매듭을 조작하기를 계속했다. 그의 분석실에는 매듭이 여기저기 흩뿌려져 있었다. 심지어 기트랑쿠르 집 침대 위에도 온통 매듭이 있었다. 비록 그녀가 매듭에 대한 그의 열정을 공유하지는 못했지만 그럼에도 모든 비본질적인 것에 대한 배제와 환원 불가능한 핵심에 대한 전념이라는 측면에서 그와 완벽히 공감하고 교감할 수 있었다. 그녀는 그와의 분석에 모든 것을 걸었다. 그것은 그녀에게 삶과 죽음의 문제였다. 둘의 관계가 연인으로 변화한 이후에도 분석 작업에 대한 그녀의 전력투구는 흔들리지 않았다. 그 역시 이를 잘 알고 있었다. 그는 종종 자신의 실험적인 성향을 둘의 관계에 끌어들이기도 했고, 일상적인 제스처에 근거해서 해석을 내놓기도 했다. 그녀는 종종 그에게 연인관계와 분석자/분석가 관계가 중첩되어 있는 이러한 이례적인 상황에서는 결코 자신의 분석을 끝낼 수 없을 거라는 불안을 표출했다. 그는 "맞아, 무언가 빠져 있지"라고 답했다. 반면 그녀는 무언가 과도한 것이 문제라고 여겼다. 얼마 뒤 그녀를 절망으로 몰아넣은 진실이 드러났다. 그는 단순한 문장으로 날카로운 동시에 절제된 방식으로 그녀의 진실을 다루는 데에 동행했다. 이것이 그녀의 분석에 결정적인 전환점이 되었다. 그녀의 삶에 뿌리박혀 있던 불안이 걷혔다. 육체적인 증상이 사라지고 편안함을 느꼈다. 고역으로 여겨졌던 강의와 글쓰기가 더 이상 고역으로 여겨지지 않았다. 살 만한 가치가 있는 삶이 열렸다. 그런

여자는 존재하지 않는다

데 분석 작업에서 그녀가 통과한 이러한 전환점은 그들의 연인관계에 결정적인 영향력을 미쳤다. 이제 그녀에게는 아이를 갖고 싶다는 새로운 욕망이 생겼다. 그렇지만 그와 아이를 낳기에는 너무 늦은 시점이었다. 그녀는 아이를 낳기 위해 그와 헤어졌다. 이것은 그녀와 그 둘 모두에게 쓰라린 아픔이었다. 그와의 분석 작업이 새로운 주체적 욕망을 가져다주었는데 이 욕망과 함께 전이의 청산뿐만 아니라 연인관계의 청산이 도래한 것이다. 그렇지만 사랑에 청산이란 것이 있을까? 어떤 사랑은 끝났다 하더라도 끝날 수 없는 잔여를 남기지 않는가? 그녀는 사랑의 논리적 역설을 다룬 자신의 책에서 이렇게 쓴다.

> 신비주의자에게 그러하듯, 사랑이 그 어떤 것도 모순 없이는 말해질 수 없는 수준으로 심각해지고 엄밀함을 촉발할 때, 상실과 구원은 똑같은 것이다.[167]

이제 그녀는 홀로 남았지만 그와 함께한 삶에 대해 쓰고 있는 그녀에게 그의 존재는 그 어느 때보다도 온전하게 복원된다.

그의 삶과 그녀의 삶에 대해 우리는 무엇을 말할 수 있을까? 그들의 삶은 순수하게 사적인 것도 공적인 것도 아닌 어떤 독특한 삶이다. 그것은 사적인 삶과 공적인 삶을

"중간에서 서로 통하게 하는 정신분석된 삶 혹은 정신분석하는 삶(une vie psychanalysée, ou psychanalysante)" [168], 사랑과 분석이 엄밀하게 공존하는 동시에 식별 불가능하게 상호 투과된 삶, 분석의 끝에서 삶을 되찾고 삶의 끝자락에서 분석 불가능한 것을 품은 삶이다. 모두가 예상하듯 그녀의 연인/분석가는 자크 라캉이고, 그녀는 그의 연인/분석자/분석가 카트린 미요(Catherine Millot)이다. [169]

여자는 존재하지 않는다

후기

분석가의 입장이란 무엇일까? 나아가 분석가와 여자는 어디에서 만날까? 단순히 분석가가 분석자의 욕망의 원인-대상 a이며, 여자가 남자의 욕망의 원인-대상 a라는 사실에 둘의 접점이 있을까? a를 통한 단순 유비보다 좀 더 멀리 나아가보자. 여자가 존재하지 않듯이 분석가 역시 그 상상적인 존재성 없이 탈존할 뿐이라면, 우리는 개별 분석가에 대해서만 말할 수 있을 것이다. 그리고 분석가 또한 결국 하나의 주체인 한에서(설령 사라지는 대상이 되고자 하는 독특한 욕망을 지닌 주체라 하더라도), 각각의 분석가는 저마다 자신이 우선시하는 지점을 알게 모르게 갖고 있을 것이다. 인간에 대한 사랑, 이론적인 학식, 과학적인 정밀함, 초월적인 직관, 폭넓은 공감 능력, 분석가 고유의 욕망, 풍부한 임상 경험, 치료의 한계에 대한 자각, 적확하고 유연한 테크닉, 학파 고유의 임상적 규약 등. 필자가 보기에 분석가는 무엇보다 분석자의 단독성에 대한 집중과 무의식의 도래에 대한 헌신으로 이뤄진다. 분석이란 지금 여기의 세션에서 일어나는 분석 외의 모든 것(이론, 시간, 돈, 감정)을 잊을 수 있는 것, 기표를 통해 그리고 기표 사이를 가로질러 갑작스럽게 돌발하는 것 앞에서 결코 물러서지 않는 것이며, 분석가는 분석자의 단독적인 주체화를 위해 이 두 가지를 실천하는 자이다.

이 책은 분석가와 여자가 직간접적으로 만나는 스물여섯 개의 독특한 상황의 연출이지만, 그러나 모든 상황에서 단독적인 주체화가 일어난 것은 아니다. 때로 분석은 그녀와 담론적 유대를 형성하지 못했으며, 때로 그녀의 완강한 증상 앞에서 고전해야 했고, 때로 그녀의 압도적인 행위 앞에서 침묵해야 했다. 다만 우리는 단독적인 주체화가 일어난 곳에서 분석가와 그녀가 보다 아름다운 간격 속에서 만났다고 말할 수 있다. 따라서 여자와 분석가가 만나는 지점에 관해서도 일반론이란 없다.

에릭 로랑(Éric Laurent)의 지적처럼, 라캉은 분석가에게 단순히 여자의 자리를 할당하지 않았다. 오히려 라캉은 정신분석가가 여성적인 초자아에 응답할 수 있기를, 나아가 대타자의 대타자란 없음$(S(\cancel{A}))$*을 체현하는 진정한 여

여자는 존재하지 않는다

성적인 입장으로 여성적인 초자아를 소환하기를 기대했다.[170] 물론 분석가와 여자의 자리가 결코 동일하지 않음에도 불구하고 "분석가가 비전체에 속하는"[171] 한에서 분석가와 여자는 비전체에서 만난다. 그러나 우리로서는 「강박증」에 등장한 그녀의 사례로부터 여자와 분석가가 단순히 서로 만날 뿐만 아니라 서로를 변용시키는 어떤 지점에 대한 단서를 찾을 수 있다. 강박증자로서 그녀는 양가감정에 뿌리박힌 상상적 자아로 존재했다. "그녀는 (의식적으로는 할머니를 사랑하지만 무의식적으로는) 증오한다, 고로 존재한다." 그러나 분석을 통해 그녀는 양가감정을 돌파하고 허구적인 존재성의 속박에서 벗어나 욕망의 주체가 될 수 있다. 그리고 그녀가 "앉아 있어야 한다"는 초자아적 주이상스를 제어하고 자신의 여성성을 나름대로 주체화하면서 분석가가 되는 지점까지 분석을 밀고 나간다면, 그녀는 그저 탈존하는 것이 아니라 이중적으로 탈존한다(elle dés-ex-iste). 즉, 여자와 분석가는 존재가 상실되고 바깥으로 뻗어가는 가장자리의 극단에서 만난다. 그곳은 탈존의 논리가 이중화되는(dés-être+ex-sister) 곳이다. **엘레 엘레 엘데젝시스트**(elle hait, elle est, elle dés-ex-iste, 그녀는 증오한다, 그녀는 존재한다, 그녀는 이중 탈존한다).

첫 작품 『라캉, 사랑, 바디우』가 경험적, 이론적 확신에서 썼음에도 그 제도적 형식성을 벗어날 수 없었다면, 이번 저작은 거침없이 자유롭게 썼다. 물론 여성성은 여전히 말할 수 없는 공백으로 남아 있고 '여자 되기'의 실험은 실패할 운명일 따름이다. 다만 작은 수확이 있다면 그것은 존재하지 않는 비전체로서의 여성성에 관한 주제의식을 그 주제 의식에 알맞은 형식으로 풀어냈다는 점이다. 중심 서사가 부재한 분열적인 글쓰기라는 난점에도 불구하고 단상의 형식이 여성성에 말을 건네는 가장 적합한 방식이라는 점에 대해서는 일말의 의심도 없다. 여러 난관에도 불구하고, 막다른 골목에서조차, 팔루스적 논리의 필연성이 우연성으로 뒤집힐 때까지, 최종적인 해답의 보증이 사라지는 곳에서, 예외가 부과하는 금지보다 구조에 배어든 불가능성을 고수하는 모든 이들의 건투를 빌며, 여전히 미진한 두 번째 저작을 첫 번째 저작보다 후련한 마음으로 내놓는다.

　일자 같은 것만 있고
　대타자는 존재하지 않고
　성관계는 존재하지 않으며
　여자 또한 존재하지 않지만
　이중적인 탈존이 깃든 그곳에
　정신분석과 같은 것이 존재한다.

미주

1 페미니즘의 역사적 흐름과 관련하여 필자는 다음에 의존하고 있다. Kirsten Campbell, "Political Encounters: Feminism and Lacanian Psychoanalysis," in *Jacques Lacan: Between Psychoanalysis and Politics*, ed. Samo Tomšič, Andreja Zevnik, New York: Routledge, 2016, pp. 233-252.

2 자크 라캉, 『에크리』, 851쪽.

3 자크 라캉, 『에크리』, 854-855쪽.

4 Jacques Lacan, "L'étourdit," in *Autres écrits*, p. 467.

5 같은 책, pp. 464-465.

6 Marie-Hélène Brousse, "Feminism With Lacan," *Newsletter of the Freudian Field*, vol. 5, nos. 1&2, Spring/Fall, 1991, p. 126.

7 Jacques Lacan, *Television*, p. 30.

8 자크 라캉, 『자크 라캉 세미나 11: 정신분석의 네 가지 근본 개념』, 맹정현, 이수련 옮김, 새물결, 2008년, 333쪽.

9 Jacques Lacan, *Seminar XX: On Feminine Sexuality, the Limits of Love and Knowledge, 1972-1973*, ed. Jacques-Alain Miller, trans. Bruce Fink, New York: Norton, 1999, p. 85.

10 Jacques Lacan, *Seminar III: The Psychoses, 1955-1956*, ed. Jacques-Alain Miller, trans. Russell Grigg, New York: Norton, 1997, p.

178.

11 Jacques Lacan, "L'étourdit," in *Autres écrits*, ed. Jacques-Alain Miller, Paris: Éditions du Seuil, 2001, p. 453.

12 Jacques Lacan, "Geneva Lecture on the Symptom," in *Analysis* No. 1, trans. Russell Grigg, Melbourne: Centre for Psychoanalytic Research, 1989, p. 18.

13 Jacques Lacan, *Seminar XIX: ...or Worse, 1971-1972*, ed. Jacques-Alain Miller, trans. Adrian Price, Cambridge: Polity, 2018, p. 181.

14 같은 책, p. 104.

15 Jacques Lacan, *SXX*, p. 74.

16 Jacques Lacan, "L'étourdit," in *Autres écrits*, p. 466.

17 Jacques Lacan, *SXIX*, p. 96.

18 같은 책, p. 89.

19 Jacques Lacan, *Seminar X: Anxiety, 1962-1963*, ed. Jacques-Alain Miller, trans. Adrian Price, Cambridge: Polity, 2016, p. 183.

20 Jacques Lacan, *Television: A Challenge to the Psychoanalytic Establishment*, ed. Joan Copjec, trans. Denis Hollier, Rosalind Krauss and Annette Michelson, New York: Norton, 1990, p. 135.

21 Jacques Lacan, *Seminar XXVI: Topology and Time*, 1979년 1월 16일 수업(미출간).

22 Jacques Lacan, "L'étourdit," in *Autres écrits*, p. 466.

23 Jacques Lacan, *SX*, p. 183.

24 Jacques Lacan, *Le séminaire livre XVI: D'un autre à l'Autre, 1968-1969*, ed. Jacques-Alain Miller, Paris: Éditions du Seuil, p. 212.

25 같은 책, p. 395.

26 이 장에서 필자는 다음의 논문을 참고했다. Liora Goder, "What is a Woman and What is Feminine Jouissance in Lacan?", trans. Mary Jane Cowles, *(Re)-Turn: A Journal of Lacanian Studies: Theories of Kowledge*, vol. 5, Spring 2010, pp. 113-126.

27 Jacques Lacan, *Seminar XXII: RSI*, 1975년 1월 21일 수업(미출간).

28 Jacques Lacan, *SXX*, p. 131.

29 Jacques Lacan, *SXXII*, 1975년 1월 21일 수업(미출간).

30 Jacques Lacan, *SXXII*, 1975년 1월 21일 수업(미출간).

31 같은 곳.

32 프리드리히 드 라 모테 푸케, 『운디네』, 이미선 옮김, 지식을만드는지식, 2013년, 88쪽.

33 Jacques Lacan, *SXXII*, 1975년 1월 21일 수업(미출간).

34 프리드리히 드 라 모테 푸케, 『운디네』, 160쪽.

35 Jacques Lacan, *SXXII*, 1975년 1월 21일 수업(미출간).

36 Jacques Lacan, "Geneva Lecture on the Symptom," in *Analysis*, No. 1, p. 18.

37 Jacques Lacan, *Seminar XXI: Les non-dupes Errent*, 1974년 2월 12일 수업(미출간).

38 Jacques Lacan, *SXIX*, p. 69.

39 Marie Pesenti-Irrmann, *Lacan à l'École des Femmes*, Paris: Érès, 2017, p. 253.

40 Jacques Lacan, *Television*, p. 40.

41 Jacques Lacan, *SXX*, p. 89.

42 Jacques Lacan, "L'étourdit," in *Autres écrits*, p. 465.

43 알랭 바디우, 『참된 삶』, 박성훈 옮김, 글항아리, 2018년, 129쪽.

44 이 장은 로랑 캉테(Laurent Cantet) 감독의 영화 〈클래스(Entre les murs)〉(2008)를 바탕으로 재구성되었다.

45 지그문트 프로이트, 『새로운 정신분석 강의』, 임홍빈, 홍혜경 옮김, 열린책들, 2004년, 179-180쪽.

46 Jacques Lacan, *Television*, p. 30.

47 자크 라캉, 『에크리』, 홍준기, 이종영, 조형준, 김대진 옮김, 새물결, 2019년, 654쪽.

48 Jacques Lacan, "Note sur l'enfant," in *Autres écrits*, ed. Jacques-Alain Miller, Paris: Éditions du Seuil, 2001, p. 373.

49 같은 곳.

50 Jacques Lacan, *Le séminaire livre IV: La relation d'objet, 1956-1957*, Paris: Éditions du Seuil, 1994, p. 242.

51 Jacques Lacan, *Seminar IX: Identification, 1961-1962*, 1962년 2월 21일 수업(미출간).

52 Jacques Lacan, *SXVI*, p. 337.

53 자크 라캉, 『에크리』, 685쪽.

54 같은 책, 972쪽.

55 Rose-Paule Vinciguerra, *Femmes lacaniennes*, Paris: Éditions Michèle, 2014, p. 81.

56 Jacques Lacan, "Radiophonie," in *Autres écrits*, ed. Jacques-Alain Miller, Paris: Éditions du Seuil, 2001, p. 438.

57 Jacques Lacan, *SXVI*, p. 387.

58 자크 라캉, 『에크리』, 972쪽.

59 Jacques Lacan, *SXVI*, p. 335.

60 Jacques Lacan, *Seminar XXIV: L'insu que sait de l'une-bévue s'aile à mourre*, 1976년 12월 14일 수업(미출간).

61 Jacques Lacan, "Propos sur l'hysterie," *Quarto* 2, 1977, p. 5.

62 Jacques Lacan, *SXVI*, p. 386.

63 Marc Strauss, "On female obsessional neurosis," in *The European Journal of Psychoanalysis*, No. 2, February 2014. (http://www.journal-psychoanalysis.eu/on-the-female-obsessional-neurosis/)

64 Jacques Lacan, *SXVI*, p. 335.

65 Jacques Lacan, *Seminar VIII: Transference, 1960-1961*, ed. Jacques-Alain Miller, trans. Bruce Fink, Cambridge: Polity, 2015, p. 206.

66 Patricia Gherovici, Jamieson Webster, "Observations from Working with Female Obsessionals," in *The European Journal of Psychoanalysis*, No. 2, February 2014. (https://www.journal-psychoanalysis.eu/observations-from-working-with-female-obsessionals/)

67 드니즈 라쇼, 『강박증: 의무의 감옥』, 홍준기 옮김, 아난케, 2007년, 209쪽.

68 Jacques Lacan, *Seminar V: Formations of the unconsious, 1957-1958*, ed. Jacques-Alain Miller, trans. Russell Grigg, Cambridge: Polity, 2017, p. 379.

69 Jacques Lacan, *Seminar XXIII: The Sinthome, 1975-1976*, ed. Jacques-Alain Miller, trans. Adrian Price, Cambridge: Polity, 2017, p. 9.

70 같은 곳.

71 드니즈 라쇼, 『강박증: 의무의 감옥』, 375쪽.

72 Jacques Lacan, *SV*, p. 241.

여자는 존재하지 않는다

73 Jacques Lacan, *SX*, pp. 118-119.

74 같은 책, p. 119.

75 Jacques Lacan, "L'étourdit," in *Autres écrits*, p. 474.

76 Jacques Lacan, "Proposition du 9 octobre 1967 sur le psychanalyste de l'École," in *Autres écrits*, ed. Jacques-Alain Miller, Paris: Éditions du Seuil, 2001, p. 244.

77 Jon Mills, David L. Downing, *Lacan on Psychosis*, New York: Routledge, 2019, p. 136.

78 Jacques-Alain Miller, "Ironic Clinic," *Psychoanalytical Notebooks*, 7 (2001), p. 21.

79 자크 라캉, 『에크리』, 732쪽.

80 Jacques Lacan, *SXXIV*, 1977년 2월 15일 수업(미출간).

81 자크 라캉, 『에크리』, 57쪽.

82 Jacques Lacan, *SXXII*, 1975년 2월 18일 수업(미출간).

83 Éric Laurent, "From saying to doing in the clinic of drug addiction and alcoholism," *Almanac of Psychoanalysis*, 1, p. 138.

84 https://www.youtube.com/watch?v=Oo21OKX7q84&t=233s

85 Jacques Lacan, *SXVI*, p. 212.

86 자크 라캉, 『에크리』, 844쪽("환상적인 것"을 "환영적인 것"으로 수정해서 옮김).

87 Alcoholics Anonymous, *Alcoholics Anonymous*, 4th edn. New York: Alcoholics Anonymous World Services, 2001, p. 59.

88 Jacques Lacan, "The Third," in *The Lacanian Review: Get Real, 07*, Spring, 2019, p. 87.

89 Jacques Lacan, *SXXIV*, 1977년 1월 11일 수업(미출간).

90 Jacques Lacan, *Séminar XI: The Four Fundamental Concepts of Psychoanalysis, 1963-1964*, ed. Jacques-Alain Miller, trans. Alan Sheridan, New York: Norton, 1981, p. ix.

91 Jacques Lacan, *SX*, p. 336.

92 Darian Leader, "The specificity of manic-depressive psychosis," in *Lacan on Madness: Madness, yes you can't*, ed. Patricia Gherovici and Manya Steinkoler, New York: Routledge, 2015, p. 137.

93 Claude-Noéle Pickmann, "Suppléance by the Symptom: A Case of

Anorexia," in *European Journal of Psychoanalysis: Feminine Pathologies*, trans. Stephen Haswell Todd, Vol. 2, no. 1, 2015. (https://www.journal-psychoanalysis.eu/suppleance-by-the-symptom-a-case-of-anorexia1/)

94 Jacques Lacan, *SXX*, p. 7.

95 Silvia Lippi, "Questions sur la simulation," in *Recherches en psychanalyse*, 2010, no. 10, pp. 257-266. (https://www.cairn.info/revue-recherches-en-psychanalyse-2010-2-page-257a.htm)

96 Jacques Lacan, *Seminar XV: The Psychoanalytic Act, 1967-1968*, 1968년 3월 27일 수업(미출간).

97 Jacques Lacan, "Du discours psychanalytique," in *Lacan in Italia 1953-1978. En Italie Lacan*, ed. G. B. Contri, Milan: La Salamandra, 1978, p. 41.

98 Jacques Lacan, *SXX*, p. 92.

99 이 장은 다음의 논문을 참고해 재구성했다. Silvia Lippi, "Questions sur la simulation," in *Recherches en psychanalyse*, 2010/2, no. 10, pp. 257-266.

100 Jacques Lacan, *Seminar VII: The Ethics of Psychoanalysis, 1959-1960*, ed. Jacques-Alain Miller, trans. Dennis Porter, New York: Norton, 1992, p. 281.

101 Jacques Lacan, *SVII*, p. 247.

102 Jacques Lacan, "Ouverture de la section clinique," *Ornicar?*, no. 9, 1977, p. 11.

103 Jacques Lacan, *Je parle aux murs*, Paris: Éditions du Seuil, 2011, p. 31.

104 알프레드 알바레즈, 『자살의 연구』, 최승자 옮김, 청하, 1995, 40쪽.

105 같은 책, 35쪽.

106 여기서 필자는 플라스의 문장("이것은 바다, 그러므로 그 누구의 소유도 아닌 거대한 정지")을 다시 쓰고 있다.

107 Jacques Lacan, "Motives of paranoiac crimes: the crime of the Papin sisters," unofficial translation by Russell Grigg. ("Motifs du crime paranoïaque: Le crime des sœurs Papin," in *De la psychose paranoïaque dans ses rapports avec la personnalité*, Paris: Éditions du Seuil, 1975, pp. 25-28)

108 같은 곳.

109 같은 곳.

110 같은 곳.

111 Rose-Paule Vinciguerra, *Femmes Lacaniennes*, p. 121.

112 Jacques Lacan, "Hommage fait à Marguerite Duras du ravissement de Lol V. Stein," in *Autres Écrits*, ed. Jacques-Alain Miller, Paris: Éditions du Seuil, 2001, p. 193.

113 Lacan, "Lituraterre," in *Autres Écrits*, ed. Jacques-Alain Miller, Paris: Éditions du Seuil, 2001, p. 14.

114 같은 책, p. 14.

115 Jacques Lacan, "Hommage," in *Autres Écrits*, p. 191.

116 마르그리트 뒤라스, 『롤 베 스타인의 환희』, 남수인 옮김, 지식을만드는지식, 2015년, 83쪽.

117 같은 책, 82쪽.

118 같은 책, 4쪽.

119 같은 책, 150쪽.

120 같은 책, 5쪽.

121 같은 책, 188쪽.

122 같은 책, 192쪽.

123 같은 책, 30쪽(국역본의 "의미를 알 수 없는 1인 연극"을 원본에 맞게 수정 및 보완해서 옮김).

124 같은 책, 48쪽.

125 Jacques Lacan, "Hommage," in *Autres Écrits*, p. 193.

126 Marie Pesenti-Irrmann, *Lacan à l'École des Femmes*, p. 120.

127 마르그리트 뒤라스, 『롤 베 스타인의 환희』, 45쪽.

128 같은 책, 143쪽.

129 같은 책, 133쪽.

130 같은 책, 65쪽.

131 같은 책, 135쪽.

132 Jacques Lacan, *Seminar IX: Identification, 1961-1962*, 1962년 2월 21일 수업(미출간).

133 마르그리트 뒤라스, 『롤 베 스타인의 환희』, 212쪽.

134 Jacques Lacan, "Hommage," in *Autres Écrits*, p. 195.

135 마르그리트 뒤라스, 『롤 베 스타인의 환희』, 213쪽.

136 Jacques Lacan, "Hommage," in *Autres Écrits*, p. 191.

137 Paul Claudel, "L'otage"(1911), *Théâtre*, Bibliothèque de la Pléiade, Paris: Gallimard, 1965, p. 268

138 Jacques Lacan, *SVIII*, p. 277.

139 Jacques Lacan, *SVIII*, pp. 302-303.

140 Colette Soler, *What Lacan Said About Women: A Psychoanalytic Study*, trans. John Holland, New York: Other Press, 2006, pp. 15-17.

141 같은 책, p. 17.

142 같은 책, p. 18.

143 Jacques Lacan, *SVIII*, p. 268.

144 Jacques Lacan, *SXXI*, 1973년 11월 13일 수업(미출간).

145 Jacques Lacan, *SXIX*, p. 10.

146 Jacques Lacan, "The Third," in *The Lacanian Review: Get Real*, 07, Spring, 2019, p. 87.

147 Jacques Lacan, "Excursus," in *Lacan in Italia 1953-1978. En Italie Lacan*, ed. G. B. Contri, Milan: La Salamandra, 1978, p. 97.

148 Jacques Lacan, *Talking to Brick Walls: A Series of Presentations in the Chapel at Sainte-Anne Hospital*, trans. Bruce Fink, Cambrige: Polity, 2017, pp. 90-91.

149 Jacques Lacan, "Radiophonie," in *Autres écrits*, p. 435.

150 Jacques Lacan, "Du discours psychanalytique," in *Lacan in Italia 1953-1978. En Italie Lacan*, ed. G. B. Contri. Milan: La Salamandra, 1978, p. 48.

151 Stijn Vanheule, "Capitalist Discourse, Subjectivity and Lacanian Psychoanalysis," *Frontiers in Psychology 7*. (https://www.ncbi.nlm.nih.gov/pmc/articles/PMC5145885/)

152 Jacques Lacan, *SXXII*, 1975년 2월 11일 수업(미출간).

153 Jacques Lacan, "L'étourdit," in *Autres écrits*, p. 468.

154 같은 곳.

155 Sigmund Freud, cited in Alf Hiltebeitel, *Freud's India: Sigmund Freud and India's First Psychoanalyst Girindrasekhar Bose*, Oxford: Oxford University Press, 2018, p. 63.

여자는 존재하지 않는다

156 Jacques Lacan, *SXX*, p. 76

157 Jacques Lacan, *SVII*, p. 188.

158 Marie Pesenti-Irrmann, *Lacan à l'École des Femmes*, p. 136.

159 Jacques Lacan, *The Triumph of Religion preceded by Discourse to Catholics*, trans. Bruce Fink, Cambridge: Polity, 2013, pp. 71-72.

160 같은 책, p. 67.

161 Jacques Lacan, *SXXII*, 1974년 12월 10일 수업(미출간).

162 Jacques Lacan, *SXX*, p. 45.

163 같은 책, p. 40.

164 Jacques Lacan, "Religion and the Real," *The Lacanian Review, No. 1: Oh My God(s)!*, London: NLS, 2016. p. 9.

165 장 알루슈, 『라캉의 사랑』, 박영진 옮김, 세창출판사, 2019년, 48쪽.

166 Carina Basualdo, "Automutilation et sacrifice," *Enfances & Psy*, no. 32, 2006/3, p. 73.

167 Catherine Millot, *La logique et l'amour et autres textes*, Paris: Éditions Nouvelles Cécile Defaut, 2015, p. 74.

168 Jacques Lacan, *SXV*, 1968년 3월 27일 수업(미출간).

169 필자는 이 장에서 카트린 미요의 저서에 의존하고 있다. Catherine Millot, *La vie avec Lacan*, Paris: Éditions Gallimard, 2016.

170 Éric Laurent, "Lacan and Feminine Jouissance," in *Lacanian Ink 38*, trans. Marcus Andersson, Fall 2011, p. 96.

171 Jacques Lacan, "Lettre à trois psychanalystes italiens: Verdiglione, Contri et Drazien," *Spirales*, 1981, no. 9, p. 60.

여자는 존재하지 않는다

초판 1쇄   2020년 7월 5일

지은이   박영진
펴낸이   이재현, 조소정
펴낸곳   위고
출판등록   2012년 10월 29일 제406-2012-000115호
주소   10882 경기도 파주시 산남로 157번길 203-36
전화   031-946-9276
팩스   031-946-9277
제작   세걸음

hugo@hugobooks.co.kr
facebook.com/hugobooks

ISBN 979-11-86602-53-9 03100

이 도서의 국립중앙도서관 출판시도서목록(CIP)은 e-CIP 홈페이지
(http://www.nl.go.kr/ecip)에서 이용하실 수 있습니다
(CIP 제어번호: CIP2020024894)